本书由中共武汉市委党校和湖北省社会科学基金资助出版

生态环境损害
金钱给付义务的整体化研究

丰 月 ◎ 著

中国社会科学出版社

图书在版编目(CIP)数据

生态环境损害金钱给付义务的整体化研究/丰月著. —北京：中国社会科学出版社，2024.9
ISBN 978-7-5227-3475-0

Ⅰ.①生… Ⅱ.①丰… Ⅲ.①生态环境-环境污染-赔偿-研究-中国 Ⅳ.①D922.683.4

中国国家版本馆 CIP 数据核字（2024）第 082129 号

出 版 人	赵剑英
责任编辑	梁剑琴
责任校对	夏慧萍
责任印制	郝美娜

出　　版	中国社会科学出版社
社　　址	北京鼓楼西大街甲 158 号
邮　　编	100720
网　　址	http：//www.csspw.cn
发 行 部	010-84083685
门 市 部	010-84029450
经　　销	新华书店及其他书店
印　　刷	北京君升印刷有限公司
装　　订	廊坊市广阳区广增装订厂
版　　次	2024 年 9 月第 1 版
印　　次	2024 年 9 月第 1 次印刷
开　　本	710×1000　1/16
印　　张	15
插　　页	2
字　　数	236 千字
定　　价	88.00 元

凡购买中国社会科学出版社图书，如有质量问题请与本社营销中心联系调换
电话：010-84083683
版权所有　侵权必究

目 录

引 言 …………………………………………………………… (1)
 一　选题缘由 ……………………………………………… (1)
 二　研究意义 ……………………………………………… (3)
 三　研究现状 ……………………………………………… (4)
 四　研究方法 ……………………………………………… (12)
第一章　生态环境损害金钱给付义务的本体与运行现状 ……… (14)
 第一节　生态环境损害金钱给付义务的概念生成 ………… (15)
  一　生态环境损害金钱给付义务的场域界定 ………… (15)
  二　生态环境损害金钱给付义务的内涵界定 ………… (21)
 第二节　生态环境损害金钱给付义务的种类 ……………… (29)
  一　生态环境税费 ………………………………………… (29)
  二　生态环境损害赔偿 …………………………………… (32)
  三　生态环境惩罚性赔偿 ………………………………… (36)
  四　生态环境行政罚款 …………………………………… (37)
  五　生态环境刑事罚金 …………………………………… (40)
 第三节　生态环境损害金钱给付义务的功能定位 ………… (42)
  一　生态环境损害金钱给付义务的一般功能 ………… (42)
  二　生态环境损害金钱给付义务的特殊功能 ………… (44)
 第四节　生态环境损害金钱给付义务的分立困境 ………… (57)
  一　税费义务与金钱责任的分立 ………………………… (58)
  二　惩罚性给付与填补性给付的分立 ………………… (61)
第二章　生态环境损害金钱给付义务分立的根源与整体化
  方案的提出 ……………………………………………… (64)
 第一节　生态环境损害金钱给付义务分立困境的根源 …… (64)

        一　部门法的路径依赖 …………………………………… (64)
        二　法律体系杂糅 ………………………………………… (69)
        三　法律理论供给不足 …………………………………… (73)
    第二节　迈向整体化：分立困境化解的既有方案与突破 ……… (77)
        一　程序衔接方案及其局限 ……………………………… (78)
        二　自由裁量方案及其局限 ……………………………… (81)
        三　功能并合方案及其局限 ……………………………… (85)
        四　整体化方案的提出：一种突破既有方案的主张 …… (90)
第三章　生态环境损害金钱给付义务整体化的理论证成 ………… (94)
    第一节　生态环境损害金钱给付义务的根据同源 ……………… (95)
        一　生态环境损害金钱给付义务的共同来源：外部性 … (95)
        二　外部性矫正的光谱现象：同质不同量 ……………… (100)
        三　外部性矫正下生态环境损害金钱给付义务的
            同源性表现 ……………………………………………… (106)
    第二节　生态环境损害金钱给付义务的利益同归 ……………… (112)
        一　国家利益与社会公共利益的关系 …………………… (113)
        二　生态环境国家利益与社会公共利益重合 …………… (119)
        三　生态环境损害金钱给付义务的同归性阐释 ………… (123)
    第三节　生态环境损害金钱给付义务"同源同归性"证立
            整体化之可能 …………………………………………… (128)
        一　矫正税与生态环境金钱责任连接 …………………… (128)
        二　惩罚性给付与填补性给付贯通 ……………………… (135)
第四章　整体化路径下处理生态环境损害金钱给付义务关系的
        基本原则 …………………………………………………… (141)
    第一节　生态环境损害金钱给付义务加总原则的确立 ………… (141)
        一　加总原则的意涵 ……………………………………… (141)
        二　加总原则的思想渊源 ………………………………… (149)
        三　加总原则的适用边界 ………………………………… (155)
    第二节　生态环境损害金钱给付义务加总原则的衍生原则 …… (158)
        一　从加法到减法：折抵原则的导出 …………………… (158)
        二　从风险到实害：吸收原则的导出 …………………… (162)
第五章　生态环境损害金钱给付义务整体化的制度保障 ………… (167)
    第一节　生态环境损害金钱给付义务的立法衔接 ……………… (167)

  一　构筑环境法典中多重生态环境损害金钱给付义务
　　　衔接条款 …………………………………………………（168）
  二　完善《民法典》中的多元责任衔接条款 ……………（172）
  三　优化环境税费立法中税费与责任的衔接条款 ………（175）
 第二节　生态环境损害金钱给付义务整体化的程序保障 ……（178）
  一　整体化对环境司法专门化的要求 ……………………（179）
  二　司法专门化下生态环境损害金钱给付义务的判定 …（183）
  三　司法专门化下生态环境损害金钱给付义务的执行 …（186）
 第三节　生态环境损害金钱给付义务整体化的财政保障 ……（189）
  一　强化收支联动 …………………………………………（190）
  二　完善环境基金制度 ……………………………………（193）

结　论 ……………………………………………………………（198）

参考文献 ………………………………………………………（201）

后　记 ……………………………………………………………（232）

引　言

一　选题缘由

自2015年我国确立公益组织提起环境公益诉讼制度以来，针对生态环境损害的规制和救济路径不断创新，已经形成行政执法、刑事诉讼、环保组织提起的民事公益诉讼、检察机关提起的民事公益诉讼、行政机关提起的生态环境损害赔偿诉讼及检察机关提起的行政公益诉讼六种法律机制。针对同一损害行为，行为人可能同时承担刑事责任、行政责任和民事责任，其中以金钱给付为内容的责任形式包括刑事罚金、行政罚款和民事赔偿。此外，污染行为人还需同时承担环境税费。最高人民法院在2016年发布的《关于充分发挥审判职能作用为推进生态文明建设与绿色发展提供司法服务和保障的意见》中明确，要落实以生态环境修复为中心的损害救济制度，统筹适用刑事、民事、行政责任，最大限度修复生态环境。尽管公法和私法之间的互动乃至融合已经成为学界共识，"公法私法化"和"私法公法化"的现象亦不鲜见，然而这主要是在程序衔接或调整机制上而言，在实体层面则仍然保持水火不容的局面，民事责任和行政责任、刑事责任并行的原则没有因为公私融合而动摇，同样基于"污染者负担"原则的环境税费作为公法给付义务则更与前述金钱责任无交集。对生态环境损害进行金钱赔偿本身就是法律体系的创新，此种创新的趋势催生了环境损害赔偿范围的拓展、环境税的设立、惩罚性赔偿的增设、罚款与罚金的调整，最终体现为污染者负担的不断加重，即重罚主义的倾向。

那么，"污染者负担"有边界吗？如果这个边界取决于实然意义上的环境保护状况而忽略了理性逻辑，那么环境法治体系的稳定性将会受到冲击。"以罚代管"已经说明，以"惩罚企业"为重心的环境法治可能失效。司法实践的诸多案例也表明，不少"天价"赔偿案件最终都因责任人无力履行而成为"空判"，企业可能在缴纳了罚款、罚金之后已无能力再承担赔偿责任甚至只能宣告破产，企业"违法成本"并不低但生态修复却仍然面临资金缺乏的困境。对当事人而言，当事人在感到"责任过重、无力履行"的同时，即便金钱给付总额在其负担能力范围内仍然会感到其同一行为被重复评价，而法院对这些争议又无法给出有充分法律依据的、合理的、令人信服的理由。现实需求与法律规定之间的张力可能导致"同案不同判"，一些案件的法官支持了被告关于"重复责任"的抗辩，而更多面临同样情形的当事人则没有得到支持，一旦遭遇"选择性执法"，这种不公平则被进一步放大。这样的司法裁判结果带来的社会效果十分不理想，也影响当事人对环境司法的遵从，通过司法实现环境教育的目标难以实现。此外，在我国当前阶段的国家治理中，生态环境保护与经济发展、民生保障均在多元治理目标中占据重要地位。尽管绿色经济发展模式使得生态环境保护与经济发展目标得以耦合，但在经济转型过程中仍然难免存在冲突。民营企业尤其是小微企业是国民经济发展的生力军，在扩大就业、稳定增长、促进创新、繁荣市场、满足人民群众需求等方面发挥着重要作用，事关民生和社会稳定大局。同时，小微企业又具有规模小、人员少、工艺流程简单、环保能力相对薄弱等特点。地方政府既需要招商引资、发展地方经济、拉动就业，也需要贯彻落实国家"六保六稳"、优化营商环境的政策部署。当然，这并不意味着应当减轻企业主体责任，而是说不能孤立、静态地看待企业追责的问题，"最严格的生态环境保护制度"并不能当然推导出重罚主义，否则一旦发生环境犯罪即没收全部财产、一旦造成严重损害即直接最大化适用惩罚性赔偿的效率将更高，也会更加节约法律资源——这样的结论显然荒谬至极。

如果理论随着实践亦步亦趋，那么便无法纠正实践错误，也无法推动实践进步。在经济、环境、社会目标的多重约束下，环境立法、执法、司法都需要科学化、合理化，防止出现治理目标与治理效果的偏离。基于此，笔者提出生态环境损害金钱给付义务整体化的命题，主要理由：其一，建立环境公益诉讼制度的初衷主要是解决"违法成本低"以及由此导致的"企业污染，群众受害，政府买单"问题，金钱给付始终是核心问题。从属于某一部门法的金钱给付在责任判定上并无问题，而是与其他金钱给付在数额上存在结构性矛盾，因而问题症结在于行为人最终需要履行的金钱给付义务究为几何？其二，环境污染和生态破坏的行为主体以企业为主，而企业承担责任的形式一般是金钱给付或行为给付的货币化，金钱给付义务是"污染者负担"的主要形式，而对于恢复环境法益而言，只有货币方能达此目的。其三，环境法所因应的环境问题是人类的经济行为与自然环境产生冲突而导致的，其行为动机本就与货币联结，尤其对于企业而言，其决策依据是成本与收益衡量，税费、罚款、罚金、赔偿都属于企业成本。所谓外部性内部化，归根结底就是增加企业违法成本。行为给付对企业而言往往也是成本支出问题，人身责任则与企业决策无甚关系，运用货币控制其行为动机是环境法律无法回避的问题。

二 研究意义

（一）理论意义

为生态环境法律制度的协调提供理论工具，促进环境法的跨部门法对话。作为领域法的环境法仍缺少与其他部门法的话语沟通，导致在应对同一问题时无法形成理论共识和制度合力。同时，传统部门法理论在生态环境这一特殊领域已经显现出不适应性。本书选择横跨各部门法的生态环境损害金钱给付义务为研究对象，探讨了在应对同一新兴社会问题上各部门法间的关系，以及传统部门法理论需要作出的调适。

为环境法典部分内容的编纂提供参考。环境法律责任既是环境法律单行法的重中之重，也是未来环境法典的重中之重，而实质法典化无法回避多元责任的协调、衔接与整合问题。生态环境损害金钱给付义务虽然看似分散于各环境相关法中，但目的一致、功能重合、性质同一，环境法典若想发挥其体系性功能则无法回避基于同一目的的金钱给付义务之间的关系问题。本书希冀为这部分的法典化提供参考。

（二）实践意义

有利于促进生态环境司法的进步，助力实现政治效果、法律效果、社会效果和生态效果的统一。一方面，法人的环境义务和责任主要体现为金钱给付，而环境治理的难题也很大程度上是治理资金问题。另一方面，促进经济高质量发展、优化法治化营商环境也是生态文明建设的题中之义。生态文明建设终究要以人民幸福为落脚点，既要考虑社会公众的生态环境利益，也应考虑企业经济利益和长远发展。法治是最好的营商环境，而法治建设要求稳定司法预期。目前一些地方已经在主动探索责任衔接问题。本书有利于为地方实践探索提供相对普适化的理论指导，促进纷繁复杂的生态环境损害金钱给付义务有序运行，为市场主体提供稳定的法律预期，从而促进实现政治效果、法律效果、社会效果和生态效果的统一。

三 研究现状

目前，虽尚无系统研究生态环境损害金钱给付义务关系的成果，但已有一些研究涉及部分金钱给付之间的关系。由于生态环境损害金钱给付义务之间第一层面的鸿沟在于公法和私法的分野，而公法和私法的严格区分乃大陆法系国家的特征。因此，对于生态环境损害金钱给付义务的研究首先存在大陆法系和英美法系的不同。

（一）国外研究现状

在国际层面，英美法系国家对惩罚性责任和填补性责任没有严格的部门法划分，惩罚性赔偿、民事罚款（civil penalty）、刑事损害恢复（赔偿）命令等公法与私法融合的责任类型并无理论障碍。美国在1982年《被害人和证人保护法》（*Victim and Witness*）中将刑事损害恢复（赔偿）命令规定为独立刑罚。[①] 关于惩罚性责任为何可以与填补性责任并用，英美法系亦有争议，学界一直存在加害者总体的责任水平是应该基于他造成的伤害还是基于他从不当行为中获得的收益的争论。有学者通过实证研究证明，基于收益的责任被证明存在严重缺陷，因为预期收益的判断完全依赖于行为人个人的主观判断，基于预期收益所确定的金钱给付可能与其社会危害性相去甚远。[②]

在英美法系的政策工具理论中，污染税费（矫正税费）、排污权交易、环境执法、侵权责任等都属于环境保护的工具。其中，环境税费是环境政策工具中的经济手段，"不同于社会规制通过相对强制性的限制和控制强制行为改变"，环境税费"依赖相对非强制性的限制和控制强

[①] Victim and Witness Protection Act of 1982 § 3579 (e).
[②] See A. Mitchell Polinsky, S. Shavell, "Should Liability Be Based on the Harm to the Victim or the Gain to the Injurer?", *Journal of Law Economics and Organization*, Vol. 10, No. 2, October 1994, p. 427.

制行为改变",因此环境税又被称为"矫正税"(corrective taxes),环境费被称为"矫正费"。① 环境法律责任则属于管制性工具。② 环境政策工具理论在应对公共问题上倡导激励性政策工具和管制性政策工具的有效组合,强调"组合"不代表重复叠加,而是要求工具间关系的协调。③ 受英美法系影响,日本学者逐渐放松公法责任与私法责任的严格区分,认为"既然妨害、民事罚款、行政罚款都是法之实施的手段,越重视制裁性机能和抑制性效果,两者的作用就越接近。即公的制裁依死刑、自由刑、罚金、科料、行政罚款这一顺序向民事制裁接近;而损害赔偿依一般实际损害的填补、两倍三倍赔偿、惩罚性损害赔偿、无实际损害的损害赔偿这一顺序逐渐增强其制裁性色彩"④。正是在这个意义上,有日本学者提出"损害赔偿一元论"的观点,该观点认为,矫正司法要求向犯罪受害者提供赔偿,主要的负面制裁应该是赔偿,而不是惩罚,认为恢复原状可以代替处罚,应将刑事责任降为民事责任,以损害赔偿代替刑罚、行政处罚。⑤ 更普遍的观点则是,基于环境的公共性,环境本身的保护原则上应在公法领域中处理,民事救济乃是对国家不采取适当措施的补充。⑥

对于环境税费与法律责任的关系,国外将环境税费与行政管理或法律手段相比较,尤其以矫正税与侵权责任的比较为常见。⑦ 这里的比较目标是税收与责任作为控制有害外部性的手段谁更有效。经济学者倾向于认为税收手段更有效。⑧ 但有学者认为,矫正税能否有效取决于税率等税收要

---

① 参见[美]莱斯特·M.萨拉蒙《政府工具:新治理指南》,肖娜等译,北京大学出版社 2016 年版,第 220 页。

② 参见[美]莱斯特·M.萨拉蒙《政府工具:新治理指南》,肖娜等译,北京大学出版社 2016 年版,第 402 页。

③ See Judith van Erp, Michael Faure, Andre Nollkaemper, Niels Philipsen (ed.), *Smart Mixes for Transboundary Environmental Harm*, Cambridge: Cambridge University Press, 2019.

④ [日]田中英夫、竹内昭夫:《私人在法实现中的作用》,李薇译,法律出版社 2006 年版,第 160—161 页。

⑤ 参见橋本祐子《刑罰制度の廃止と損害賠償一元化論》,《法社会学》第 65 号(2006 年)。

⑥ 参见吉村良一《環境損害の賠償:環境保護における公私協働の一側面》,《立命館法学》2010 年第 5·6 号。

⑦ See Joseph M. Dodge, "Taxes and Torts", *Cornell L. Rev.*, Vol. 77, No. 2, January 1992, p. 143.

⑧ See Agnar Sandmo, "Direct versus Indirect Pigovian Taxation", *European Economic Review*, Vol. 7, No. 4, May 1978, p. 337.

素能否正确反映行为带来的损害。① 还有学者认为，责任比税收具有优势：税收的激励效率低下，通常情况下，税收反映所有显著影响预期损害的变量是不切实际的，而责任下的激励效率不需要国家确定预期的伤害——它只要求加害者为发生的伤害付费。然而，与责任相比，税收具有优势：责任下的激励被稀释到加害者可能逃避诉讼的程度，仅使用税收来弥补责任激励的不足。② 在整个环境政策工具框架内，有学者认为，以矫正税为代表的庇古手段并不仅仅限于税收，而是"一种侧重于政府纵向干预的经济手段，主要包括税收或收费、补贴、押金—退款、罚款等政策工具"③。并且，有学者主张矫正税与其他致力于矫正负外部性的工具在理论上是可替代关系。④ 亦有学者主张，侵权责任与矫正税在避免损害和激励行为上的功能是相同的，对于行为人而言，严格责任也可以理解为一种庇古税，具有将外部伤害内在化的效果，只不过是在损害发生后通过诉讼执行，因此，如果征收的矫正税能够将完全成本内部化，就不应该有侵权责任等任何重叠的命令和控制规定来规范同样的行为。⑤ 总的来看，国外关于金钱性生态环境保护工具的研究虽然没有"生态环境损害金钱给付义务"这一整体性概念，但在政策工具这一层面已经具有同一语境，尤其是"矫正税"的概念，为本书提出"生态环境损害金钱给付义务"概念提供了关键。

（二）国内研究现状

在国内层面，生态环境损害金钱给付义务之间的关系探讨基本上局限于法律责任之间。目前仅有个别学者较为全面地提及各种生态环境损害金钱给付，该观点认为，"环境法的损害担责原则通过让污染者承担法律义务和法律责任的进路来解决污染行为的负外部性，即污染行为者可能要承

---

① See Earl L. Grinols, "Taxation vs. Litigation", *Managerial and Decision Economics*, Vol. 25, No. 4, June 2004, p. 179.

② See Steven Shavell, "Corrective Taxation versus Liability as a Solution to the Problem of Harmful Externalities", *The Journal of Law & Economics*, Vol. 54, No. 4, November 2011, p. 249.

③ See Robert N. Stavins, "Experience with market-based environmental policy instruments", 转引自周志波、张卫国《环境税规制农业面源污染研究综述》，《重庆大学学报》（社会科学版）2017年第4期。

④ See Jonathan S. Masur, Eric A. Posner, "Toward a Pigouvian State", *University of Pennsylvania Law Review*, Vol. 164, No. 1, December 2015, p. 93.

⑤ See Kyle D., Logue, "Coordinating Sanctions in Tort", *Cardozo Law Review*, Vol. 31, No. 6, June 2010, p. 2313.

担下列内容的一部分或全部：排污费或环境保护税的公法缴纳义务、对遭受人身财产损害的民事主体进行民事补偿的民事责任、行政处罚、刑罚、环境损害赔偿责任以及生态环境损害惩罚性赔偿责任等"①。但该学者未说明这些环境法律义务和责任之间是何关系。

立足部门法或规范主义视角仍是目前最为主要的研究方向。有实务中的学者提出环境公益诉讼刑民行责任衔接的议题，主张"对于同质性法益损害所引发的责任认定，能否进行责任转化、如何进行责任转化、责任转化的标准等问题，建立在不同法益基础上的刑民行责任衔接理论不能准确回答"②。除此之外，诸多学者着眼于环境损害救济路径的选择或者程序之间的衔接，进而将金钱责任这一实体问题包纳进去。例如，吕忠梅等学者指出，目前三大诉讼法之间存在理念、程序、裁判、履行等方面的差别，如何在生态环境保护的理念下形成协调机制，尚未真正破题，"刑民分立"传统观点导致建立衔接机制协商不易、已建立的衔接机制实际运行更难，主张"完善刑事处罚与行政执法、民事诉讼的衔接规则。完善行政执法中对犯罪线索的移送规则，在刑事处罚特别是罚金的适用上协调与行政处罚、损害赔偿的关系，建立起责任划分明确、相互协调配合的责任体系"③。对此，学者普遍认为，应当以公法路径或曰行政救济路径优先、私法路径或曰民事救济为补充。④ 虽然已经有学者已经认识到"刑事罚金、民事赔偿金和生态补偿款三者属性不同且本不相互关联，但是，实际执行过程中却存在不少联系，甚至发生重叠效果"，但也只是"根据生态环境诉讼的发生顺序，在后顺位诉讼中合理考量前顺位诉讼中的责任承担方式"。⑤

从功能主义视角对各种生态环境损害金钱给付进行反思的研究呈增加

---

① 刘志坚：《环境法损害担责原则法理基础的经济与社会论证》，《法学评论》2022年第2期。
② 吴军、滕艳军、胡玉婷：《公益诉讼刑民行责任一体化的理论构想与完善路径》，《中国检察官》2022年第1期。
③ 吕忠梅、刘长兴：《环境司法专门化与专业化创新发展：2017—2018年度观察》，《中国应用法学》2019年第2期。
④ 参见刘静《论生态损害救济的模式选择》，《中国法学》2019年第5期；吕梦醒《生态环境损害多元救济机制之衔接研究》，《比较法研究》2021年第1期；彭中遥《生态环境损害救济机制的体系化构建——以公私法协动为视角》，《北京社会科学》2021年第9期。
⑤ 洪浩、程光：《生态环境保护修复责任制度体系化研究——以建立刑事制裁、民事赔偿与生态补偿衔接机制为视角》，《人民检察》2020年第21期。

趋势。

(1) 对环境损害赔偿性质和功能的反思。有学者认为，环境损害赔偿"具有惩罚性特征，其不同于私法责任的惩罚性赔偿，亦不同于行政罚款"，其主要功能是"吓阻包括本案被告在内的同类或近似违法者，以迫使他们不敢实施侵害环境公共利益的违法行为"①。这一认识可以追溯至学者对侵权责任规制功能的研究，即针对一般社会群体而言，侵权法可以"通过规定侵权人应负的民事责任，来有效地教育不法行为人，引导人们正确行为，预防和遏制各种损害的发生，保持社会秩序的稳定和社会生活的和谐"②。有学者甚至认为，"通过引导行为来实现预防功能，这不仅是次要的期待目的，而应当作为损害赔偿法中同等重要的核心任务"③。还有学者对我国环境民事公益诉讼本身进行反思，认为其实际上是行政责任而非司法实践和学术界普遍认为的民事责任，生态损害赔偿与行政处罚在功能上具有一定程度的重合性，④ 因此被告在环境民事公益诉讼中承担的行政责任与此前承担的行政责任或刑事责任等公法责任之间必然产生冲突而构成重复责任，因而主张民事责任中的财产责任同行政罚款相折抵、追究刑事责任后慎用环境民事公益诉讼。⑤

(2) 对环境行政罚款、刑事罚金性质和功能的反思。部分学者提出罚款也同民事损害赔偿一样具有补偿性。区别在于，罚款是相对于"对私人成本的补偿"的"对社会成本的补偿"，是为了"弥补公共利益所受到的损害"，⑥ 而"公益损害的主体为不特定的多数人，具有受益主体不确定性特征，往往只能由国家出面进行代表……罚款交给国家与赔偿交给个人，在本质上并无不同，都是交给受害人，因而是同大于异"⑦。还有学者认为，以损失或资源价值为倍率基数的罚款属于填补性责任，因为其已覆盖生态修复费用，因此主张"行政机关在行政处罚中已经附带了承

---

① 王慧：《环境民事公益诉讼案件执行程序专门化之探讨》，《甘肃政法学院学报》2018年第1期。
② 王利明：《侵权责任法研究》（上卷），中国人民大学出版社2010年版，第103页。
③ 参见［德］格哈德·瓦格纳《损害赔偿法的未来——商业化、惩罚性赔偿、集体性损害》，王程芳译，中国法制出版社2012年版，第219页。
④ 参见朱炳成、于文轩《生态损害赔偿与行政处罚的衔接》，《中华环境》2018年第6期。
⑤ 参见龚学德《论公法制裁后环境民事公益诉讼中的重复责任》，《行政法学研究》2019年第5期。
⑥ 参见张守文《经济法新型责任形态的理论拓掘》，《法商研究》2022年第3期。
⑦ 陈太清：《罚款的补偿性研究》，博士学位论文，南京大学，2011年，第31页。

担生态环境修复责任，则检察机关诉讼请求中应当去掉此项诉讼请求，只能提出额外的惩罚性赔偿责任"①。类似地，有学者从责任属性上对刑事附带民事公益诉讼制度进行质疑，认为刑事公诉和民事公益诉讼在维护公共利益方面的制度构建具有竞合性、交叉性、重合性，"如果一个侵害公共利益的不法行为已经被提起刑事诉讼要求追究其刑事责任，表明该不法行为已经没有无人追究责任致使放纵不法之虞，该不法行为可能遭到比民事制裁更严厉的刑事制裁。在这种情况下，可以认为，民事公益诉讼的目的与任务已被刑事诉讼所吸收和涵盖，自无必要在已经提起刑事诉讼的情形下再行提起民事公益诉讼"②。

（3）对环境惩罚性赔偿性质和功能的反思。不少学者提出环境惩罚性赔偿不应与罚金、罚款叠加使用。③ 例如，有观点认为，"惩罚性责任之间不能重复评价，填补性责任之间也不能重复评价，但惩罚性与填补性责任之间可以重复评价"④。对于惩罚性赔偿而言，如果完全由国家独享惩罚权，惩罚性赔偿显然将失去意义，而如果同时适用则属于双重惩罚，因而主张二者互为补充，承担罚金不应再承担惩罚性赔偿，以刑事追诉优先，而民事赔偿可以循刑事附带民事诉讼途径进行。⑤ 还有学者认为，惩罚性赔偿与行政处罚处理的是"同一范围、同一危害程度的问题，功能完全重叠"⑥。

（4）对环境税费性质和功能的反思。在排污费转化为环境税之前，就有学者主张环境税"是指对于污染环境的行为或物品征收的一种特定目的税。该税开征的首要目的应是保护环境，而不是增加收入。环境税应专款专用，而不能混入一般预算"⑦。有税法学者在"污染者负担"层面上探讨环境税和特别公课与其他环境保护手段的联系，认为环境保护税实

---

① 孙永上、李猛：《环境公益损害：刑事、民事、行政责任如何界分》，《检察日报》2020年11月20日第3版。
② 程龙：《刑事附带民事公益诉讼之否定》，《北方法学》2018年第6期。
③ 参见王冲《〈民法典〉环境侵权惩罚性赔偿制度之审视与规制》，《重庆大学学报》（社会科学版）2023年第5期。
④ 孙永上、李猛：《环境公益损害：刑事、民事、行政责任如何界分》，《检察日报》2020年11月20日第3版。
⑤ 参见杜称华《惩罚性赔偿适用中的责任竞合问题研究》，《河南财经政法大学学报》2012年第2期。
⑥ 赵鹏：《惩罚性赔偿的行政法反思》，《法学研究》2019年第1期。
⑦ 邢会强：《基于激励原理的环境税立法设计》，《税务研究》2013年第7期。

质上"是一种特殊生态环境损害责任"①，且"以救济公共环境权的法律责任属性作为其法律上的正当性解释和依据"②。有学者已经认识到环境税费是"对产生外部不经济行为人所造成的预期侵害进行征税"，而环境损害赔偿则"针对的是权利运行过程中产生的外部不经济已经造成的损害进行追责和救济"③。"矫正税的出现使税收与纳税人对社会所造成的损失相关联"，其性质"更偏向于纳税人因损害社会公共利益而被强制要求给予的补偿、赔偿"④。还有学者认为，环境税费与罚款等惩罚性责任亦有共性，⑤其并非为国民的公共选择，而是"国家通过强制手段对纳税人损害公共利益的惩罚性赔偿"⑥。

学界有部分学者关注"责任总和"的问题。一些学者提出，当前环境法呈现重罚主义倾向，属于"威慑型环境法"⑦。已有学者明确主张，各种生态环境损害金钱给付责任"虽然在形式上不存在条文的重叠，但在制度功能上存在重叠，造成了行政相对人的负担过重，违反了环境规制的比例性原则"，因为"在大气污染、流动水污染等无法进行生态修复时适用生态环境损害赔偿制度，其主要目的是对违法行为人的违法行为进行惩罚，并通过这种惩罚来预防未来违法行为。因此其承担的功能和环境罚款、刑事罚金是重叠的"⑧。还有学者从法典化的角度观察，认为目前各种环境法律责任"呈现融合交叉的并存特点……此时严格遵循民事、行政和刑事责任并存理论就可能诱发责任过度问题"⑨。同样基于此种思想，有学者主张对生态环境领域的多重责任进行比例审查，因为"刑事、行政与生态环境损害赔偿责任虽在性质、功能上有异，但因存在重复计算环境修复费用的风险，使累积起来的总和责任有可能过度。为此，基于生态

---

① 叶金育：《生态环境损害责任的法际协同——以〈环境保护税法〉第 26 条为中心》，《政法论丛》2022 年第 3 期。
② 汪永福：《我国环境税的体系化进路及其展开》，《政法论坛》2023 年第 5 期。
③ 王春业、聂佳龙：《外部不经济理论视角下的权利冲突分析》，《湖南师范大学社会科学学报》2012 年第 1 期。
④ 胡小宏：《再论税收的概念》，《安徽大学法律评论》2007 年第 2 期。
⑤ 参见李克国编著《环境经济学》，科学技术文献出版社 1993 年版，第 256—257 页。
⑥ 参见何江烨《特定目的税的历史回溯与理论应用分析》，《西部学刊》2021 年第 19 期。
⑦ 邓可祝：《重罚主义背景下的合作型环境法：模式、机制与实效》，《法学评论》2018 年第 2 期。
⑧ 参见徐以祥《论我国环境法律的体系化》，《现代法学》2019 年第 3 期。
⑨ 何江：《环境法律责任的法典化比较研究》，《南京工业大学学报》（社会科学版）2023 年第 3 期。

环境损害赔偿责任的补充性，政府在后续索赔中只能就不足额的部分主张环境修复费用"①。也有学者主张同时判处双重或多重经济制裁加重了被告人的经济负担，有失公正，因此主张罚金刑、赔偿经济损失和生态修复措施不宜同时宣判，②"能够实现完全补偿的应当限制惩罚性措施的适用，预防性责任的承担应当在一定程度上替代补偿性责任等"③。此外，一些学者对法律责任整体进行了反思：惩罚、预防、补偿是每一种法律责任都具有的功能，赔偿、罚款、罚金等责任形式则是实现上述功能的手段，只是它们在功能上有所侧重而已；④ 分属三大部门法的损害赔偿、惩罚性赔偿、罚款、罚金、没收财产彼此之间缺乏完整的协调机制，但"在责任威慑理论中具有功能上的相似性，对于风险行为的实施者而言，其总体上的威慑效果可以简单加总"⑤；"行政法之外的民事赔偿和刑事罚金等责任方式，除了与罚款有量的差异外，并无本质区别。三者都是通过财产责任的设置来预防违法行为的社会风险。故在威慑意义上，违法行为的'价格'可以加总处理"⑥。

（三）研究述评

综合目前国内外关于生态环境损害金钱给付的研究来看，众多学者都在不同程度上对传统法律体系下公法责任与私法责任、环境税费与法律责任的划分开始反思。但是总的来看，还存在以下问题：

一是大多数研究仍然没有摆脱传统部门法思维的影响。尽管既有研究都意识到生态环境损害赔偿责任并非传统的私法责任或公法责任，但在处理其与其他法律责任的关系时仍然运用部门法理论予以解释，在部门法分立的框架下探讨不同性质的责任如何协调，导致结论走向极端或者模糊不清。

二是研究缺乏系统性。现有研究大多仅就个别制度讨论，例如惩罚性赔偿的适用问题或生态修复责任与刑事责任的关系。至于生态环境损害赔

---

① 曾娜、吴满昌：《生态环境损害赔偿中的多重责任之比例审查探讨》，《武汉理工大学学报》（社会科学版）2019年第1期。
② 参见蒋兰香《生态修复的刑事判决样态研究》，《政治与法律》2018年第5期。
③ 刘长兴：《超越惩罚：环境法律责任的体系重整》，《现代法学》2021年第1期。
④ 参见陈太清《行政罚款与环境损害救济——基于环境法律保障乏力的反思》，《行政法学研究》2012年第3期。
⑤ 参见宋亚辉《风险控制的部门法思路及其超越》，《中国社会科学》2017年第10期。
⑥ 谭冰霖：《行政罚款设定的威慑逻辑及其体系化》，《环球法律评论》2021年第2期。

偿、行政罚款及其与其他生态环境损害金钱给付义务的关系则鲜有涉及。这些研究只能解决局部性问题，无法普遍应用于其他生态环境损害金钱给付义务。这根本是因为研究缺乏具有普遍解释力的理论工具。

三是鲜有研究将环境税费纳入研究体系。一直以来，税费与法律责任之间存在不可逾越的理论鸿沟，因而即便有"矫正税"的概念，亦有研究明确指出环境税费与侵权责任的联系，但我国立法尚未对此予以制度性回应，学理上也少有人阐发，环境税费与法律责任的距离依然存在"最后一公里"的差距。这既与实践不符，也与税理、法理不符。即便有个别学者将损害担责、环境负外部性与环境税、法律责任作为整体看待，但基本上只是认识到各金钱给付与损害担责的理论联系，既未阐述其深层次的"量"上的联系，也未涉及各金钱给付之间的关系问题，从而无法回应和指导实践中的多重规制问题。

四是研究结论缺乏可操作性。例如，诸多研究均提出生态环境损害适用的前提是"行政救济不足"，可是判断何为"不足"以及如何判断便成为问题。事实上行政救济或公法路径在目前来看几乎总是不足的，否则就不会形成当下"多管齐下"的局面。同样的，部分观点虽然已经比较明确地提出要对多重责任的总和进行比例限制，禁止责任过度。然而，"过度"或"不足"的标准并没有进一步阐释，比例原则可能仍然走向主观判断。

四　研究方法

（一）案例分析方法

本书的选题动因就是司法实践中关于"重复追责"的争议，通过提取和归纳司法案件的争议根由及其蕴含的理论争议来提出生态环境损害金钱给付义务整体化的命题。

（二）类型化方法

类型化是说明事物本质的常用方法。本书在划分生态环境损害金钱给付义务的类型、提炼分立现状、梳理分立困境的化解方案，以及提出整体化路径下处理生态环境损害金钱给付义务关系的原则时均运用了类型化的方法，根据特定标准分类别、分情形讨论，以确保论证周延、充分。

(三) 跨学科研究法

  基于研究对象的综合性和广泛性,本书以现实问题为导向,在立足法学思维基础上进行跨学科分析,实现法学学科内交叉(环境法、民法、行政法、刑法、财税法)及法学与相关学科(经济学、财政学、环境科学)的交叉,以弥补单一学科视角在研究此问题时存在的局限。

第一章　生态环境损害金钱给付义务的本体与运行现状

"法律概念是法律规范和法律制度的建筑材料"①。没有概念则不可能形成体系。某一法律概念的形成实质上也是对某种社会关系进行分类的过程，②而"当抽象——一般概念及其逻辑体系不足以掌握某生活现象或意义脉络的多样表现形态时，大家首先想到的补助思考形式是'类型'"③。分类即提取事物之间的共同属性、区分不同属性，使得一事物能够区别于其他事物，同一类型的事物具有相似的结构，进而有相似的或相同的功能。因此，概念、类型与功能定位并非词语的堆砌而是层层传导形成三者事物本质④的紧密关系，从而实现对一个事物本体完整而全面的认识。运行现状则是生态环境损害金钱给付本体在现实中的投射，生态环境损害金钱给付义务存在的问题也就暴露于此。

---

① ［德］伯恩·魏德士：《法理学》，丁晓春等译，法律出版社2013年版，第91页。
② 参见王利明《法学方法论》，中国人民大学出版社2011年版，第746页。
③ ［德］卡尔·拉伦茨：《法学方法论》，陈爱娥译，商务印书馆2003年版，第337页。
④ "事物的本质"或"事物的性质"是一个古老的概念，来源于希腊文"physei dikaion"和拉丁文"rerum natura"，兼"先天规定性""物性""不言自明性"或"物之内在秩序"诸义。参见 Hiroshi Noguchi, Die "Natur der Sache" in der juristischen Argumentation, ARSP Beiheft-30/1987, S.139. 转引自舒国滢《战后德国法哲学的发展路向》，《比较法研究》1995年第4期。博登海默认为，为某些情形提供了审判标准的"事物本质"（nature rerum），可以被分解为下述几个范畴：（1）它可能源于某种固定的和必然的人的自然状况；（2）它可能源于某种物理性质所具有的必然的给定特征；（3）它可能植根于某种人类政治和社会生活制度的基本属性之中；（4）它可能立基于人们对构成某个特定社会形态之基础的基本必要条件或前提条件的认识。参见［美］埃德加·博登海默《法理学：法律哲学与法律方法》，邓正来译，中国政法大学出版社1999年版，第454—459页。有学者总结道，"一般说来，事物本质可以通俗理解为：一为事理或法理，是事物当然之理；二为一般社会生活的事物本质，是作为评价对象的文化现象，由此寻找法律上的规范要素；三为事物本身的属性，如男女之别、昼夜之分、事物的差异等自然现象"。参见胡君《"事物本质"作为法官造法边界之批判》，《社会科学家》2009年第5期。

第一节　生态环境损害金钱给付义务的概念生成

生态环境损害金钱给付义务并非一个固有的、特定的概念，其在形式上是一个组合式的语词，其在内容上横跨多个部门法。明确生态环境损害金钱给付义务内涵与外延的目的是为生态环境领域各种金钱给付义务关系的处理提供统一的分析工具。

一　生态环境损害金钱给付义务的场域界定

"生态环境"是多个部门法的规范对象，"金钱给付义务"也是存在于多个部门法的事物。同时，金钱给付义务并非抽象，法律条文是其表达载体。因此，要明确界定生态环境损害金钱给付义务的内涵与外延，首先要找准"生态环境损害金钱给付义务"的"坐标"，即生态环境损害金钱给付义务"向何处寻"。概念界定的进路既可以采取"肯定式"也可以采取"否定式"即排除法。不论是哪种进路，都需要说明为何某些金钱给付义务属于研究对象而某些不属于。本书采取的进路是将不属于生态环境损害金钱给付的内容从本书的研究范围中排除。因为，不是所有关于生态环境的金钱给付义务都属于本书的研究对象。从我国的法律体系而言，"生态环境"作为客体并不专属于某一个法律部门。但是，环境法作为学科已经形成了完整的规范体系，是专门以生态环境保护为目的、以生态环境为客体的法律领域，生态环境损害金钱给付义务也就自然应当向环境法中寻。然而问题在于，环境法本身的边界就是不明的。正如有学者认为，环境污染侵权责任就不属于环境法，环境犯罪也不属于环境法，环境法与其他部门法之间乃"基于功能的分化而形成不同层次性区分"[①]。照此理解，环境污染侵权损害赔偿和环境刑事罚金是否属于生态环境损害金钱给付义务也就不能想当然下结论。如果认为环境法是由其核心价值构筑起来的规范体系，而环境法又与其他部门法相区分，那么生态环境损害金钱给付义务的概念就不再具有完整性，而不过是有关生态环境的金钱给付义务，其内部是由负载不同价值理念、分属不同场域的金钱给付义务"拼接"而成，那么这一概念的提出便不具有实质意义。这一问题的本质是

[①] 参见郭武《层次性重叠，抑或领域性交叉？——环境法与其他部门法关系省思》，《社会科学》2019年第12期。

确定哪些有关生态环境的金钱给付义务是具有共同事物本质的，而由于金钱给付义务的载体是法律规范，因此，讨论生态环境损害金钱给付义务离不开对环境法律规范或曰环境法的界定，此即生态环境损害金钱给付义务的场域问题。"场域"（field）的概念源自物理学，物理场以物质要素为作用对象，以力在空间中扩散并传播能量为运作原理。概括而言，场域是一个力的运作区域，当一个场出现时，一个物体的周围便存在一个影响区域。物理场的概念可以形式化地描述不同事物及其相互作用关系。进入社会科学中，由社会学最先发展出的场域思维是指从关系的角度思考。① 对于本书而言，生态环境损害金钱给付义务的场域问题就是研究它们的关系。根据目前的法学理论，税费、罚款属于行政法，罚金属于刑法，损害赔偿和惩罚性赔偿属于民法，表面上看，它们处于不同的场域中从而联系甚微。但从另一方面看，它们同时都产生于环境与资源利用行为，处于以环境行为为中心的同一场域中，从而使得生态环境损害金钱给付义务具备整体性和研究场域中不同事物关系的前提条件。因此，界定生态环境损害金钱给付义务的首要之举是识别处于同一场域的生态环境损害金钱给付义务。

（一）生态环境专属性而非生态环境相关性

在本书语境下，不是只有形式上的《环境保护法》或其他环境单行法中所调整的金钱给付义务才属于生态环境损害金钱给付义务，也并非所有环境相关法中调整的金钱给付义务都属于生态环境损害金钱给付义务。这牵涉如何定义环境法的调整范围。早已有学者指出，"环境法、资源法、土地法、国土法……的客体都是各种自然因素和开发、利用、保护、治理自然因素的人为活动，它们有可能优化组合成一个法律部门。至于这个部门是叫环境法、资源法、土地法还是国土法，主要是形式问题而不是实质问题，重要的是明确这个法律部门的调整对象、客体和内容"②。一般认为，环境法是"有关保护和改善环境、合理利用自然资源、防治污染和其他公害的法律规范的总称"③。但是，关于环境法具体范畴学界有

---

① 参见杜雁、梁芷彤、赵茜《本体与机理——场域理论的建构、演变与应用》，《国际城市规划》2022年第3期。

② 蔡守秋主编：《环境资源法论》，武汉大学出版社1996年版，第14页。

③ 参见周珂、莫菲、徐雅、林潇潇主编《环境法》（第六版），中国人民大学出版社2021年版，第17页。

不同理解。例如，有学者认为，环境法要调整的是"同保护和改善环境有关的各种社会关系"①。其中，自然资源保护法调整的社会关系主要包括资源权属关系、资源流转关系、资源管理关系和涉及自然资源的其他经济关系。② 我国环境法教材不乏与此种观点相符的体例安排。③ 有学者则认为，"并非一切与环境有关的社会关系都由环境保护法调整"，环境法只调整自然资源法中关于资源保护的法律规范，不包括自然资源法中关于自然资源所有权、使用权和生产、经营、管理的法律规范。④ 我国亦不乏与此种观点相符的环境法教材。⑤ 不同的理解对于生态环境损害金钱给付义务的内涵亦有影响，例如矿产资源税、耕地占用税以及包含环境保护目的的消费税等是否属于生态环境损害金钱给付义务。按照广义的理解，这些税收均属于生态环境损害金钱给付义务，而按照狭义的理解则不属于。导致此种分歧的原因首先在于以"社会关系"来界定环境法有其弊端。"社会关系说"看似客观，但无法指出"合理开发利用、保护和改善环境而发生的各种社会关系"究竟是什么关系，也无法廓清这种社会关系与其他社会关系的可识别的边界。实际上，环境法与自然资源法在调整的社会关系上是融合的，二者共同调整"生态—经济"社会关系，⑥ 而社会关系之所以融合是因为二者在自然属性上是不可分割的，这种不可分割性决定了立法上的不可分割。例如，在自然资源上设立的物权以及物权的交易（同时对该权利施加公法限制）也属于合理开发利用中产生的社会关系，但物权人所负担的国有土地使用费本身是作为商品或服务的对价，其目的是弥补成本和创造利润，这种物权交易在整体上并未减少自然资源、未影响到生态系统完整性，似乎由经济法调整更为方便。这也是长期以来自然资源法都被视为经济法的下位法的原因，根本上是因为"经济法是从国民经济生产率的角度观察经济关系"⑦，经济法的价值目标是实现整体社会财富的创造，其并不关心个人和集体利益的保护。当然，从客观效果上

---

① 参见金瑞林主编《环境法学》（第四版），北京大学出版社2016年版，第17页。
② 参见金瑞林主编《环境法学》（第四版），北京大学出版社2016年版，第222页。
③ 参见徐祥民主编《环境法学》，北京大学出版社2005年版。
④ 参见韩德培主编《环境保护法教程》（第八版），法律出版社2018年版，第17—18页。
⑤ 参见黄锡生、李希昆主编《环境与资源保护法学》，重庆大学出版社2002年版；蔡守秋主编《新编环境资源法学》，北京师范大学出版社2017年版。
⑥ 杜群：《环境法融合论：环境·资源·生态法律保护一体化》，科学出版社2003年版，第44页。
⑦ ［德］拉德布鲁赫：《法学导论》，米健译，商务印书馆2013年版，第119页。

看,对自然资源进行产权界定和定价在客观上有利于促进资源节约,因此,有关自然资源权属和自然资源税费制度也进入了环境法范围。① 然而应当看到的是,生态环境与自然资源是人类所有利益的载体,不同的利益需求在资源有限的条件下就存在竞争,竞争性利益需求之间可能在比例上达致平衡,或确立优先级对某种利益进行取舍,或者实现利益之间的协同。这就决定了以自然资源为客体的法律必然会牵涉多种利益,引起多个部门法的调整。《长江保护法》《黄河保护法》等流域立法就是涉及污染防治、资源利用与保护、产业发展等多个部门法保护客体的法律,这是由可持续发展的现实需求决定的。这一理解最终将导致环境法成为"环境与资源相关法",导致环境法包罗万象,原本属于其他法域的法律规范也难以从环境法排除,从而导致生态环境损害金钱给付义务丧失核心。

生态环境损害金钱给付义务究竟"向何处寻"应当回到环境问题本身,环境问题才是环境法以及生态环境损害金钱给付义务产生的源头和必要性所在。一方面,人们意识到经济发展受到环境和资源承载力的限制,对环境容量和自然资源的取用不可能无限增长,发展必须以可持续的方式进行。另一方面,发展的内涵也在转变。"好"的发展是经济、社会、文化、精神的全方面发展、高质量发展,污染、生态破坏本身就是发展的"瑕疵",与发展目标相悖。如果保护生态效益的目的也是人的更好生存与发展,那么其与促进自然资源有效利用的法律在这一最终目标上并不冲突。当然,一切经济行为都不能以牺牲利益载体为代价,正如环境保护也不能以牺牲人本身为代价,否则就与最终目标相违背。我国生态文明法治建设遵循的正是此种逻辑。当单纯以经济增长为目标的发展方式带来的环境问题直接催生了环境保护的需求,以促进资源开发、交易的财产法、物权法、合同法无法回应环境问题,限制、调整、规范环境和资源利用行为的法律手段应运而生,这种法律手段天然表现为"限制法""平衡法"。这种法律手段也是"剩余利益"保护法。"剩余利益"是笔者对被传统部门法忽视的利益的指称,即生态系统整体利益。随着发展内涵的转变,整个法律体系都面临生态系统保护的时代课题。维护社会秩序、保护公共利益是政府固有的职责,行政法始终是政府履行职责的法律手段,行政法的理念、内涵和方式随着社会需求的变化而变化。民法、刑法、经济法莫不

---

① 参见吕忠梅主编《环境法导论》(第二版),北京大学出版社2010年版,第159页。

如此，传统法学的行为规制范围和利益保护范围不断调整以顺应社会发展需求，那些曾经被忽视的利益逐渐被传统法学重视并纳入其中。这种现象既可以说是"环境法学的兴起"也可以说是"传统法学的变革"或"法律的生态化"。① 但是，无论如何命名，这些法律手段的任务就是因应环境问题。环境问题往往同时损害公共利益和私人利益，但私人利益的损害仍然表现为民法所保护的人身权、财产权损害，与传统侵权并无二致。虽然人格与精神上的损害暂时无法获得民法的明确保护，但这种利益损失也是由于环境整体受损而导致的，环境法保护生态环境整体价值的使命不应因此被转移。也就是说，尽管人的一切社会关系都围绕环境和自然资源而展开，但当其未进入环境问题的领域时，环境法没有调整的必要。只有当人对环境与自然资源的利用进入环境问题的视野时，才具有环境法的专属性。因此，并非一切与环境相关的法律规范都属于环境法律规范。从正面看，环境法律规范是调整环境容量与自然资源利用行为而非产品交易行为，保护的是生态环境整体而非生活环境或单个自然资源物品。从反面看，环境法律规范调整的是可能带来环境问题的行为或活动。总之，环境法调整的是"环境行为或因环境行为而产生的社会关系"，所谓环境行为，是指"人类对环境、资源和生态系统有影响的各种行为或活动的总称"②。在这种理解下，矿产作为经济属性极强而生态属性较弱的资源，除却矿产资源开采导致的污染和生态破坏问题，关于矿产资源的绝大部分法律规范都不会进入环境法研究范围；森林的生态属性极强，其经济效益的实现也往往源于其生态性，因而有关森林资源的法律规范很难排除在环境法范围之外；水则介于二者之间，兼具较强的生态属性和经济属性；土地作为一切自然资源的载体则极为特殊，其本质是空间，其生态属性和经济属性都取决于空间的用途，因而有关土地资源的法律规范往往又会涉及其他自然资源以及土壤本身，而土地作为可以交易的商品如建筑用地时则不在环境法范围，相关的金钱给付义务如土地出让金也不在生态环境损害金钱给付义务范围内。

（二）法律性而非政治性

环境政策在环境法理论和实践中占有重要作用，党政联合发文、党内

---

① 参见李琳《立法"绿色化"背景下生态法益独立性的批判性考察》，《中国刑事法杂志》2020年第6期。

② 蔡守秋主编：《新编环境资源法学》，北京师范大学出版社2017年版，第18页。

法规等文件推动了诸多环境法律制度的形成与改革。然而，环境政策毕竟只是环境法实施的外部系统，执政党的环境政策与方针也必须通过环境法律规范予以呈现落实。① 环境政策与环境法律并不冲突，但环境法的本体只能是环境法律，环境政策本身并非法律权利义务的效力来源。宪法中的环保条款尽管可以成为环境权利和国家环保义务的根据，但这种权利和义务是否具有拘束力决定了其是否具有法律性，而判断法律是"书本上的法律"还是"行动中的法律"其标准就是可诉性。② 所谓可诉性即"可以被任何人在法律规定的机构中通过争议解决程序加以运用的可能性"③。保障公民不受第三人侵害的国家义务本就体现在刑法、侵权法中，而制度性保障义务和国家给付义务中提供和帮助的义务则与国家意愿和能力有关，既取决于相关公权力行为的主观态度，也受社会物质水平的客观限制，在事实上很难通过司法裁决的方式予以保障，因此是不可诉的。④ 在具体的环境法治领域如雾霾问题的司法化问题，国家环保义务和公民环境权利都需要通过对行政机关的司法审查实现，而能否发动司法审查则取决于法律的规定。⑤ 国家对生态保护地区的生态补偿同样如此，取决于国家财政转移支付力度。因此，本书认为，国家向公民履行的义务若非法律规定则并不具有法律性，不属于环境法律规范的范围，也因而与生态环境损害赔偿等生态环境损害金钱给付义务不属于同一场域。

基于以上认识，对于"基于法律调整功能的分工，就不同法律部门在同一'社会事实'的调整中形成了的规范投射现象"⑥，不能以主观上或目的层面的功能分工来理解环境法律规范并进而确定哪些金钱给付义务属于具有同一核心价值的生态环境损害金钱给付义务。民法上针对私益的侵权损害赔偿不属于生态环境损害金钱给付义务是因为其针对的不是生态环境这一客体，自然与生态环境损害赔偿功能不同。同时，不能因为环境刑事罚金属于刑法规范就认为其不属于环境法律规范，从而将其与其他生态环

---

① 陈海嵩：《中国生态文明法治转型中的政策与法律关系》，《吉林大学社会科学学报》2020 年第 2 期。
② 参见舒国滢主编《法理学导论》（第三版），北京大学出版社 2019 年版，第 36 页。
③ 王晨光：《法律的可诉性：现代法治国家中法律的特征之一》，《法学》1998 年第 8 期。
④ 参见刘耀辉《国家义务的可诉性》，《法学论坛》2010 年第 5 期。
⑤ 参见陈海嵩《雾霾应急的中国实践与环境法理》，《法学研究》2016 年第 4 期。
⑥ 郭武：《层次性重叠，抑或领域性交叉？——环境法与其他部门法关系省思》，《社会科学》2019 年第 12 期。

境损害金钱给付义务区隔开来。正如下文将要论及的，事物的功能是客观的而非主观先定的，环境法是新兴法域不代表此前出现的以生态环境为规范对象的法律规范就不能进入当下所说的环境法律规范。以生态环境为客体的环境刑事罚金决定了其与生态环境损害赔偿属于同一场域。综上所述，环境法是国家可持续发展战略、建设生态文明的法律手段，其价值立场就是维护作为整体的生态环境进而维护人的生存与发展，保护环境私益的法律规范（环境私益侵权）不属于环境法律规范；环境法的任务是应对环境污染和生态破坏等环境问题，环境法律规范是有关应对环境污染和生态破坏的法律规范，并非所有以自然资源为客体的经济关系都不具有环境法的意义，当某一法律规范涉及环境污染和生态破坏的环境问题，无论原本是否属于传统部门法范畴都具有环境法的意义，这就取决于该法律规范的立法目的和任务；环境法律规范必须具有法律性而非政治性即拘束性而非裁量性，国家环境保护义务（包括给付义务）不属于环境法律规范。在此规范界定下的生态环境损害金钱给付义务都属于同一场域，而非有关生态环境的金钱给付义务的简单拼接，这样本书所说的生态环境损害金钱给付义务才具有共同的价值内核，也才具有整体化的必要性与可能性。

二　生态环境损害金钱给付义务的内涵界定

现实中，"金钱给付义务"这一名词是行政强制法和判决书对执行阶段给付金钱类履行义务的称谓。但是，本书所指金钱给付既包括税费，又包括损害赔偿、罚款、罚金等，法律责任产生的金钱性履行义务和法定法律义务的履行何以统摄于这一实质概念之下仍有必要说明。

（一）给付与金钱给付

"给付"在我国立法上多用作动词，与"交付"同义，如"给付货币""给付定金""给付有价证券""给付抚养费""给付毒品"等，给付的内容不限于货币；有时亦做名词，如《民法典》第 520 条。学理上的"给付"则往往指债权债务关系的内容或曰客体。也就是说，给付在法律上是隶属于债的一个概念。想要理解"给付"就必须先理解"债"。所谓债（拉丁文 obligatio），其本意是拘束，罗马法称为"法锁"，即债权人与债务人之间的法律拘束。[①] 大陆法系继承了罗马法的债的概念，是指发生

---

① 参见周枏《罗马法原论》（上册），商务印书馆 1994 年版，第 542 页。

在特定主体之间请求为特定行为的法律关系,既包括合同之债,也包括侵权之债。根据债务人所负义务的性质,给付可能指行为,也可能是结果,"前者将给付视为应当行为,后者则将给付视为利益实现;前者是从个人法律义务的设想出发的,后者则是从债权人所得到的设想出发的,或者因给付障碍所应得的成为不可能出发的"①。可见,给付与"清偿债务""履行义务"的意思相近,而由于债务人所负担的法律义务可能是作为也可能是不作为,给付的内容也可以是不作为,可以是金钱也可以是实物。由于不作为给付与"给付"的字面意思相去甚远且本书不涉及不作为义务,因此本书所说的给付均为作为给付。"金钱给付"则意味着给付的内容为金钱(即货币)。

从债的形式而言(请求为特定行为),"债权的观念决不仅为私法所独有,而是公法私法所共通"②。给付作为债的内容自然也不为私法所独有。一般认为,税收法律关系是最为典型的公法之债,法定的公法之债权"为国家得向人民(纳税义务人、规费缴纳人、特别功课支付人)请求金钱给付"③,税收则是最为典型的公法上的金钱给付。更有学者将公共主体对私人的给付、私人对公共主体的给付以及公共主体之间的给付均纳入公法之债。④ 更进一步,刑事责任和行政处罚中的以给付为内容的责任形式同样符合债的形式("请求为特定行为"),如此,一切依照法律规定或法律责任所产生的给付义务都可以理解为"债务关系"。不过,有观点认为这种对"债务关系"的泛化理解只具有形式意义而"无法给实体制度设计提供任何操作性指引",而且发源于私法平等主体之间的"债"与公法性质不符。⑤ 实际上,"请求为特定行为"是以给付义务为内容的诸法律关系的"公因式",恰恰揭示了给付义务的本质。表面上看,公权力机关"命令"人民为特定行为的权力与"请求权"的特征不符,但除了税收可以由税务机关直接强制执行外,行政责任、刑事责任、民事责任都

---

① Wieacker, FS Nipperdey, Bd. I, 1965, S. 783. 转引自王洪亮《给付》,《中德私法研究》2011年卷。

② [日]美浓部达吉:《公法与私法》,黄冯明译,中国政法大学出版社2003年版,第87页。

③ 葛克昌:《行政程序与纳税人基本权》,北京大学出版社2005年版,第17页。

④ 参见汪厚冬《公法之债论——一种体系化的研究思路》,博士学位论文,苏州大学,2016年,第297页。

⑤ 参见侯卓《"债务关系说"的批判性反思——兼论〈税收征管法〉修改如何对待债法性规范》,《法学》2019年第9期。

必须由公权力机关或当事人请求法院强制执行，而不能直接支配债务人的财产。① 实际上，法律之所以赋予税务机关强制执行权也并不是因为征税权力或税收法律关系的特殊性，而是因为税收行为频繁发生，如果每次都需要税务机关请求法院强制执行则成本巨大，妨碍国家正常税收秩序。可见，给付义务本质上是对规范中的法律义务或法律责任的实现，只停留在规范中或责任阶段的义务是无法实现法律目的、保护特定利益的。

从金钱给付本身来看，作为以货币为内容的给付义务，其有自身的特性：货币作为种类物，是一种纯粹的可替代物，不具有任何个性，任何等额的货币价值相等，可以互相替代。② 这也是为何罚金与罚款可以折抵的基本根据。金钱之债与非金钱之债的区分就在于非金钱之债履行的过程中也可能需要支付金钱，但并非以金钱交付本身为内容，而金钱之债则是以金钱本身作为内容物，即以给付一定数额的货币为内容，而不涉及金钱之外的交付。③ 生态修复费用与生态修复行为责任的区分也正在于此。但不同的是，生态修复必然产生费用，对于企业责任主体而言，其履行生态修复行为责任的方式也往往是第三方治理，其本身则并未参与修复而只是向第三方治理主体支付对价。

（二）基于义务的给付与基于责任的给付之统一

从法律义务本身而言，在各种生态环境损害金钱给付中，生态环境税费属于第一性义务，其余则属于"由于侵犯法定权利或违反法定义务而引起的、由专门国家机关认定并归结于法关系的有责主体的、带有直接强制性的义务，亦即由于违反第一性法定义务而招致的第二性义务"④。基于义务的给付与基于责任的给付何以统摄于"义务"概念之下仍需要说明。⑤ 诚然，义务与责任是相对的，义务的违反引起责任，履行责任即新的义务，不履行责任则构成对"新的义务"的违反，从而引起新的责任……如此循环往复，螺旋式上升。因此，法律责任被认为是法律责任在法律程序认定后即成为应当履行的法律义务，这是各种生态环境损害金钱

---

① 参见王利明《债法总则研究》（第二版），中国人民大学出版社2018年版，第11—12页。
② 参见王利明《债法总则研究》（第二版），中国人民大学出版社2018年版，第133页。
③ 参见王利明《债法总则研究》（第二版），中国人民大学出版社2018年版，第130页。
④ 张文显：《法律责任论纲》，《吉林大学社会科学学报》1991年第1期。
⑤ 本书对于生态环境损害赔偿、罚款、罚金等基于责任的给付根据具体语境称为"责任"或"给付"。

给付统摄于"义务"概念的形式理由,而其实质性考量在于各种生态环境损害金钱给付具有内在联系。

一者,各种生态环境损害金钱给付在履行层面上统一。生态环境损害金钱给付主要是结构性问题,即个体自成体系但整体却存在矛盾,问题的视角不在于某种法律责任本身的判定,而是行为人最终要负担的金钱给付义务究为几何。从债的角度而言,罗马法并未对责任和债务予以明确区分,罗马法上的债最初起源于犯罪,原始的誓约是债的起源的最典型的形式,具有强制性和财产性。在民法法系国家,侵权行为属于债的范畴,债具有财产性,债法为财产法。例如,德国民法学上的责任有担保、义务和制裁三层意思,对债务与责任不作严格区分,二者可以交换使用。① 日耳曼法认为,债务是为一定给付的义务而责任是强制实现此义务的手段,即责任是不履行债务的不利后果。如果债务必须包含给付内容,那么债务与责任就可能分离,比如有债务而无责任、② 无债务而有责任(如保证人责任)、责任先于债务存在(如为附停止条件的债务所设定的担保)、债务与责任范围不相同(如有限责任)。③ 在英美法中,英文"obligation"则仅指义务,英文的"debt"主要是指金钱债务,"'义务'(obligation)这个词汇中,隐含着拘束负义务之人的'契约'这样的意象,而'责任'(duty)这个词汇之中则潜藏着债务(debt)的观念"④。在我国古代法中,"债"与"责"的概念也是通用的,有时"债"也仅指金钱债务。⑤ 可见,债或债务的最狭义就是金钱给付。债意味着给付,因此"给付义务"就将"义务"与"责任"内含其中。在金钱给付的层面上,债、债务、义务的概念是等同的,义务和责任在债之关系上可以得到统一,当义务人或责任人确定债务关系自然形成,给付义务则是债务之内容。

二者,各种生态环境损害金钱给付均是对"环境有价"理念的践行。"法律义务的履行,从利益关系的视角,体现为某种权利的实现或保障,

---

① 参见魏振瀛《制定侵权责任法的学理分析——侵权行为之债立法模式的借鉴与变革》,《法学家》2009 年第 1 期。

② "自然债务"(如超过消灭时效的债务)就属于有债务而无责任的义务,自然债务的债权人不能通过诉讼的方式请求强制履行,但若债务人自愿履行或已经履行则其履行有效,债务人不得请求债权人返还。

③ 参见崔吉子《债权法学》(第二版),北京大学出版社 2016 年版,第 6 页。

④ [英]哈特:《法律的概念》(第三版),许家馨、李冠宜译,法律出版社 2018 年版,第 144—145 页。

⑤ 参见李志敏《中国古代民法》,法律出版社 1988 年版,第 136 页。

一般地说作为义务是基于一定的对价而存在的；而不作为义务通常不存在一定的对价关系。"[1] 生态环境损害金钱给付义务体现的正是一种对价思维，[2] 因为"环境责任的公平承担从根本上说，实际上是相关费用的公平承担问题。一般而言，治理污染费用、环境恢复费用、预防费用、损害赔偿费用构成了环境责任的全部，应由造成环境污染和生态破坏的企业或个人承担"[3]。这背后蕴含着人类从"环境无价"到"环境有价"价值观的根本转变。首先，国家对公共环境和资源定价，人们需要为环境和资源的取用"付费"。排污权交易和环境税费是环境容量的对价，资源税费是取用自然资源的对价。有些环境资源没有物权化或经济化并非因为它们与经济利益冲突而是因为客观上难以被支配，例如大气或物质性环境要素形成的环境效应。[4] 当然，排污权交易和自然资源资产产权制度改革等制度创新已经使得环境与资源上的生态效益和经济效益的协同性逐步加大。其次，环境违法行为人需要为自己损害环境的行为付出"代价"，代价的大小与环境问题的严重性相匹配，这从环境罚款、罚金以及生态环境损害赔偿的数额设定与生态环境的价值大小成比例就可以看出。最后，污染和生态破坏需要治理，造成污染和生态破坏者是当然的治理责任主体，生态修复费用是责任者承担治理资金的方式。可以说，环境法的核心原则即污染者负担，其源头污染者付费原则本就是"环境有价"的直接践行，而生态环境损害金钱给付义务正是环境法污染者负担原则的现实逻辑。生态环境损害赔偿制度中的"赔偿义务人"概念正是生态环境损害金钱给付一致性的体现。因此，可以说生态环境税费是具有责任属性的义务，生态环境金钱责任是具有义务属性的责任。生态环境损害金钱给付的性质取决于看待问题的视角。从形式上看，基于环境有价、应赔尽赔的原则，生态环境利用者负有向作为管理者的国家缴纳一定金钱的给付义务（税或非税收入），责任相对于履行义务而言只是过程性的、形式性的。从实质上看，国家作为环境公共利益代表者，生态环境利用者需对公共利益受损者承担补偿性责任，第一性义务是未经诉讼程序的"责任"。归根结底，环境税不同于以主体符合特定构成要件为判断纳税义务的传统税收，其以是

---

[1] 汪全胜等：《法的结构规范化研究》，中国政法大学出版社2015年版，第248页。
[2] 於方、齐霁、田超：《"环境有价 损害担责 应赔尽赔"理念初步建立》，《中国环境报》2019年12月13日第6版。
[3] 李明华、夏少敏主编：《环境法学》，法律出版社2013年版，第61页。
[4] 参见胡静《环境法的正当性与制度选择》，知识产权出版社2009年版，第96页。

否实施环境污染行为、是否产生污染物为判断依据，由生态环境损害产生的第一性和第二性金钱给付义务都是环境行为的法律后果。

（三）生态环境损害金钱给付义务的要素

要素是指构成事物的必要因素。生态环境损害金钱给付义务的要素包括给付主体、环境行为和环境后果。

生态环境损害金钱给付义务的给付主体包括给付人和被给付人。给付人即负有生态环境损害金钱给付义务之主体，包括法人和自然人。理论上，金钱给付义务主体也包括公法人，其承担的金钱给付义务主要有退还多征收的税款、给付行政承诺内容、履行行政合同、给付公法上的不当得利、公法上的无因管理之债等。[①] 但是，这种给付与环境法属性无关，与环境问题的产生与应对皆无联系，不具有环境法的特性。此外，我国尚未建立针对环境问题的国家赔偿责任，公民尚不享有基于环境问题向国家请求给予金钱补偿的权利。对于个人受到侵害的情况，即便建立行政补偿制度也是国家赔偿制度范围的扩大而非环境法议题。[②] 在环境法中，对于没有环境责任人或责任人无给付能力的情形，国家环境保护义务本身是集体负担原则的体现，即全体纳税人共同承担环境治理费用。即便将检察机关视为社会公共利益的代表或赋予个人提起环境行政公益诉讼的权利，其提起的环境行政公益诉讼请求也仅限于请求行政机关履职。这是因为，行政行为并不属于环境行为，尽管行政机关不作为或不依法履行职责与环境损害后果有因果关系，但其只能通过问责和行政处分的形式承担责任，在有明确责任人的情况下要求国家承担生态修复责任或给付生态修复费用相当于让纳税人为他人的责任买单，显然不符合公平原则。至于被给付人，名义上的生态环境损害金钱给付义务被给付人只有国家（全体公民）。尽管环境公益诉讼中有将损害赔偿金上交给人民法院的做法，但在政府与人民的关系上而言，法院在我国也是广义上的"国家"，且生态环境损害赔偿金统一上交国库的做法也渐成趋势。但是，目前认为，环境税、罚款、罚金上缴国库进入一般预算与损害赔偿用于生态修复乃是不同流向，从这一层面而言，生态环境损害金钱给付义务的被给付人有国家和社会公众之分。

---

① 参见杨东升《给付诉讼类型研究》，博士学位论文，苏州大学，2018年，第25页。
② 参见贺思源、李春《论环境侵害的行政补偿责任——以重金属污染危害人群健康为切入点》，《生态经济》2012年第12期。

环境行为是指引起生态环境损害金钱给付义务的行为,即环境和资源利用行为。环境法的使命是应对环境问题,而由于环境问题是指由人类活动引起的环境问题,因此环境法必须立足于对人的行为的导引,预防和矫正危害环境的行为即环境行为。"从某种意义上讲,权利和义务都可以理解为一种行为,所以法律的'权利—义务'模式也可以理解为一种模式化的行为体系或行为体系的模式化。"① 无论环境权利抑或环境义务皆为抽象概念,现实中唯有环境行为能够为执法者识别,环境行为的法律意义就在于为归责和确立生态环境损害金钱给付义务提供根据,即人在实践中需要为何种行为付出"代价",这是生态环境损害金钱给付义务的行为要件。承担环境义务和责任的根据就是环境行为的作出:刑法中有环境污染、处置进口走私固体废物、捕捞水产品、猎捕杀害珍稀野生生物、采伐毁坏重点保护植物、滥伐林木等环境行为;行政法中则更为广泛,偷设暗管、无证排污等可能导致环境问题的行为皆为环境行为;环境税也是因排污和资源利用行为而产生的,而所得税等传统税实际上是因纳税人身份而分配的义务,② 其征税目的并非激励行为人节制行为。也因此,诸如违约金和滞纳金等虽然也属于金钱给付义务但其并非因为环境行为而产生,因此不属于生态环境损害金钱给付义务。有必要说明的是,环境科学中"环境污染"和"生态破坏"强调一种结果状态,而环境法中的"环境污染""生态破坏"也可以指造成或可能造成环境污染或生态破坏的那些环境或资源利用行为。因为导致环境污染和生态破坏的行为多种多样,环境污染和生态破坏本身也可以互为因果,某一行为给环境造成损害之风险才是判断是否为环境行为的依据。若以为环境污染和生态破坏才是法律需要控制的环境行为,那么环境法就只能实现事后控制和终端控制,不符合环境法预防原则的宗旨。由此来看,环境税费法律规范与法律责任规范有着相同的规范结构:行为模式(环境行为)+法律后果(缴纳税费)。

环境后果是指被各生态环境损害金钱给付义务构成要件评价为"应履行法律义务"或"应承担法律责任"的行为后果。法律后果不同于结果。在自然状态下,结果只是行为的自然发生,但后果是法律规定的那个结果,环境后果是法律禁止发生或不希望发生的结果。在

---

① 张祥伟:《环境法研究的未来指向:环境行为——以本位之争为视角》,《现代法学》2014 年第 3 期。

② 参见钱大军《身分与法律义务、法律义务冲突》,《法制与社会发展》2006 年第 2 期。

法律中，损害①是一种具有归责意义的行为后果、法律事实，而损害之风险则不属于损害，是否具有归责意义则视其风险程度并最终取决于法律规定。但在现实世界中，损害与风险是相对的，对现实损害的规制可能是为了预防未来更大风险的发生。因为生态环境的价值在于作为整体的价值，某个个体的行为不大可能直接损害到生态环境的整体性，但是累积的、并发的个体行为却有可能造成大范围的损害（比如猎杀野生动物对生物多样性的损害），然而法律只能规制个体意志行为，既不可能对集体课予行为义务，也不可能对结果作出要求，因此在特定时空下，法律对个体的归责总是表现为对行为后果的归责，这一后果首先表现为基于风险预防而限制或禁止的行为的做出，比如超标排污、盗伐林木等。静态、孤立地看这种个体的行为永远不可能是对于整个生态系统的损害，但是却能不同程度上引起生态系统在物理层面的不利改变（比如污染物的增加、水质的恶化、植被的减少、地表结构的变化），这种不利改变对生态系统的完整性具有客观的损害性，但不是终局性的"损害"，而是被"切分"的损害，即损害"永远在路上"。科学意义上的"生态损害"即生态失衡实际上很难由某一行为在特定时空单独引起，只有行为所引起的环境要素的不利变化超出环境的生态阈值并且环境无法自我修复才会导致生态功能和生态系统的损害。某一个体行为引起的后果在个体归责的意义上是损害，但对于整体生态系统而言是风险。环境后果的法律意义就是为行为所导致的何种结果付出"代价"以及付出多大的代价，这是生态环境损害金钱给付义务的后果要件。因此，尽管"合法排污"未超过污染物排放标准，但不代表其没有导致环境问题的可能，事实上一旦排污就带来了"环境损害"，这种损害是相对于未排污之前的环境完整性而言，但对于"超标"或人身、财产价值损失这种人为设定的、可识别的后果而言，"合法排污"只是一种风险，但风险的累积也会造成法律规定的后果，因此偷设暗管等"过程性行为"必须被规制。环境税的机理也正在于此，其与刑

---

① 按照民法学界一般的认知，损害（damage）就是民事主体遭受的一种不利益，包括财产上的不利益（损失）和非财产上的不利益（伤害）。参见王利明《侵权责任法研究》（上卷），中国人民大学出版社 2010 年版，第 302 页。关于损害的本质，历来存在着差额说与组织说之争，前者是主流学说。差额说最早由德国学者麦蒙森（Mommsen）提出，在该学说下损害是指侵权行为没有发生的假想情况下原告应当享有的利益状态（被减数）和侵权行为已经发生的现实情况下原告实际享有的利益状态（减数）之差额。参见王泽鉴《损害赔偿》，北京大学出版社 2017 年版，第 63 页。

法、侵权法、行政法在控制环境问题上同根同源同理。故此，环境后果指的是环境行为导致的结果，既包括传统侵权法意义上的"损害"，也包括可能导致环境问题的"风险"即"风险性损害"①。

第二节　生态环境损害金钱给付义务的种类

根据前文对生态环境损害金钱给付义务的界定，生态环境损害金钱给付义务包括环境保护税、生态环境费、生态环境损害赔偿、生态环境惩罚性赔偿、生态环境行政罚款、生态环境刑事罚金。②

一　生态环境税费

税与费即中国台湾地区学界所谓"公法上金钱给付义务"或曰公课，即"国家得向人民请求金钱给付"③。我国大陆地区"向人民请求"的金钱给付义务可分为税与非税。其中，非税种类多样、体系庞杂，但因名称多冠以"费"，因此，学界多以"费"泛称非税。本书所称环境费亦是在此种意义上使用。

（一）生态环境费

根据国家发展改革委和财政部发布的《行政事业性收费标准管理办法》（发改价格规〔2018〕988号），行政收费是国家机关、事业单位、代行政府职能的社会团体及其他组织根据法律法规等有关规定，依照国务院规定程序批准，在实施社会公共管理，以及在向公民、法人和其他组织提供特定公共服务过程中，向特定对象收取的费用。按照该办法对行政收费的分类，行政收费分为六类：行政管理类收费、资源补偿类收费、鉴定类收费、考试类收费、培训类收费、其他类别的收费。其中，鉴定类收费、考试类收费、培训类收费皆采成本补偿原则，按照管理或服务成本确定收费标准。行政管理类收费和资源补偿类收费则比较特殊，前者的收费标准按照行使管理职能的需要，而后者的收费标准是根据相关资源的价值

---

①　田野：《风险作为损害：大数据时代侵权"损害"概念的革新》，《政治与法律》2021年第10期。

②　本书中出现的"环境税费""环境损害赔偿""环境罚款（金）"与"生态环境税费""生态环境损害赔偿""生态环境罚款（金）"同义。

③　葛克昌：《行政程序与纳税人基本权》，北京大学出版社2005年版，第18页。

或者其稀缺性，并考虑可持续发展等因素确定，而且"对开采利用自然资源造成生态破坏、环境污染或者其他环境损坏的，审核收费标准时，应当充分考虑相关生态环境治理和恢复成本"。两种收费本质上都是基于行政目的，遵循的是"促进环境保护、资源节约和有效利用，以及经济和社会事业持续发展"①的原则。由于税收、行政管制性措施及行政责任、民事责任、刑事责任均包含行政目的，某种收费在实体上就容易与其他法律制度交叉甚至重叠，诸如以节约自然资源或环境保护为目的的收费其法律性质就一直存在争议。根据国务院公布的行政事业性收费目录，与生态环境和自然资源有关的行政收费包括土地复垦费、耕地开垦费、土地闲置费、海洋废弃物倾倒费、污水处理费、水资源费、水土保持补偿费、渔业资源增殖保护费、草原植被恢复费、城镇垃圾处理费。另外，根据《关于停征排污费等行政事业性收费有关事项的通知》（财税〔2018〕4号），已被停征的排污费（包括污水排污费、废气排污费、固体废物及危险废物排污费、噪声超标排污费和挥发性有机物排污费）和海洋工程污水排污费（生产污水与机舱污水排污费、钻井泥浆与钻屑排污费、生活污水排污费和生活垃圾排污费）此前也都属于行政收费。

与环境费相关的另一制度是环境政府性基金。政府性基金是中国特有的财政名词，财政部发布的《政府性基金管理暂行办法》（财综〔2010〕80号）规定："本办法所称政府性基金，是指各级人民政府及其所属部门根据法律、行政法规和中共中央、国务院文件规定，为支持特定公共基础设施建设和公共事业发展，向公民、法人和其他组织无偿征收的具有专项用途的财政资金。"森林植被恢复费、可再生能源发展基金以及船舶油污损害赔偿基金都属于政府性基金。一般而言，政府性基金与行政收费、税收最大的不同在于用途的专款专用。② 不过，在实践中，政府性基金与税收、行政收费的差别并非如此突出。颇为典型的例证便是教育费附加和地方教育附加，它们皆属于政府性基金范畴，但它们与以城建税为代表的特定用途税并无本质差异。故而，财税法学界多将政府性基金作为一种介于税收与行政收费之间的公课类型。③

---

① 参见《行政事业性收费标准管理办法》（发改价格规〔2018〕988号）。
② 参见熊伟《财政法基本问题》，北京大学出版社2012年版，第296页。
③ 参见田开友《政府性基金课征法治化研究》，中国政法大学出版社2017年版，第50—52页。

此外，一些环境单行法和地方立法及政策文件中还规定了未被纳入"行政事业性收费目录"和"政府性基金目录"但又具有一定专款专用特征的基金或保证金，比如《财政部、国土资源部、环境保护部关于取消矿山地质环境治理恢复保证金建立矿山地质环境治理恢复基金的指导意见》规定，矿山企业必须将收入的一部分纳入专门的基金账户专项用于矿山地质环境保护与治理恢复。又如山东省《关于建立省属煤炭企业可持续发展准备金的指导意见》（2020）要求省属煤炭企业提取的可持续发展准备金。尽管此类基金、准备金在法律性质上并不属于国家对生产经营主体课予的金钱给付义务，但由于准备金的提取在某种意义上也是对生产经营主体财产权的限制，故而此类准金钱给付义务也应一并引起重视。不过，鉴于此类准备金并不属于国家财政收入形式，仍然在生产经营主体的银行账户，基于本书研究旨趣，不再就此类准金钱给付另行讨论。

（二）环境保护税

广义的环境税并不是一个具体的税种，而是对有利于资源与环境保护的税收的泛称，其形象的说法是"绿色税收"，包括：直接对排污行为和资源开采行为征收的税；非因环境行为产生但用于环境保护领域的税；对污染产品和资源产品征收的特别消费税；税率与环境影响程度挂钩的其他税如车船税。其中，资源开采环节征收的资源税、加工销售环节的消费税以及资源收益实现环节的资源收益税皆统称为资源税，但狭义的资源税仅指资源开采税。[①] 狭义的环境税也仅指排污税，在我国叫作环境保护税。根据前文对生态环境损害金钱给付义务的界定，生态环境损害金钱给付义务所指向的是作为生态系统有机组成要素的自然资源本身而非自然资源产品、[②] 是环境行为（可能引起环境问题的排污与资源利用行为）而非消费行为。故而，属于生态环境损害金钱给付义务的环境税仅包括排污税即环境保护税。[③]

---

① 参见《世界税制现状与趋势》课题组编著《世界税制现状与趋势（2017）》，中国税务出版社2018年版，第386页。

② 自然资源是指处于自然赋存状态下的各种自然要素，如森林、矿藏、河流、草原等；而资源产品则专指通过人力介入对自然资源开发利用而形成的产物，如通过对矿藏发掘出来的矿产品、采伐森林所得到的木材、从天然河流中取得的水等。参见张梓太主编《自然资源法学》，北京大学出版社2007年版，第6页。

③ 因狭义资源税过于注重对矿产资源经济价值的反映从而与自然资源的生态服务功能无甚关联，故也不属于本书的讨论对象。

环境保护税平移于此前的排污费制度。相较于排污费,环境保护税征收主体纳税人由环保机关转变为税务机关;缴纳主体增加了第三产业、规模化畜禽养殖医院等福利机构;征收对象将噪声中的工业噪声、建筑噪声排除在外;征收标准相应提高;收入由央地分成转为全部作为地方税收入;收入用途由专项资金管理转变为纳入一般公共预算。该税的纳税主体为直接向环境排放应税污染物的企业事业单位和其他生产经营者,应税污染物包括特定大气污染物、水污染物、固体废物和噪声。至于二氧化碳等温室气体,由于其与一般意义的污染物尚有差别,故而暂未被纳入环境保护税的征收范围,未来或可由碳税和能源税完成。

二 生态环境损害赔偿

所谓损害,是指因某种事实致人身、财产或其他法益蒙受的不利益。[1] 法律上允许受损人将损害转嫁于对造成损害应予负责之人的转嫁机制即为"赔偿",行政机关、检察机关和社会组织主张的损害赔偿都属于此范畴。侵权损害赔偿也有广义与狭义之分,广义上的"损害赔偿"实际上就是指侵权责任,包括"赔偿损失""恢复原状""修理、重作、更换""恢复名誉"等;[2] 狭义上的损害赔偿就是本书所指的金钱给付义务。

大陆法系中,损害赔偿的方法包括恢复原状与金钱赔偿两种基本方法。其中,恢复原状是一种行为给付,金钱赔偿是一种金钱给付,金钱赔偿系在恢复原状不能的情况下使用,二者是替代关系而非并行关系。[3] 环境法中生态修复行为责任与生态修复费用的关系亦源于此,生态修复行为责任与生态修复费用乃可替代、转换之关系,本书中的"生态环境损害赔偿"也正是在这一概念上使用。结合《最高人民法院关于审理生态环境损害赔偿案件的若干规定(试行)》(法释〔2019〕8号)、《最高人民法院关于审理环境民事公益诉讼案件适用法律若干问题的解释》以及《民法典》第1234条和第1235条的规定可知,在赔偿范围上政府提起的生态环境赔偿诉讼中的生态环境损害赔偿与检察机关、公益组织提起的环境民事公益诉讼中的损失赔偿并无区别。并且,《民法典》中规定的生态

---

[1] 英语中损害用"damage"表示,损失用"loss"表示,损害包括损失,后者一般仅针对财产而言,前者则包括财产和非财产。

[2] 参见李永军主编《债权法》,北京大学出版社2016年版,第33页。

[3] 参考程啸、王丹《损害赔偿的方法》,《法学研究》2013年第3期。

环境损害赔偿其原告可以是国家规定的机关或者法律规定的组织。其中，"国家规定的机关"在《最高人民法院关于审理生态环境损害赔偿案件的若干规定（试行）》（法释〔2019〕8号）第1条和《民事诉讼法》第55条中都有规定，具体包括有权提起生态环境损害赔偿诉讼的行政机关（省级、市地级人民政府及其指定的相关部门、机构，或者受国务院委托行使全民所有自然资源资产所有权的部门）以及有权提起环境民事公益诉讼的检察机关。"法律规定的组织"则是指《民事诉讼法》第55条规定的有权提起环境民事公益诉讼的公益组织。此外，《森林法》第68条和《海洋环境保护法》第89条也规定了对造成生态环境损害的赔偿责任。可见，生态环境损害赔偿是行为人对其造成的生态环境损害所负的损害赔偿责任，其请求主体既可以是行政机关，也可以是检察机关、公益组织；法律程序既可以是磋商，也可以是司法诉讼，其中司法诉讼既包括生态环境损害赔偿诉讼也包括环境民事公益诉讼。生态环境损害赔偿磋商和诉讼和环境民事公益诉讼主要是在适用情形和举证责任等方面存在不同。但是，由于不同的请求主体和法律程序都是向生态环境损害责任人请求与生态环境损害相当的金钱给付，因此不同请求主体与法律程序所确定的金钱给付不能叠加，只能以生态环境损害为上限〔《最高人民法院关于审理生态环境损害赔偿案件的若干规定（试行）》（法释〔2019〕8号）第28条〕。

生态环境损害的范围是生态环境损害赔偿的核心。环境科学意义上的生态环境是指"因污染环境、破坏生态造成大气、地表水、地下水、土壤、森林等环境要素和植物、动物、微生物等生物要素的不利改变，以及上述要素构成的生态系统功能退化"①。法律中的"损害"概念源于侵权法，它是指可归属于权利主体的人身和财产上的不利益，而损害赔偿则是对这种不利益的金钱评价。② 由于生态环境的价值在于其整体性的保持，所有公众都可以享有完整生态环境带来的"好处"（即环境利益）。但当生态环境遭受损害时，尽管环境科学意义上的生态环境损害可以通过鉴定计算，但每个个体所受到的不利益无法以份额计算，因而单个个体无法主

---

① 张新宝：《中华人民共和国民法典侵权责任编理解与适用》，中国法制出版社2020年版，第436页。
② 参见李昊《损害概念的变迁及类型建构——以民法典侵权责任编的编纂为视角》，《法学》2019年第2期。

张可归属于个体的生态环境损害赔偿。当然,这并不妨碍其以一般侵权之诉对其遭受的人身和财产损害主张私益的损害赔偿。从环境公益诉讼和生态环境损害赔偿的制度背景来看,这两种制度的目的和任务一方面是改"企业污染、政府买单"为"企业污染、企业买单",让企业承担环境治理费用;另一方面是通过让企业承担损害赔偿责任使其意识到"环境有价"从而抑制环境损害的发生。因此,如果企业不承担损害赔偿责任则治理环境所需费用就要由具有环境保护职责的政府机关来承担。《欧洲示范民法典草案》中规定的生态损害就是指政府或指定的主管机关因恢复生态损害而遭受的不利负担。① 我国《民法典》第 1235 条规定的损害赔偿范围也是如此,既包括损失也包括费用:生态环境受到损害至修复完成期间服务功能丧失导致的损失;生态环境功能永久性损害造成的损失;生态环境损害调查、鉴定评估等费用;清除污染、修复生态环境费用;防止损害的发生和扩大所支出的合理费用。不同的是,期间功能损失不可逆,通过对环境定价的方式让责任人承担此部分损失实际上是通过政府财政支出体现对环境公共利益的补偿。因此,对于生态修复费用而言其与行政法上的代履行是等价的,区别就在于修复资金是否由政府事先垫付。同时,责任人直接进行生态修复与政府进行生态修复也是等价的,并且实践中也多以第三方治理的形式实现,因此生态修复行为责任与给付生态修复费用也是等价的。

除了生态环境修复费用和生态环境服务功能损失,损害赔偿诉讼提起前行政机关支出的代履行费用一般也属于生态环境损害赔偿范围。严格而言,行政机关修复而由损害赔偿责任人承担的生态修复费用也属于代履行费用。狭义的代履行费用仅指行政法中规定的代履行费用。根据《行政强制法》第 50 条和第 51 条的规定,对于当事人排除妨碍、恢复原状等行为义务,当不履行后果已经或者将造成环境污染或者破坏自然资源的,行政机关可以代履行,或者委托没有利害关系的第三人代履行,代履行的费用由当事人承担,其数额确定依据是履行成本。有些学者认为代履行费用属于行政收费。② 笔者不予认同。尽管二者从表面上看都是对成本肇因者

---

① 参见欧洲民法典研究组、欧盟现行私法研究组编著,[德]克里斯蒂安·冯·巴尔、[英]埃里克·克莱夫主编《欧洲私法的原则、定义与示范规则:欧洲示范民法典草案》(全译本)(第五、六、七卷),王文胜等译,法律出版社 2014 年版,第 411 页。

② 参见王锴《论行政收费的理由和标准》,《行政法学研究》2019 年第 3 期。

收取的对价，但因为行政收费属于法定的第一性义务，对于当事人行为的评价是中性的而非否定的，例如倾倒费、复垦费，而代履行义务却是以违法行为为前提，否则代履行费用并不具有归责于行为人的正当性根据。归根结底，当事人负有履行费用的前提是其对违法事实负有法律责任，行政机关只是"代"为履行，其本质是"将当事人作为义务通过代履行的方式转化为金钱给付义务"①，没有基础法律关系也就没有代履行费用，代履行费用是代履行服务的对价。② 代履行费用给付义务与义务人原先的行为给付义务是替代关系。目前，我国绝大部分环境单行法对环境代履行均有规定，但有的法律条款直接规定"所需费用由违法者承担"③ 而有的则仅规定了行政命令，如"限期治理""限期恢复"④。此外，对于环境应急行政处置费用是否属于法律义务理论和实践中存在争议。有观点认为，泸水市环境保护局与泸水县康辉实业有限公司、何某某土壤污染责任纠纷一审民事裁定书⑤中对应急处置费用民事诉讼不予立案说明"环境应急是行政机关的法定职责，该笔费用是财政支出，行政机关没有损失，不应以被侵权人名义进行主张"⑥。按照应急行政理论，政府是应急管理的当然主体，其涉及应急处置所产生的费用也当然属于行政公务支出范畴，应由公共财政支出。⑦ 然而，仔细考察该案中法院的观点，"环保局是环保行政执法机关，代表国家和人民对相应的环境资源进行管理。一旦环境资源受到破坏，环保局有权依照相关法律法规，对相对人作出行政处罚。本案中，环保局在发现污染事件后，应当及时履行其监督管理环境的职责，对相对人作出行政处罚，现未履行职责而造成的损失不属于人民法院受理民

---

① 参见江必新《〈中华人民共和国行政强制法〉条文理解与适用》，人民法院出版社2011年版，第264页。

② 参见唐绍均《环境义务的行政代履行制度研究》，中国社会科学出版社2019年版，第122页。

③ 参见《水污染防治法》第85条、第88条、第94条；《固体废物污染环境防治法》第108条；《固体废物污染环境防治法》第113条；《放射性污染防治法》第56条；《草原法》第71条；《森林法》第75条、第81条；《水法》第65条；《长江保护法》第85条、第87条、第88条。

④ 参见《海洋环境保护法》第76条、第82条；《草原法》第65条、第66条、第68条、第69条、第70条；《森林法》第74条；《土地管理法》第76条；《防沙治沙法》第39条。

⑤ 参见〔2018〕云3321民初216号。

⑥ 刘国臣：《实际支出的应急处置费用具有可诉性——〈最高人民法院关于审理生态环境损害赔偿案件的若干规定（试行）〉的理解与适用》，《中国环境报》2019年7月26日第6版。

⑦ 参见郑泽宇《环境行政应急处置费用的法律性质辨析》，《大连理工大学学报》（社会科学版）2021年第5期。

事诉讼的范围"，法院并未否定应急处置费用应由违法行为人承担，而只是否定其通过民事诉讼的程序主张而已。无论法律是否允许行政机关通过民事诉讼程序请求费用给付，此类费用都具有行政代履行的属性。应急行政只是就消除危险的紧迫性而言，其并非因"应急"和"行政"就不可归责于违法行为人。在有责任人的情况下，费用就不应由公共财政即全体纳税人负担而是属于违法者的金钱给付义务。

三 生态环境惩罚性赔偿

在大陆法系侵权法中，惩罚性赔偿的适用属于特定情况下的个案而非普遍的责任方式，而且一直以来都是针对私主体权益损害适用，针对公共利益的惩罚性赔偿未被大陆法系公私分立的法律责任体系接受。目前仅有美国针对自然资源损害适用惩罚性赔偿作出了明确规定。根据《综合环境响应补偿与责任法》第9607条第3款之规定，责任人如果未执行清除污染等行政命令则可能承担惩罚性赔偿责任，惩罚性赔偿金额不得少于修复费用且不得大于修复费用的3倍。实际上此规定与我国司法案例中的环境公益惩罚性赔偿并不一样，美国法针对的是违反补救措施的行政命令行为而非环境损害行为本身，其与环境损害赔偿并非同一层次。该法同时还规定了罚款的适用情形，也是针对违反信息上报、补救措施命令等非环境损害行为本身的情形，结合美国环境公民诉讼不得索赔的规定可知，美国的自然资源损害惩罚性赔偿不得与同样救济公益的罚款并用。由此看来，美国的环境公益惩罚性赔偿与罚款并无区别，并未突破美国民刑行不分的法律责任体系。而根据《最高人民法院关于审理生态环境侵权纠纷案件适用惩罚性赔偿的解释》（法释〔2022〕1号），生态环境损害惩罚性赔偿的基数是生态环境服务功能损失，并且与罚金、罚款并用。此前，学界对于惩罚性赔偿能否适用于环境公益损害争议极大，因为这意味着在我国罚款与生态环境损害赔偿并立的格局之下又加入了与罚款同样构造的惩罚性赔偿。但不可否认的是，司法实践已经出现多例适用惩罚性赔偿的环境公益诉讼，部分地方立法或政策也对环境公益诉讼或生态环境损害赔偿适用惩罚性赔偿作出了规定。① 从实践中已经发生的有关惩罚性赔偿的司法

---

① 目前规定环境公益诉讼适用惩罚性赔偿的地方立法有《深圳经济特区生态环境公益诉讼规定》（2020）、《宁夏回族自治区生态环境损害赔偿磋商办法（试行）》（2019）、《江苏省生态环境损害赔偿起诉规则（试行）》（2018）等。

案例来看，惩罚性赔偿有两种适用情形，一种是超过损失的额外惩罚，另一种是损失无法鉴定或鉴定成本过大以惩罚性赔偿的名义弥补潜在损害的情形。

四 生态环境行政罚款

行政罚款是"行政处罚主体强制违法当事人承担一定数额的金钱给付义务，是行政处罚主体依法对当事人合法财产的予以剥夺的制裁手段"[①]。环境行政罚款指环境领域内的行政罚款，其针对的是违反环境限制性或禁止性规范的行为。正如前文所言，应然意义上的环境行政义务规范所规制的行为是可能带来环境风险或损害的环境容量和自然资源利用行为，并且这种行为体现为生产活动不符合环境标准或环境管理规范。

有必要说明的是，环境行政罚款在行政处罚体系内是与没收非法财物、没收违法所得等并列的财产罚。其中，没收非法财物是指行政机关依法将违禁品或者用以实施违法行为的工具收归国有的处罚形式；没收违法所得是指行政机关依法将行为人通过违法行为获取的财产收归国有的处罚形式。没收违法所得的目标是去除因不法行为而获得的利益。[②] 目前，从我国法律规定来看，违法所得仅包括积极收益，但理论上，违法所得还应当包括消极收益。例如，中国台湾地区《违反水污染防治法义务所得利益核算及推估办法》明确规定，违法所得包括积极利益和消极利益。积极利益是指因违反义务而获有财产上收入增加利益之营业净利、对价或报酬，消极利益是指因违反义务应支出而未支出或节省费用减少之所得即规避、延迟或减少支出获有之利益。没收违法所得也与金钱给付义务一样具有剥夺财产的形式外观，但是，一方面没收违法所得并非行为人的"给付义务"而是由执行机关强制执行；另一方面从我国法律规定和学界观点来看，没收违法所得的性质不能一概而论。[③] 当"所得"与"违法行为"有联系，没收违法所得是对不当得利的剥夺，不具有增加不利负担的功能；当"所得"与"违法行为"没有联系，没收违

---

① 晏山嵘：《行政处罚实务与判例释解》，法律出版社2016年版，第92页。
② 参见刘飞琴《我国环境没收违法所得制度之重构》，《中国地质大学学报》（社会科学版）2021年第6期。
③ 参见邹奕《行政处罚之惩罚性的界定》，《行政法学研究》2022年第2期。

法所得具有惩戒性。① 在环境领域中，前者常见的有违法生产经营导致环境损害、非法狩猎等情形，后者主要指生产经营本身合法但生产经营过程中违反环境保护法规的情形。前者并不具有负担性和惩戒性，而后者则与罚款的功能有相同之处。尤其是，当违法所得包含消极利益，没收违法所得与我国目前罚款的功能定位就有重合之处。有部分学者还主张将违法所得作为罚款的组成部分，以彻底追缴违法利益。② 因此，尽管本书未将没收违法所得纳入生态环境损害金钱给付义务之中，但在处理生态环境损害金钱给付的关系时理应将此类没收与金钱责任等价对待。刑法中对犯罪所得收益的追缴亦当如此。实践中也的确有法院将已退缴的违法所得与生态资源损害赔偿进行折抵。例如在江苏省泰州市人民检察院诉王某某等 59 人非法捕捞水产品案中，③ 被告提出与本案相关的刑事案件中已经退缴的违法所得应当与生态资源损害赔偿相抵扣。法院对此主张予以采纳的理由是"同一行为引发的刑事案件中，本案部分被告已退缴了违法所得，该部分款项属于破坏生态所获得的非法利益，与本案生态损害赔偿责任款项具有同质属性"。不过，虽然该案意识到了没收违法所得与金钱给付义务存在关联，但非法捕捞行为并不符合折抵的要求，因为该行为本身违法，退缴的违法所得只是对不当得利的剥夺，不具有增加不利负担的功能，不应与金钱责任一概而论。

梳理环境单行法中的环境罚款条款（见表 1-1）可以发现，行政罚款的数额设定与违法行为的性质密切相关：（1）环境罚款的构成要件有行为要件和后果要件两种，前者要求违反特定行为规范，部分条款要求造成严重后果，后者则直接以环境污染或生态破坏后果为依据，对于原因行为则不作规定。（2）环境罚款的违法行为可分为生产经营本身合法但方式或过程存在违法以及生产经营本身非法两种，前者主要存在于为环境污染领域，后者主要存在于自然资源领域。（3）环境污染行为多采用数值区间式，自然资源相关的行为多采用倍率区间式，这是因为环境容量无形而资源有形，容易确定计算基数。（4）倍率区间式的

---

① 参见叶平、陈昌雄《行政处罚中的违法所得研究》，《中国法学》2006 年第 1 期；王青斌《行政法中的没收违法所得》，《法学评论》2019 年第 6 期。

② 参见徐以祥、梁忠《论环境罚款数额的确定》，《法学评论》2014 年第 6 期；周骁然《论环境罚款数额确定规则的完善》，《中南大学学报》（社会科学版）2017 年第 2 期。

③ 参见〔2019〕苏 01 民初 2005 号。

计算基数主要有违法所得、货值金额、资源价值、恢复或治理费用、损失、面积、项目投资额，货值金额和资源价值实际上也属于非法所得，因此非法所得作为计算基数最为常见，这是因为自然资源的经济属性强因此相关的违法行为多属于非法营利活动，具有明显的获利动机，违法所得作为基数可以与威慑效果相关联。（5）治理或恢复费用作为计算基数在生态属性较强的自然资源或污染事故中较为常见，而损失作为计算基数则是环境污染事故的统一做法，并且这类环境罚款多与责令恢复或限期治理并用。这两种计算基数实际上都是环境治理成本，与生态环境损害赔偿极为相近。

表 1-1　　　　环境单行法中有关环境罚款数额条款的梳理

环境罚款条款	违法行为	数额确定方式/依据	是否规定后果要件
《大气污染防治法》第 99、118、119 条；《水污染防治法》第 83、85、90 条；《土壤污染防治法》第 89 条；《海洋环境保护法》第 73、83、85、86 条；《长江保护法》第 85—90 条	超标或以非法方式排污	数值区间式	否
《水污染防治法》第 86 条；《固体废物污染环境防治法》第 115—117 条；《海洋环境保护法》第 78 条；《水法》第 68 条	生产经营不符合规定或标准	数值区间式	
《大气污染防治法》第 101、103—105、109、110 条		倍率区间式/货值金额	
《大气污染防治法》第 99 条；《水污染防治法》第 83 条；《固体废物污染环境防治法》第 104、114 条；《海洋环境保护法》第 73 条；《水法》第 69 条	未经许可	数值区间式	
《森林法》第 73 条		倍率区间式/恢复费用	
《草原法》第 65 条		倍率区间式/产值	
《海域使用管理法》第 42、46 条		倍率区间式/海域使用金	
《草原法》第 66 条；《森林法》第 77 条；《野生动物保护法》第 44、47 条		倍率区间式/违法所得	
《土地管理法》第 75、77 条		自由裁量	
《草原法》第 64 条；《野生动物保护法》第 44—49 条	以资源交易为目的的非法活动	倍率区间式/违法所得	
《森林法》第 76、78 条		倍率区间式/林木价值	
《长江保护法》第 86 条第 2 款、第 91 条		倍率区间式/货值金额	

续表

环境罚款条款	违法行为	数额确定方式/依据	是否规定后果要件
《大气污染防治法》第102、108、114—118、120、121条；《水污染防治法》第83、84、89—91条；《土壤污染防治法》第86—88、91、92、94条；《固体废物污染环境防治法》第102、105—112条；《海洋环境保护法》第73、77、80、84、87条；《水法》第65-67条；《长江保护法》第84条	违反环保设施或生产过程中的环保措施相关规定	数值区间式	否
《水污染防治法》第88、93条；《固体废物污染环境防治法》第108条；《海洋环境保护法》第82条第2款；《水法》第72条		数值区间式	是
《固体废物污染环境防治法》第113条；《森林法》第79条；《防沙治沙法》第41条		倍率区间式/处置、治理或完成措施费用	否
《海洋环境保护法》第82第1款		倍率区间式/项目投资额	是
《大气污染防治法》第122条；《水污染防治法》第94条；《固体废物污染环境防治法》第118条；《海洋环境保护法》第90条	污染事故	倍率区间式/损失（污染者）、收入（主管人员）	
《海洋环境保护法》第76条；《湿地保护法》第54、56条，第57条第2款	生态破坏/自然资源毁坏	数值区间式	是
《草原法》第69条		倍率区间式/违法所得	
《草原法》第70条		倍率区间式/产值	
《防沙治沙法》第40条；《湿地保护法》第52—53条，第54条第1款，56条第1款		数值区间式/面积	
《湿地保护法》第57条第1款		数值区间式/体积	
《森林法》第73、74条		倍率区间式/恢复费用或资源价值	
《大气污染防治法》第98—100、111—113条；《水污染防治法》第80—82条；《土壤污染防治法》第86、90、93、95条；《固体废物污染环境防治法》第103条；《海洋环境保护法》第74、75条；《森林法》第80条；《湿地保护法》第60条	逃避监测检验、监督检查、信息公开	数值区间式	否

五 生态环境刑事罚金

我国环境刑法具有行政从属性，即"环境犯罪的可罚性全部或部分取决于环境行政法或基于该法所发布的行政处分"①。环境犯罪的行政从属性特征在刑法条文中表现为，环境犯罪以"违反国家规定""违法"或违反特定环境法规（如污染防治法、固体废物污染防治法、水法、野生动物保护法、土地管理法、自然保护区条例、矿产资源法、森林法、生物安全法等）为要件。在行政犯中，刑罚被认为是对行政处罚的升格，罚金也被认为是对罚款的升阶，加之刑法是最严格也是最后手段，环境罚金的下限理论上也被认为应当高于环境罚款的上限。② 并且，在环境罚金单处或单位犯罪的情形下，③ 罚金实际上承担主刑的功能。此时，罚款与罚金数额的比例关系则更加凸显。而我国《刑法》并未对环境犯罪罚金刑的具体金额、处罚幅度、适用标准等作出具体规定，司法机关在适用罚金方面享有较大自由裁量权，尤其在按日连续处罚下，环境罚款与罚金的位差逐渐缩小④乃至"倒挂"即罚款数额远超罚金。⑤

但是，环境犯罪行政从属性的问题始终存在争议。因为如果以违反行政管理法规作为定罪量刑依据，可能导致违法但社会危害性不大或法益未受侵害的行为被作为犯罪行为，而一些虽然没有违法但具有社会危害性或侵害法益的行为不受刑法规制，因而有学者提出生态环境犯罪向自然犯转化。⑥ 实际上，从自然犯与行政犯的概念来看，生态环境犯罪原本就具有自然犯的特征，因为生态环境法益以生态环境这一实体为载体，这就不同

---

① 杜琪：《论环境刑法的行政从属性》，博士学位论文，武汉大学，2010年，第3页。
② 1989年10月1—7日，在维也纳举行的第十四届国际刑法学大会第一组会议讨论行政法与刑法的区别时，曾就罚款与罚金最高额达成"罚款的最高额，在同一个国家中，不应该逾越罚金的可能最高额"的共识。
③ 在所有环境犯罪罪名中，污染环境罪，非法处置进口的固体废物罪，擅自进口固体废物罪，危害珍贵、濒危野生动物罪，非法采矿罪（情节特别严重的），破坏性采矿罪、危害国家重点保护植物罪，盗伐林木罪（数量巨大的），滥伐林木罪（数量巨大或特别巨大的），非法收购、运输盗伐、滥伐的林木罪（情节特别严重的）必须并处罚金；非法占用农用地罪，破坏自然保护地罪，非法采矿罪（不属于情节特别严重的），非法引进、释放、丢弃外来入侵物种罪，盗伐林木罪（不属于数量巨大或特别巨大的），滥伐林木罪（不属于数量巨大的），非法收购、运输盗伐、滥伐的林木罪（不属于数量巨大的），非法收购、运输盗伐、滥伐的林木罪（不属于情节特别严重的）可以并处也可以单处罚金；非法捕捞水产品罪、非法狩猎罪不能并处罚金但可以单处或不判处罚金。
④ 参见刘飞琴、司雪侠《环境行政罚款和刑事罚金关系处理的模式探析——兼论环境法律责任的承担方式》，《华中科技大学学报》（社会科学版）2021年第4期。
⑤ 参见广东省深圳市中级人民法院刑事裁定书〔2018〕粤03刑终842号。
⑥ 参见卢义颖《生态环境资源犯罪属性自然犯化研究》，《昆明理工大学学报》（社会科学版）2022年第1期。

于抽象的行政管理秩序法益而与传统以人身、财产为载体的法益相近。但是，按照自然犯的属性，刑罚乃是对损害赔偿的升格，但生态环境损害赔偿显然往往高于环境罚金。归根结底，环境犯罪既不同于行政犯也不是单纯的自然犯，环境罚金数额与罚款或损害赔偿并无比例上的必然关系。

第三节　生态环境损害金钱给付义务的功能定位

在自然辩证法中，"功能"是与"结构"相对的一对范畴。所谓结构，乃系统内各组成要素之间的相互联系、相互作用的方式，客观事物都以一定的结构形式存在、运动、变化。功能则是系统所具有的作用、能力和功效等。功能则是事物的结构与功能互相作用，结构规定、制约着事物功能的发挥，功能则不断调整、改变不相适应的结构，结构与功能的关系反映着事物运行的规律。[①] 学界经常把功能与目的等同，但从根本上来说，功能是指可见的客观后果，而非主观意向。当然，作为理性立法的产物，法律制度的功能无疑与其目的紧密关联。因此，每个主体对事物功能的揭示必然是主观与客观的统一。定位是事物所处的位置，中文文献中经常将"功能"与"定位"连用即"功能定位"，实际上，正是作者对事物功能及其定位的认知。生态环境损害金钱给付义务一经规定其功能也就确定。[②] 生态环境损害金钱给付义务的标的都是货币，这就决定了它们具有共同的功能，这就是生态环境损害金钱给付义务的一般功能。不过，目前不同种类的金钱给付义务依附于其所属的部门法，在部门法分立格局下各生态环境损害金钱给付义务虽具有共同的功能指向却彼此隔绝。

一　生态环境损害金钱给付义务的一般功能

环境法起源于环境问题，一切环境法律制度的目的都是应对环境问题。相应地，各种生态环境损害金钱给付义务的功能定位也都在于调整人的环境与资源利用行为，以期建立环境友好型社会秩序。由于金钱具有可转移的自然属性，金钱的所失与所得具有对称性，一人之所得即为另一人之所失。因此，货币转移的效果必然是双向的，给付人和被给付人都会受

[①] 参见辞海编辑委员会编《辞海》（中），上海辞书出版社1989年版，第3058页。
[②] 事物属性与功能具有密切联系，属性决定功能，功能体现属性，而非相反。

到金钱给付义务履行的影响。对于货币之所来即货币的所有者而言,货币既是其财产,作为一般等价物,又是其获取其他财产的交易工具。剥夺一个人的金钱就是剥夺一个人的财产权,为被剥夺者带来心理上的痛苦;对于货币之所归即受损害方而言,货币因其一般等价物的性质可以为补救损害提供物质基础,也可以为损害无法恢复的受害者提供心理抚慰。

归根结底,一切生态环境损害金钱给付义务的目的就是让环境损害制造者付出代价。所谓代价是"达到某种目标的损耗,获得某种东西的费用,某种行动的不可避免的结果和惩罚"①。代价必然意味着可以计算或估算,其与经济生活中的"交换"观念密不可分。② 代价的反面是无偿,这与环境有价/无价的含义恰相对应,环境法的发展其背后正是生态环境观的变迁,即从环境无价的观念转变为环境有价的观念。正是在"环境有价"这一价值观的指导下,国家确立了生态环境保护的目的,这也体现在环境法的立法目的之中,为实现这一目的,国家采取了一系列法律手段。当然,让环境负外部性制造者付出代价的前提是制造者必须享有制造或不制造的行为自由,否则无论损耗、费用还是惩罚都与主体不发生责任关系。③ 各种环境法律义务的机理都指向人的心理和动机:环境税费如果不能使人产生减排和节约资源的动机就不可能发挥行为诱导的功能;环境法律责任如果不能让责任人感到痛苦和"得不偿失"就不可能起到惩罚和威慑的作用。因此,问题的关键在于衡量人的动机以更加精确地设定环境法律义务,对此,经济学采用货币来衡量人的心理因素,即"当一个人的动机的力量——不是动机本身——能用他为了得到某种满足正要放弃的货币额,或者用刚好能使他忍受某种疲劳所需要的货币额,加以大约的衡量的时候,科学的试验和方法便有可能了"④。就此而言,包括侵权损害赔偿在内的金钱给付义务都具有行为引导功能,侵权法在补偿损害的同时,兼有行为调节的意义。⑤ 因为"一项没有出现在损害清单中的财产,也会被潜在的加害者所遗忘。如果人们知道无须为某种损害承担责任,也

---

① 郑也夫:《代价论》,中信出版集团2015年版,第13页。
② 参见郑也夫《代价论》,中信出版集团2015年版,第5页。
③ 参见郑也夫《代价论》,中信出版集团2015年版,第13页。
④ [英]马歇尔:《经济学原理》(上卷),朱志泰译,商务印书馆2011年版,第17页。
⑤ 参见张谷《作为救济法的侵权法,也是自由保障法——对〈中华人民共和国侵权责任法(草案)〉的几点意见》,《暨南学报》(哲学社会科学版)2009年第2期。

就没有避免损害的动力了"①。

二 生态环境损害金钱给付义务的特殊功能

在部门法划分下，环境税隶属于税法，环境收费隶属于行政法，环境损害赔偿和惩罚性赔偿隶属于民事责任，环境行政罚款隶属于行政责任，环境刑事罚金隶属于刑事责任。这些金钱给付的功能定位既受到一般意义上有关税费、侵权损害赔偿、惩罚性赔偿、罚款、罚金功能定位的影响，也受到生态环境事物特殊性的影响。

（一）生态环境税费的功能定位

一般而言，税收的目的和功能是筹集财政收入，满足公共财政的需要，行政收费的目的和功能则为补偿成本，二者都是公共收入的来源。但是，不论是此前的排污收费还是现在的环境保护税，明显与传统税收和收费不同。生态环境税费乃是生态环境治理的一种手段，因此不能将其固化在传统税收和收费的思维中，忽略其与其他环境政策工具的共同目的。生态环境税费独特的功能定位就蕴藏在环境税开征的正当性基础中。"环境税作为实现社会利益理论中'社会资源保护'内容的重要手段，奠定了环境税开征的法学理论基础主要在于社会利益理论"，"根据社会利益理论，其性质应当界定以实现环境保护为目的的特定目的税，而不是普通税"。② 从权利与义务对等角度而言，环境税是为了让环境资源利用者"在享有自然资源的权利的同时，承担合理的环境责任"③。尽管环境税不以筹集财政收入为目的，但在客观上无法否认环境税"兼具筹集环境保护财政资金和调控环境破坏行为的双重职能"④。由此来看，环境税与环境费虽然名称不同，但二者在环境保护中的功能却大同小异。税收对应的是纯粹公共产品，费则以提供准公共产品为目的，但由于"纯粹公共产品和准公共产品之间并没有绝对的界限，这样，国家的各种强制性金钱给付之间也没有严格的界限，一般目的和特定目的之间是相互融合、相互渗

---

① ［德］格哈德·瓦格纳：《损害赔偿法的未来——商业化、惩罚性赔偿、集体化损害》，王程芳译，中国法制出版社2012年版，第33页。
② 参见邓保生主编《环境税开征立法问题研究》，中国税务出版社2014年版，第20—21页。
③ 邓保生主编：《环境税开征立法问题研究》，中国税务出版社2014年版，第22页。
④ 邓保生主编：《环境税开征立法问题研究》，中国税务出版社2014年版，第29页。

透的，因此，也难以对税收和政府强制性收费作出严格的区分，出现所谓'税的费化'和'费的税化'"①。二者作为环境政策工具中的经济手段，"不同于社会规制通过相对强制性的限制和控制强制行为改变"，环境税费"依赖相对非强制性的限制和控制强制行为改变"，因此环境税又被称为"矫正税"，环境费被称为"矫正费"。②这里的矫正源于经济学中的外部性矫正概念，是与行政管理或法律手段相并立的一种手段，③是"国家的环境管理中常常采用的一种财政宏观调控工具和经济刺激手段"④。在环境法律制度体系中，环境税费是与预防性法律制度、治理性法律制度并列的经济性法律制度，"能够有效地将环境污染的外部性予以内部化，增进社会福祉"⑤。从激励诱导功能而言，环境税与环境费的功能配置并无统一要求。例如，根据德国《水资源管理法》《废水纳税法》《水源地排污征费法》规定，对间接排污、排废的行为征收排污费，对直接排污、排废的行为征收水污染税，排污费实行超标重课，排污税则实行低标减征。⑥

在环境法中，环境税费是"污染者付费"原则的直接应用，"付费"范围包括损害环境所造成的补偿和修复费用以及监管当局的行政费用。⑦ 环境税费系"要求污染者以缴纳排污费的形式承担对社会的环境污染责任"⑧。这从我国环境费的征收标准可以见得。以森林植被恢复费为例，根据财政部、国家林业局印发《关于调整森林植被恢复费征收标准引导节约集约利用林地的通知》（财税〔2015〕122 号），森林植被恢复费应当反映不同类型林地生态和经济价值，合理补偿森林植被恢复成本，合理引导节约集约利用林地，限制无序占用、粗放使用林地。因此，环境费还有弥补环境治理成本的功能，同时也是对"环境责任的公

---

① 胡小宏：《再论税收的概念》，《安徽大学法律评论》2007 年第 2 期。
② 参见［美］莱斯特·M. 萨拉蒙《政府工具：新治理指南》，肖娜等译，北京大学出版社 2016 年版，第 220 页。
③ See Steven Shavell, "Corrective Taxation versus Liability as a Solution to the Problem of Harmful Externalities", *The Journal of Law & Economics*, Vol. 54, No. 4, November 2011, p. 249.
④ 金瑞林主编：《环境法学》（第四版），北京大学出版社 2016 年版，第 103 页。
⑤ 李明华、夏少敏主编：《环境法学》，法律出版社 2013 年版，第 78 页。
⑥ 参见朱蔚青《德国、荷兰和俄罗斯水污染税收制度实践及经验借鉴》，《世界农业》2017 年第 5 期。
⑦ 参见彭本荣、郑冬梅、洪荣标、杨薇、饶欢欢编著《海洋环境经济政策：理论与实践》，海洋出版社 2015 年版，第 26 页。
⑧ 罗宏、陈煌、杨占红编著：《环境保护税与中国实践》，中国环境出版集团 2019 年版，第 7 页。

平分担"。① 环境保护税的税额确定虽然也考虑环境治理成本，但由于我国环境保护税进入一般预算统收统支而非直接用于环境治理，因此在环境保护税不专款专用的情况下，学界一般不认为环境保护税直接治理环境的功能。环境保护税的环境治理功能主要体现为以增加政府收入的方式补偿政府的环境治理成本，从此角度看，缴纳环境保护税属于"对占用环境容量和利用环境纳污的补偿，征税的目的是用于统筹治理和改善环境"②。因此，环境税费与其他金钱给付义务的功能定位存在交叉。不仅环境税费与损害赔偿天然具有相通性，其与惩罚性责任亦有交织。有学者认为，"超标排污行为，因违反作为强制性规定的污染物排放标准而具有公法上的违法性，应当承担法律责任而非承担法律义务。纳税属于法律义务而非法律责任，因此对超标排污行为只能设立法律责任，不应设立纳税这样的法律义务"③。由于超标排污行为还需要面临行政处罚，这样对于超标排污行为就会出现"税罚"或"费罚"并存的局面，"这会在客观上造成排污情况相近的企业之间的税费负担失衡"④，"环境税的税率设计应当综合考虑企业的各类经济负担，合理确定"⑤。20世纪70年代，日本硫氧化物排放费不断提高费率导致企业负担过重，污染物排放量也并未因此而减少。⑥可见，客观"功能"与主观"定位"未必相符。环境税费能发挥多大功能主要取决于结构上的设计和与其他环境手段尤其是经济负担的相协调，而非主观上的"一厢情愿"。

（二）生态环境损害赔偿的功能定位

损害赔偿是侵权责任的核心，因而其功能定位依附于侵权法，而侵权责权又与违约责任共同构成民事责任体系，故而侵权责任之功能定位又位于民事责任之下。民事责任根据其不同面向有救济、惩罚、预防三种。现代民法中的民事责任是一方民事主体对另一方平等民事主体所负担之责任，责任履行之利益归于遭受不利益之主体，而非如行政责任和刑事责任

---

① 参见吕忠梅主编《环境法导论》（第二版），北京大学出版社2010年版，第54页。
② 汪劲：《环境法学》（第四版），北京大学出版社2018年版，第136页。
③ 刘志坚：《环境保护税创制：功能主义和规范主义之辩——以超标排污行为可税性问题为中心》，《甘肃政法学院学报》2018年第5期。
④ 邓保生主编：《环境税开征立法问题研究》，中国税务出版社2014年版，第39页。
⑤ 邓保生主编：《环境税开征立法问题研究》，中国税务出版社2014年版，第110页。
⑥ See OECD, "Taxation, Innovation And The Environment", 13 October 2010, https://www.oecd.org/env/tools-evaluation/taxationinnovationandtheenvironment.htm, 1 January 2022.

般向国家负担，民事责任的性质决定了补偿或填补成为民事责任的首要功能和主要功能。① 补偿功能是指通过填补受害人所遭受的损失，使其遭受损害的财产、人身尽可能恢复到受害前的状况。② 对于非经济性损失，实际上不可能通过损害赔偿直接使损害复原，但货币作为一般等价物可以用以交换恢复受害人利益所需的物或服务，因此法律对受害人损失之价值进行货币化，"为原告提供与其所遭受的现实的或假定的处境恶化提供货币'等价物'"③。就此而言，损害赔偿和恢复原状④都是矫正正义的要求，即"对于他人遭受的不法损失负责的人有义务赔偿他们"⑤。在受害人遭受的不利益可以直接复原的情况下，课以其恢复原状的行为义务自然最符合矫正正义原则。但在不可复原之情形下，给付受害人相当于其所遭受之不利益的金钱成为替代方式。但金钱赔偿乃次优选择。首先，除非纯粹财产价值损失，生态环境等与金钱非同种物的灭失无法达到"恢复原状"的效果。其次，矫正正义的价值无法用财富多寡来衡量，"以金钱赔偿行为造成之损害，隐含表示：用财富以匡复正义，以金钱解决是非"⑥，其传达的是"正义可以金钱摆平"的价值理念。因此，恢复原状责任形式优先于金钱赔偿适用，环境法中生态修复行为责任形式优先于生态修复费用给付。但应该看到的是，环境法中的"金钱赔偿"责任不同于传统侵权法，生态修复费用并非"一给了之"，而是用于修复生态环境，其与生态修复行为责任主要的不同并非在于责任目的的实现（最终都是通过修复生态实现生态修复责任的目的）而是在于实现的主体（责任人或公权力机关）。由于现实中多数损害都无法"恢复原状"，诸多生态修复因其专业性也不适合由责任人实施，金钱赔偿成为现实中最为实用的责任形式，而且对于生态修复责任而言并不会过多贬损正义之形象。

---

① 参见张新宝《侵权责任法立法：功能定位、利益平衡与制度构建》，《中国人民大学学报》2009年第3期。

② 参见张新宝《侵权责任法》（第三版），中国人民大学出版社2013年版，第6页。

③ ［澳］彼得·凯恩：《侵权法解剖》，汪志刚译，北京大学出版社2010年版，第118页。

④ 恢复原状（restitutio）义务的权利依据是所有权和占有秩序，行为人对于财产权的侵害负有返还被夺取和占有之物的义务，广义上的恢复原状包括损害赔偿，是交换正义的体现，即"向各人给予各自的东西"。参见顾祝轩《体系概念史：欧陆民法典编纂何以可能》，法律出版社2019年版，第37—38页。此处所谓恢复原状不包括损害赔偿。

⑤ 参见［美］朱尔斯·L.科尔曼《矫正正义的实践》，载［美］戴维·G.欧文主编《侵权法的哲学基础》，张金海、谢九华、刘金瑞、张铁薇译，北京大学出版社2016年版，第53页。

⑥ 曾世雄：《损害赔偿法原理》，中国政法大学出版社2001年版，第151页。

惩罚是否为损害赔偿之功能学界历来有争议，但由于各种观点对惩罚的界定并不相同，需要根据语境辨明其意指。对法律惩罚的界定一般有四种：

（1）将惩罚视为超过被害人损害程度的赔偿，"有额外的支付时才具有惩罚的性质"①。在这种语境下，民事诉讼中的损害赔偿不具备惩罚功能，超过损害部分的惩罚性赔偿则具有惩罚功能，但已经不是这里讨论的损害赔偿本身。

（2）将损害赔偿本身也视为惩罚，认为法律惩罚是"国家强制力作后盾的一种强制性的有形的惩罚，即人们可以感知到的、客观实在的惩罚。它表现为人身的、生命的、物质的、金钱的等形式，如监禁、罚款、拘役、管制、处死、赔偿、违约金、返还财产、吊销执照、停止生产等"②。从此意义上讲，有学者认为环境损害赔偿"具有惩罚性特征，其不同于私法责任的惩罚性赔偿，亦不同于行政罚款"，其主要功能是"吓阻包括本案被告在内的同类或近似违法者，以迫使他们不敢实施侵害环境公共利益的违法行为"③。这一语境实际上是就惩罚效果或者法律手段而言，惩罚效果对责任人而言即为痛苦或不利益，而法律责任正是通过各种惩罚手段实现法律目的，法律责任本身就具备惩罚属性。④ 在这一语境下，生态环境损害赔偿当然具有惩罚功能。

（3）将惩罚与制裁等同。⑤ 由于制裁权为国家所垄断，惩罚也被认为

---

① 尹志强：《侵权行为法的社会功能》，《政法论坛》2007年第5期。
② 刘作翔：《法理学视野中的司法问题》，上海人民出版社2003年版，第82页。
③ 王慧：《环境民事公益诉讼案件执行程序专门化之探讨》，《甘肃政法学院学报》2018年第1期。
④ 参见王利明《侵权行为法归责原则研究》，中国政法大学出版社1992年版，第54页；杨立新《简明侵权责任法》，中国法制出版社2015年版，第20页。
⑤ 学界一般将惩罚与制裁相联系。沈宗灵认为，广义的法律制裁包括刑事制裁、民事制裁、行政制裁和违宪制裁，狭义的法律制裁仅指刑事制裁。参见沈宗灵《论法律责任与法律制裁》，《北京大学学报》（哲学社会科学版）1994年第1期。英文中"sanction"被翻译为制裁，"punishment"被翻译为惩罚。邓子滨认为，这两种含义相同，法律制裁就是国家机关根据法律和授权对违法者进行的惩罚，是有权机关依法对触犯法律或归责的人采取的使之遭受痛苦、损失或者其他损害的方法。参见邓子滨《法律制裁的历史回归》，《法学研究》2005年第6期。奥斯丁把惩罚与制裁作了区别，他认为"不服从行为导致的不利后果，时常被人认为视为一种'惩罚'。但是，我们所说的严格意义上的惩罚，仅仅是一类制裁。就此而言，'惩罚'这个术语是十分狭窄的，不能表达'制裁'的准确含义。"参见［英］约翰·奥斯丁《法理学的范围》，刘星译，中国法制出版社2002年版，第20页。佐伯仁志认为，所谓制裁即"针对违反社会规范的行为，以否定或者促使行为人放弃此种行为为目的而启动的反作用力，其内容是剥夺一定的价值、利益或者赋课一定的负价值或者不利益"。制裁必须针对已经做出的行为，制裁的目的是禁止或限制某项行为。执行罚并非针对过去行为的制裁，环境税费不是为了禁止某种（转下页）

是由国家机关发动的活动，是"国家通过强制对责任主体的人身、财产和精神实施制裁的责任方式……惩罚包括民事制裁、行政制裁、刑事制裁和违宪制裁"①。这里的民事制裁不应当理解为与现代民事责任等同，因为彼时的《民法通则》第134条第3款规定："人民法院审理民事案件，除适用上述规定外，还可以予以训诫、责令具结悔过、收缴进行非法活动的财物和非法所得，并可以依照法律规定处以罚款、拘留。"可见，这里所说的民事制裁有其历史语境，指的是原本由行政处罚和刑事处罚进行而为了效率置入民事程序进行的制裁。②从债法理论来看，此种意义上的惩罚应当特指债权人为国家的情况，损害赔偿尽管也是由国家机关（法院）实施的，但债权人依然是受害人即平等主体。并且，损害赔偿系依请求而制裁系依职权作出。因此，一般侵权损害赔偿并不具有惩罚功能。值得注意的是，美国等一些国家刑罚上还规定有损害赔偿命令或损害恢复命令制度，即由掌握刑罚权的机关主动责令责任人赔偿被害人。在民刑不分的时代，损害赔偿就是加害人向被害人支付的赎罪金，美国直到19世纪也都是将损害赔偿当作主要刑种，此后刑罚权逐渐为国家所垄断，但仍以缓刑条件保留在刑事程序中。随着"被害人权利运动"和世界范围内恢复性司法的兴起，美国在1982年《被害人和证人保护法》(Victim and Witness)中重新将损害赔偿规定为独立刑罚。③因此，这种损害赔偿一般被认为具有制裁功能。④然而，从损害恢复命令与民事赔偿不能重复科处这一规定来看，所谓损害恢复命令实际上是通过刑事程序索赔的一种制度，其惩罚性来自犯罪和刑罚固有的"耻辱标签"功能，而不在于损害恢复命令的"超额制裁"。其实，对于生态环境损害赔偿来说，无论是公益组织发动的，还是检察机关或行政机关发动的，"原告"并非真正的债

（接上页）行为，因此这两种都并非制裁。佐伯仁志所指的法律制裁仅包括行政制裁、刑事制裁和刑事程序中的损害赔偿命令。参见[日]佐伯仁志《制裁论》，丁胜明译，北京大学出版社2018年版，第5—6页。可见，最广义上的法律制裁指的是不利后果，与包括民事责任在内的法律责任等同；中观意义上的法律制裁指有权机关发动的制裁，不包括"不告不理"的民事责任；最狭义的法律制裁即刑罚。

① 张文显主编：《法理学》，高等教育出版社、北京大学出版社1999年版，第12页。
② 参见赵彦波、杨悦《论民事制裁的依据及适用范围》，《学术交流》2012年第4期。
③ 参见[日]佐伯仁志《制裁论》，丁胜明译，北京大学出版社2018年版，第163—167页。
④ 参见刘东根《刑事责任与民事责任功能的融合——以刑事损害赔偿为视角》，《中国人民公安大学学报》（社会科学版）2009年第6期。

权人,"社会"也不是真实的债权人,实际上最终的债务履行之利益都归于生态环境治理本身,无所谓平等主体还是不平等主体。并且,在国家环境保护义务理论下,追究违法行为人的生态环境损害赔偿责任本就属于国家机关职责,即便社会组织提起的环境公益诉讼,法院也享有释明权,现实中的生态环境损害赔偿不同于一般侵权法的依请求而更偏向依职权。因此可以说,生态环境损害赔偿在这一语境下也具有惩罚功能。

(4)从公法责任和私法责任的哲学基础方面界定,认为侵权责任与刑罚、行政处罚等公法责任有着不同的哲学基础,"由功利关系中派生出来的责任形式以补偿为核心目的。以民法为主的私法具有强烈的功利性,因而私法上的责任以补偿为核心目的。由道义关系中派生出来的责任形式以惩罚为核心目的。以刑法为主的公法具有浓厚的道义性,因而公法上的责任以惩罚为核心目的"①。在这一语境下,包括侵权责任在内的民事责任都不具有惩罚功能。②

损害赔偿的预防功能之争议同样呈现多元语境的现象。如果针对行为人已经造成的损害而言,损害赔偿当然不具有预防功能。③ 但如果针对一般社会群体而言,侵权责任法可以"通过规定侵权人应负的民事责任,来有效地教育不法行为人,引导人们正确行为,预防和遏制各种损害的发生,保持社会秩序的稳定和社会生活的和谐"④。从成本收益的经济学角度分析,无论何种形式的损害赔偿均有着不同程度的预防功能。因为一个理性的行为人在承担损害赔偿责任后,在以后的行为过程中势必会相应地

---

① 参见孙笑侠《公、私法责任分析——论功利性补偿与道义性惩罚》,《法学研究》1994年第6期。实际上,初民社会所谓的规则都是出于"复仇",而非先有"法"才有"罚"。历史上也不是先有民法才有侵权法,而是先有侵权法才有了契约法、财产法、亲属法、继承法等,那么侵权法本就有着独立于民法的哲学基础。参见陈航《民刑关系基础理论研究》,商务印书馆2020年版,第30页。在当时的规则中,复仇并非非法行为,亦不具有道德可谴责性,复仇也不是承担罚金或其他刑罚的根据,但对于复仇者的复仇则不是合法的。参见[美]孟罗·斯密《欧陆法律发达史》,姚梅镇译,中国政法大学出版社1999年版,第53页。对于被害人而言其可以选择复仇亦可以选择请求损害赔偿。参见[美]孟罗·斯密《欧陆法律发达史》,姚梅镇译,中国政法大学出版社1999年版,第58页。侵权法之所以属于民法是因为它们都是对个体利益的保护法。可以说,侵权法天然地就蕴含着惩罚的目的。
② 参见王立峰《惩罚的哲理》(第二版),清华大学出版社2013年版,第25页;陈伟《侵权责任法惩罚功能之证伪》,《沈阳工业大学学报》(社会科学版)2017年第1期。
③ 参见曾世雄《损害赔偿法原理》,中国政法大学出版社2001年版,第7页。
④ 王利明:《侵权责任法研究》(上卷),中国人民大学出版社2010年版,第103页。

更加注意和谨慎,以避免再给他人造成类似之损害。① 有学者甚至认为,"通过引导行为来实现预防功能,这不仅是次要的期待目的,而应当作为损害赔偿法中同等重要的核心任务"②。尤其对于生态环境损害而言,损害并非随着行为的结束而终止,而是一个持续的过程,相对于不进行生态修复的危害而言,生态环境损害赔偿的预防功能是不言而喻的。

(三) 生态环境惩罚性赔偿的功能定位

惩罚性赔偿的功能定位不能根据字面意义来理解。源于英美法的惩罚性赔偿早期是为了填补当时普通赔偿无法请求之损害,例如精神损害、诉讼费用等。③ "惩罚性赔偿高于受害人可见的实际损害部分,填补的是受害人私人可见损害背后的无形损害。"④ 从经济学而言,行为所造成的影响不可能全部计算出来,侵权法的损害赔偿制度尽管坚持完全赔偿原则,但也只限于可识别的直接损害和间接损害。现实中即便是财产损失也对受害人造成精神上的不利影响,若要实现一切负外部性的内部化仅靠损害赔偿实际上并不能填补,而在风险社会中,包括生态环境损害在内的一些危险更对侵权法理论的革新提出了要求。⑤ 在此意义上,惩罚性赔偿在客观上的确具有补偿功能。⑥ 学界对惩罚性赔偿功能定位的争议主要是从理论意义上而言,即理论上或者说理想的填补性损害已经实现了完全的法益恢复,此时课以额外的赔偿是否具有正当性?⑦ 这种赔偿又是何种性质?大陆法系对惩罚性赔偿的拒绝或谨慎也都是在此种意义上而言,因为在部门

---

① 参见郑晓剑《损害赔偿的功能与完全赔偿原则的存废——利益平衡视角下之反思》,《河南社会科学》2018年第2期。
② 参见[德]格哈德·瓦格纳《损害赔偿法的未来——商业化、惩罚性赔偿、集体化损害》,王程芳译,中国法制出版社2012年版,第219页。
③ 参见陈聪富《侵权归责原则与损害赔偿》,北京大学出版社2005年版,第203—204页。
④ 马新彦、邓冰宁:《论惩罚性赔偿的损害填补功能——以美国侵权法惩罚性赔偿制度为启示的研究》,《吉林大学社会科学学报》2012年第3期。
⑤ 参见何国强《风险社会下侵权法的功能变迁与制度建构》,《政治与法律》2019年第7期。
⑥ 参见蒋舸《著作权法与专利法中"惩罚性赔偿"之非惩罚性》,《法学研究》2015年第6期。
⑦ 有学者认为,惩罚性赔偿中惩罚所显现出的超额性,只是相对私益损害而言,如果将公益损害考虑在内,赔偿数额可能仍然没有超过损害总量受害人之所以能够受领此等赔偿,主要是因为其通过法律的私人实施维护了公益,在制度安排上将本属于对公益损害赔偿的一部分以奖励的形式授予该法律实施者。参见陈太清、徐泽萍《行政处罚功能定位之检讨》,《中南大学学报》(社会科学版)2015年第4期。

法责任分立的大陆法系，超越民事责任的法律责任自然不再属于民事责任，惩罚性赔偿也就与此格格不入，其讨论的实际上是惩罚性赔偿的部门法属性问题。在部门法理论下，惩罚性赔偿实际上是一个"无法终结的问题"。而从履行利益的归属而言，惩罚性赔偿讨论的是超越个体损害的金钱给付应当归属于个人还是国家的问题。因为根据"任何人不得从违法中受益"之法理，如果受害人可通过他人违法得到更多收益，那么他可能会放纵违法，社会成本也会随之增加。① 当然，生态环境损害并不存在此问题，生态环境损害惩罚性赔偿也只能用于环境修复与治理，不可能归属于个人。

尽管惩罚性赔偿与其他惩罚性责任的关系争议极大，但我国《民法典》确立生态环境损害惩罚性赔偿制度之后，不乏判决惩罚性赔偿与罚款、罚金并处的司法案例，如旬邑县人民检察院与被告肖某滥伐林木刑事附带民事公益诉讼案、② 重庆市人民检察院诉吴某刚等非法捕捞长江鲟案等。③ 然而，根据《最高人民法院关于审理生态环境侵权纠纷案件适用惩罚性赔偿的解释》第 10 条规定，"因同一污染环境、破坏生态行为已经被行政机关给予罚款或者被人民法院判处罚金，侵权人主张免除惩罚性赔偿责任的，人民法院不予支持，但在确定惩罚性赔偿金数额时可以综合考虑"。同时，第 12 条规定，"国家规定的机关或者法律规定的组织作为被侵权人代表，请求判令侵权人承担惩罚性赔偿责任的，人民法院可以参照前述规定予以处理"。但是，第 12 条并未明确在环境公益诉讼中或者生态环境损害赔偿诉讼中，侵权人主张免除惩罚性赔偿责任的是否也能适用第 10 条规定。因此，环境公益诉讼中生态环境惩罚性赔偿与其他生态环境损害金钱给付义务的关系仍需探讨。

（四）生态环境行政罚款的功能定位

通说认为，行政处罚和刑罚的功能定位就在于惩罚。正如前文所言，言及惩罚必然涉及对惩罚的界定。广义上的惩罚论无助于厘清罚款与其他金钱给付义务的区别，学界对罚款功能的讨论主要在于狭义惩罚，即超过

---

① 参见柳砚涛《行政相对人违法行为的经济学分析及预防对策》，《理论探索》2013 年第 4 期。

② 参见《咸阳市检察机关提起生态环境惩罚性赔偿工作调研座谈会在旬邑召开》，2021 年 4 月 22 日，https：//baijiahao. baidu. com/s？id = 1697733374481051093&wfr = spider&for = pc，2022 年 1 月 6 日。

③ 参见〔2022〕渝 05 民初 39 号。

行为人造成的损害或原义务的制裁，当事人必须为其违法行为付出比补偿（或修复行为）更多的"代价"。① 不同于对违法行为的责令改正，行政处罚的目的是使相对人在一般法律义务之外承担额外的义务。② 如果是违法行为的"等价"付出，仅仅是一种利益上的"垫平"，那就谈不上制裁。③ 就环境法而言，我国环境行政处罚绝大多数都将责令改正或限期治理、恢复与罚款并用，罚款与损害赔偿也可以并用，可见我国行政处罚的功能定位是"超额"制裁。

但是，前文已述，制裁或惩罚不是法律功能和目的终结，围绕惩罚的正当性根据或者说惩罚的功能定位又是什么，学界一直有报应论和预防论之争。报应论的哲学依据来自报应主义，起先是用以解释刑罚目的，其认为一个做了错误行为的人应该为此承受相应比例的痛苦……应该对罪犯根据其罪过、其行为的邪恶程度而予以惩罚，并决定惩罚的量度。④ 在黑格尔看来，报应不应仅仅限于狭义的等量报复，即不能理解为特定性状上的"恢复原状"，而是"价值的等同"，从侵害价值的普遍性来看，罚金和徒刑具有等同性，彼此之间可以比较。⑤ 在报应论之下，行政处罚是为了打击和报复过去的违法行为，而不包括对未来违法行为的预防，惩罚的目的是惩罚行为人本人，而不是为了社会总体的善，谁也不应当被单纯地用作实现他人幸福的手段。⑥ 同时，行政处罚

---

① 参见胡建淼《"其它行政处罚"若干问题研究》，《法学研究》2005年第1期。

② 参见李孝猛《责令改正的法律属性及其适用》，《法学》2005年第2期。

③ 参见胡建淼《论"行政处罚"概念的法律定位——兼评〈行政处罚法〉关于"行政处罚"的定义》，《中外法学》2021年第4期。需要强调的是，这种以"制裁"概括行政处罚功能的观点也具有多种语境。因为正如前文所述，法律制裁有广义、中义与狭义之分，广义上的制裁与法律责任的概念没有区别，都是指不利后果或不利益性。在此意义上，收取"排污费""拥堵费"以及此前的社会抚养费等同样是对公民私有财产的剥夺，同样具有"不利益性"，也很容易会被认定为行政处罚。参见熊樟林《行政处罚的概念构造——新〈行政处罚法〉第2条解释》，《中外法学》2021年第5期。

④ See John Rawls, *"Two Concepts of Rules"*, *The Philosophical Review*, Vol. 64, No. 1, January 1955, p. 3.

⑤ 参见[德]黑格尔《法哲学原理》，范扬、张企泰译，商务印书馆1996年版，第120—122页。关于自由刑与罚金的联系，福柯认为，监禁并非不能量化，因为剥夺犯人在监狱中劳动所获得的工资就相当于是对社会的补偿，因此有"坐牢的人是在'还债'"的说法。参见[法]米歇尔·福柯《规训与惩罚：监狱的诞生》（修订译本），刘北成、杨远婴译，生活·读书·新知三联书店2012年版，第261页。可见，即便是最具有人身属性的自由刑也蕴含着价值交换的思想，当然，监禁还具有社会改造功能，这是其他刑罚不可替代的。

⑥ 熊樟林：《行政处罚的目的》，《国家检察官学院学报》2020年第5期。

必须遵循过罚相当、罚当其过、一事不二罚。但是，事先规定罚款限度的后果就是行为人将罚款作为必要的"违法成本"，当违法成本低于违法获益，罚款便无法起到抑制违法行为的效果。"大量个别的企业越轨行为，无论是否违反同一种同一类规范，通过它们的累积作用和协同作用，会对整个企业行为规范系统的权威性和整个经济秩序构成巨大的破坏。"① 环境领域尤其如此，违法行为一旦实施其造成的后果可能无法估量甚至不可恢复。因此，对于每一个企业的每一次违法行为都需要及时采取预防、矫正措施，行政执法的重心就在于预防损害的发生。巨额罚款、按日连续处罚都是在此背景下出台的。② 因此，预防论成为对报应论的修正。实际上这与损害赔偿的预防功能并无区别，刑法上也一直存在一般预防和特殊预防的功能定位。预防功能也被称为威慑功能，③ 预防论的关键是预防或威慑的限度问题，如果按照最大程度的预防功能来设计罚款，那么它们就可以无限超越违法行为造成的法益损害的"量"，并且将社会效果、政治效果都考虑在内，从而使行政裁量权无限扩张。因此，学者一般都认为预防论下的行政处罚也需有度，④ 各国罚款和制度也一般都设有限制条件。⑤

此外，部分学者提出罚款也同民事损害赔偿一样具有补偿性，二者的区别在于罚款是对公益的补偿，而"公益损害的主体为不特定的多数人，具有受益主体不确定性特征，往往只能由国家出面进行代表……罚款交给国家与赔偿交给个人，但二者在本质上并无不同，都是交给受害人，因而是同大于异"⑥。传统上罚款之所以被定位于惩罚，是因为违法行为对公共利益的破坏无法计量，只能通过恢复公共秩序实现，但环境公共利益的

---

① 李建明主编：《企业违法行为论》，中国检察出版社2002年版，第7页。
② 马迅：《我国按日计罚制度的功能重塑与法治进阶——以环境行政为中心》，《宁夏社会科学》2020年第4期。
③ 威慑和预防一般互为补充解释，二者同义。参见谭冰霖《行政罚款设定的威慑逻辑及其体系化》，《环球法律评论》2021年第2期。
④ 参见邹奕《行政处罚之惩罚性的界定》，《行政法学研究》2022年第2期。
⑤ 如德国《违反秩序法》第18条设置的限制条件是"所得之利益超过法定罚款最高额者，得于所得利益之范围内酌量加重"；中国台湾地区"行政罚法"第17条第4款设置的限制条件是"罚款超过行为人经由违反秩序行为所得之经济利益。为此，法定最高金额尚不足者，罚款金额得超过法定最高金额"。
⑥ 陈太清：《罚款的补偿性研究》，博士学位论文，南京大学，2011年，第31页。

可计量性既为罚款补偿性提供了基础也提供了需求。① 罚款具有增加财政资金的客观功能，进而客观上也具有可以增加潜在环境财政资金的功能，在这一意义上，罚款本身确实具有补偿性。但如果就罚款能否直接用于环境修复或罚款数额完全覆盖环境公共利益损害而言，我国目前的环境行政罚款尚不具有补偿性。但是，有地方已经探索将罚款纳入环境赔偿基金或环境治理基金，② 这与美国超级基金的做法是一致的，这可以说是罚款补偿功能的体现。

（五）生态环境刑事罚金的功能定位

刑罚与行政处罚历来有质的差异说与量的差异说。前者认为，刑罚针对的是违反道德伦理的犯罪行为，刑法只是对该种违法行为进行确认，而行政罚则针对的是法定的秩序规范，没有法律规定则行政违法行为不能称其为违法。后者认为，罚款和罚金所针对的违法行为只是轻重程度不同，二者没有本质区别。③ 对于诸如环境犯罪的行政犯而言，罚款与罚金只有量的差异。④

因此，罚金和罚款在惩罚的功能定位上并无本质区别，⑤ 这也是法律允许罚款和罚金进行折抵的原因。但是，罚金也有其特殊之处，主要在于罚金隶属于刑事制裁体系之中，罚金与其他制裁手段的关系问题也会影响对于罚金功能定位的理解。对此，学界一直有两种基本观点：一种观点认为，罚金具有独立的刑罚地位，具有和剥夺生命和自由的刑罚一样的处罚和教育功能，其理由是"财产权是人的重要权益，在某种程度上是人的价值的体现，是人的健康、自由、尊严、财富甚至生命的重要支撑和基

---

① 参见刘长兴《论行政罚款的补偿性——基于环境违法事件的视角》，《行政法学研究》2020年第2期。

② 根据《泰州市政府办公室关于印发泰州市环境公益诉讼资金管理暂行办法的通知》（泰政办发〔2016〕30号），环境公益诉讼资金的来源包括：……（二）环境污染刑事案件被告人被判处罚金或没收的财产……环境公益诉讼资金的支出范围包括：（一）环境公益诉讼案件侵权人对环境造成的损害进行修复的费用；（二）法院裁判或调解书确定的其他消除重大环境污染事件影响的相关费用；（三）单位、环保公益组织提起环境公益诉讼所需支出的调查取证、评估鉴定、诉讼费、律师费等办理案件产生的必要费用。

③ 参见陈清秀《行政罚法》，法律出版社2016年版，第17页。

④ 参见徐科雷《罚款与罚金在经济法责任体系中的辨析与整合》，《政治与法律》2015年第3期。

⑤ 参见杜宇《报应、预防与恢复——刑事责任目的之反思与重构》，《刑事法评论》2012年第1期。

础。对金钱权益的剥夺,必然会使人产生痛苦,有时甚至是强烈的痛苦。因为剥夺犯罪人某种权益,是国家创制刑罚的前提和基础。由于金钱是人的一项重要权益,所以剥夺金钱自然能够成为一种刑罚方法,通过剥夺金钱而使犯罪人产生痛苦体现了罚金刑的本质"①。另一种观点认为,罚金是短期自由刑的替代,是刑罚轻缓化改革的结果,不具有与生命刑、自由刑相当的独立地位。② 剥夺犯罪人一定数量的金钱是为了唤醒犯罪人的规范意识,③ 客观上罚金也可能只是被犯罪人尤其是营利性犯罪人当作税金或其他成本支出,无法阻却其继续从事犯罪活动。④ 这两种功能定位对于罚金制度的设计而言存在一定矛盾,导致高额罚金与刑罚轻缓化改革趋势背反,不适用高额罚金又与抑制犯罪的现实需求和"不让任何人因犯罪而获益"原则冲突。对此,有观点倡导一种具有"替代+剥夺"双重品格的罚金刑制度,两种品格的罚金在各自轨道内发挥其应有功能,二者互不影响。⑤ 这一观点注意到了不同功能的罚金设计在社会控制这一终极目标上的一致。扩而言之,一切法律手段包括金钱剥夺本质上都是为了实现社会控制。⑥ 但由于刑事制裁的发动往往伴随着诸如耻辱烙印之类的非正式制裁,因而要注意防止过度惩罚的危险。⑦

关于罚金的补偿功能,在刑罚权为国家所垄断之后,犯罪逐渐被理解为是对社会秩序而不是对个人的侵害,被害人在刑事程序中不具有主体地位,罚金向国家缴纳而不是基于被害人,被害人只能从民事程序中获取赔偿。⑧ 罚金刑被认为其本质在于"强制犯罪人无条件地向国家缴纳金钱,国家因而可以增加国库收入"⑨。但是,随着美国对被害人保护愈加重视,其在刑事量刑指南中规定,在对被告人并科罚金和损害恢复命令的场合,

---

① 高铭暄、孙晓:《宽严相济刑事政策与罚金刑改革》,《法学论坛》2009 年第 2 期。
② 参见李洁《论中国罚金刑的改革方向》,《吉林大学社会科学学报》1997 年第 1 期。
③ 参见张明楷编著《外国刑法纲要》(第二版),清华大学出版社 2007 年版,第 390 页。
④ 参见张明楷《刑法原理》,商务印书馆 2011 年版,第 459 页。
⑤ 参见陈昊《替代与剥夺:罚金刑制度理念反思——一个基于数字经济时代的观察》,《犯罪研究》2021 年第 4 期。
⑥ 参见杨桂华《社会控制理论的三大历史阶段》,《北京社会科学》1998 年第 3 期。
⑦ 参见[美]劳伦斯·M. 弗里德曼《法律制度——从社会科学角度观察》,李琼英、林欣译,中国政法大学出版社 2004 年版,第 101—103 页。
⑧ See Mcdonald W. F., "Towards a Bicentennial Revolution in Criminal Justice: The Return of the Victim", *American Criminal Law Review*, Vol. 13, No. 4, Spring 1976, p. 649.
⑨ 陈兴良:《本体刑法学》(第三版),中国人民大学出版社 2017 年版,第 565 页。

被告人缴纳的钱款应当优先被用作损害赔偿。① 可见，美国的罚金与损害赔偿可以并处，但在责任人财产不足的情况下罚金则可以用作损害赔偿。我国的刑事罚金不具有损害赔偿功能，但我国《民法典》规定"民事主体因同一行为应当承担民事责任、行政责任和刑事责任的，承担行政责任或者刑事责任不影响承担民事责任；民事主体的财产不足以支付的，优先用于承担民事责任"，这与美国的理念一致。此外，美国土壤污染防治基金的资金来源也将罚金纳入其中，我国则仅有部分地方实践将罚金纳入生态修复或环境治理基金。② 从责任人视角来看，金钱给付义务的功能不是固定不变的，而是对金钱实际用途的描述，流向被害人或受损的生态环境则为"赔偿"，流向国家作为一般预算则不具有补偿功能，至于某一金钱给付产生于何种法律程序则在所不问。

第四节 生态环境损害金钱给付义务的分立困境

生态环境损害金钱给付义务的功能定位说明当下对生态环境损害金钱给付义务的认识乃立足于部门法分立的格局，导致生态环境损害金钱给付义务被各个部门法分割。这种认识也必将投射于法律实践中。"能使法律对生活有影响力的，主要是判决。判决才带出活的法律来。制定法只有透过判决才能获得权威的力量，这种力量给了法律应有的价值。"③ "应当永远记住，正义总是存在于个别的案件中。"④ 透过司法实践可以具体窥见生态环境损害金钱给付义务所面临的分立困境。笔者通过"裁判文书网"对环境公益诉讼进行检索，发现目前生态环境损害金钱给付义务所面临的分立格局可分为两个方面：一是生态环境税费义务与生态环境损害金钱责任之间的分立；二是从金钱给付功能定位来看，存在惩罚性金钱给付与填补性金钱给付的分立，主要存在于金钱责任之间。这种分立格局在司法实践中已经引起较大争议，而对于同一种争议的执法或司法判断结果却不同，

---

① See U. S. Sentencing Guidelines and Policy Statements § 5E. 4. 1. (b).
② 参见《泰州市政府办公室关于印发泰州市环境公益诉讼资金管理暂行办法的通知》（泰政办发〔2016〕30号）。
③ 参见 Heck, Rechtsgewinnung, s. 4，转引自邓衍森、陈清秀、张嘉尹、李春福主编《法理学》，元照出版公司2020年版，第294页。
④ ［美］罗斯科·庞德：《普通法的精神》，唐前宏、廖湘文、高雪原译，法律出版社2001年版，第39页。

而执法或司法说理也并未使当事人信服,这就导致执法或司法的不公正,从而损害法律权威,乃至引起社会问题,有悖于生态环境法治的目的。

一 税费义务与金钱责任的分立

税费与法律责任被定位于不同义务位阶和部门法体系,有着不同的法律性质,二者一般分别处理。但司法实践表明,生态环境税费与损害赔偿等金钱责任间的关系已经引起争议且法院意见不一。具体表现如下:

环境税费与环境损害赔偿的关系之争议。主要争议焦点及典型案例有:①环境税费能否作为环境损害赔偿数额的确定依据。在大连市一起海洋水域污染损害责任纠纷中,[1] 原告海洋与渔业局主张以《大连市人民政府办公厅关于加强城市污水处理费和污水超标排污费征收工作的通知》所计算的 5520 万元污水处理费用作为"将要采取的合理恢复措施"费用的依据,法院对此观点并未予以承认。然而在中华环保联合会诉湖北新明珠绿色建材科技有限公司等大气污染案、[2] 中华环保联合会等诉湖北雄陶陶瓷有限公司等大气污染案中,[3] 法院采取虚拟治理成本法且将环境税税额作为单位治理成本,显然是将排污税与生态修复费用挂钩。在卫某某、孔某某等刑事附带民事公益诉讼、[4] 福建省环保志愿者协会与叶某某环境污染责任纠纷[5]等案件中,法院均按照《环境保护税法》中相应污染物的污染当量值确定生态环境修复费用。在巴州检察院诉李某环境民事公益诉讼、唐某某非法占用农用地、[6] 陈某某非法占用农用地、[7] 东某某和斗某某非法占用农用地[8]等案中,被告承担的生态修复费用也是根据森林植被恢复费用缴纳标准确定的。②环境收费能否折抵环境损害赔偿。实践中,以排污费折抵损害赔偿的请求一般不会被法院支持。例如,在汕头市金平区升平杏花屠宰场、陈某某环境污染责任纠纷中,[9] 被告杏花屠宰场认为其已缴纳排污费,无须承担损害赔偿责任。一

---

[1] 参见〔2015〕民申字第 1637 号。
[2] 参见〔2019〕鄂 01 民初 6128 号。
[3] 参见〔2019〕鄂 01 民初 6127 号。
[4] 参见〔2020〕晋 1027 刑初 22 号。
[5] 参见〔2017〕闽 02 民初 915 号。
[6] 参见〔2021〕湘 0224 刑初 140 号。
[7] 参见〔2019〕新 0203 刑初 121 号。
[8] 参见〔2019〕青 2323 刑初 10 号。
[9] 参见〔2018〕粤民终 2224 号。

审法院认为,"生态环境作为一个整体,其承载能力有限,污染物流入其中,势必造成环境质量的下降和损害结果的发生,污染者不能以曾经缴纳相关排污费用为由而得以免除环境侵权责任"。二审法院认为,"排污费本属行政管理性质的收费,与环境损害赔偿费用在法律性质及类别上并不相同",因而驳回其以排污费折抵环境损害赔偿的请求。但破坏林地案和破坏草原案中将植被恢复费作为生态修复费用进行索赔的案例并不鲜见。例如,乌拉特前旗聚德成龙宝矿业有限公司非法占用农用地案中,被告在庭前缴纳了316500元草原植被恢复费,法院据此认为其"已经对占用草原进行修复"。① 在中华环保联合会诉无锡市蠡湖惠山景区管理委员会环境污染责任纠纷案中,② 法院认为被告经过无锡市农林部门初审后按相关规定向江苏省林业局缴纳了全额植被恢复费应当视为其已经按照法律规定弥补了生态损害。在衡东新德豪种养专业合作社、王某某非法占用农用地刑事附带民事公益诉讼案中,③ 被告还将本应向法院缴纳的生态修复费与森林植被恢复费一并交由省林业局。有不少案例还将损害赔偿性质的生态修复费用与行政收费概念混用,④ 亦体现了二者定位分立而界限模糊的格局。

环境税费与环境行政罚款的关系之争议。在"超标排污费"时代,因排污而缴纳一定金钱的义务只在超标排污时才产生,在排污费改为环境保护税后法律不再区分超标与达标,但实践中将环境税费与超标排污违法行为挂钩的思想已经根深蒂固。这种思想说明环境税费与环境行政罚款分享着同一法律事实。主要争议焦点及典型案例有:①缴纳环境税费是否影响行政罚款责任的认定。在开原市莲花镇华盛粮食收购点与开原市人民政府行政诉讼、⑤ 石林利群红砖厂与昆明市生态环境局石林分局行政处罚案、⑥ 李某某等与瑶族自治县人民政府城乡建设行政管理纠纷中,⑦ 排污企业都主张行政机关向其征收排污费或环境保护税的行为说明其排污行为合法。法院均对此予以否定。其中,李某某等与瑶族自治县人民政府城乡

---

① 参见〔2019〕内0823刑初226号。
② 参见〔2012〕锡滨环民初字第0002号。
③ 参见〔2021〕湘0424刑初84号。
④ 参见〔2021〕内0627刑初48号、〔2018〕宁0303刑初57号。
⑤ 参见〔2021〕辽行终201号。
⑥ 参见〔2019〕云7101行初203号。
⑦ 参见〔2019〕湘行终1442号。

建设行政管理纠纷案的审理法官给出了较为明确的理由:"因税法规定:只要发生了应税行为或者产生了应税所得,无论是否合法都必须纳税。税法的功能是判断纳税人是否产生了税收法律关系,并不具备审查某项收入是否符合其他法律的权力","向仙石砖厂收取排污费仅说明该砖厂对环境造成了破坏应承担的责任,不能作为仙石砖厂主体及行为是否合法的依据。因此,仙石砖厂缴纳税费的行为并不能证明该砖厂是合法企业"。尽管法院的判决并未违背现行法律规定,但从中亦可见得环境税费与行政处罚性质的"难舍难分"。而在烟台市热力有限公司、中惠科银河北科技发展有限公司等合同纠纷中,① 当事人坚持认为"环保部门对于大气污染物排放征收的是超标部分的排污费(超标之后才产生的环境保护税),也就是只有在超标的情况下,才产生环境保护税,而不是即使企业正常达标排放,也得缴纳环境保护税",并且法院也对此说法予以认可。②环境税费是否作为环境行政罚款数额确定的依据。按照原《水污染防治法》第74条的规定,违法或超标排放水污染物的,处应缴纳排污费数额二倍以上五倍以下的罚款。实践中,即便顶格处罚也可能表面上"处罚过重"但实际上"入不敷出",进而导致违法者"不服判"但环境利益却救济不足。例如,在海宁市润欣农牧有限公司、海宁市综合行政执法局行政处罚纠纷中,② 执法局以"应缴纳排污费的二到五倍"作为认定罚款的依据,对排污企业处于最高额罚款。对此,被处罚人认为处罚金额过高,但法院认为行为人造成的环境损害实际上已经超出最高额罚款。在衡东新德豪种养专业合作社、王某某非法占用农用地案中,③ 法院则认为被告已赔偿生态修复费和缴纳复垦费,可从轻处罚。实践中甚至有行政机关将缴纳环境费用作为行政处罚。例如,长白朝鲜族自治县草原管理站与王某某行政处罚行政裁定案中,④ 长白朝鲜族自治县草原管理站根据《草原法》及《关于吉林省草原植被恢复费收费标准及有关问题的通知》,决定对行政相对人"罚款36900.00元",并"缴纳8191平方米(12.3亩)草原植被恢复费,每平方米2.85元"。修改后的《水污染防治法》不再以排污费作为罚款基数而采用数额区间式确定罚款数额,但是排污费或环境保护税与环境罚

---

① 参见〔2020〕鲁民终3235号。
② 参见〔2019〕浙行申544号。
③ 参见〔2021〕湘0424刑初84号。
④ 参见〔2020〕吉0623行审3号。

款都是污染程度的反映，数额区间的确定方式并未改变这一事实。行为人因同一污染事实而被同时课以环境税费与环境罚款或者仅被课以某一种金钱给付义务却又导致环境修复资金不足的问题仍然存在。

二 惩罚性给付与填补性给付的分立

在部门法体系下，罚款、罚金与惩罚性赔偿、损害赔偿可以并处，但在生态环境领域，基于救济环境损害的共同目的，各种金钱给付难免交叠。尤其对于一些以损失为计算基数的行政罚款而言，更易引起争议。① 诸多司法案例中的被告提出环境罚款或罚金在计算时已经包含损害赔偿。② 虽然大多数法院都未予以回应或说明理由，但结合相关争议焦点来看，法院对此态度并不一致，具体表现如下：

虚拟成本治理法是否包含惩罚性因素。否定性案例如：江苏省环保联合会、江苏省人民政府诉德司达（南京）染料有限公司环境污染案，③ 被告主张其承担的2000万元罚金已经包含环境修复费用，④ 且2000余万环境修复费用系在刑事判决已经确定的污染量和治理成本的基础上运用虚拟治理成本法乘以4.5倍得出的，已经包含惩罚性因素，但法院认为"罚

---

① 例如，《水污染防治法》第94条第2款规定："对造成一般或者较大水污染事故的，按照水污染事故造成的直接损失的百分之二十计算罚款；对造成重大或者特大水污染事故的，按照水污染事故造成的直接损失的百分之三十计算罚款。"在北京市丰台区源头爱好者环境研究所诉长沙天创环保有限公司超标排污案（[2019] 湘民终879号）中，原告认为，一审判决的15万元的数额与行政罚款数额之间极不相适，应依据《水污染防治法》的规定直接确定为500万元。法院认为，以行政处罚的数额直接作为环境公益诉讼损失赔偿的计算依据没有事实和法律依据，环境公益诉讼损失赔偿的数额应该由法庭根据经过法定程序认定的证据证明的事实来依法确认。最终法院确定替代性修复方案为"在涉案排污管口旁设置面积不小于4平方米的电子显示屏一块和向长沙市符合条件的环保公益组织、志愿者组织提供一批便携式水质检测仪器，共计15万元"。

② 典型案例：中华环保联合会、支持起诉人东营市环境保护局诉浙江新安化工集团股份有限公司建德化工二厂等非法处置危险废物案（[2015] 东环民初字第1号），被告浙江新安化工集团股份有限公司建德化工二厂认为其在先前的刑事制裁中已被判处6300万罚金且与环境修复费用的计算方式一样（污染物数量×单位处置成本），只不过民事诉讼中确定的单位处置成本与刑事诉讼中不一，被告因此认为环境修复费用与已经判处的罚金重复；天津市东丽区生态环境局与张某江环境污染责任纠纷（[2019] 津03民初217号），被告辩称罚款已考虑到了污染设施运行成本以及污染造成的损失这一因素，即对被告作出的罚款已足够填平被告行为所造成的损失，不应再承担其他费用。

③ 参见[2016] 苏01民初1203号。

④ 审判法官事后对此予以确认。参见《2000万！江苏环境污染罪最大罚单在扬州开出》，2017年1月7日，http://m.people.cn/n4/2017/0107/c1549-8215237，2022年1月6日。

金刑事责任与民事赔偿责任是两种不同的法律责任,被告因污染环境和破坏生态造成损害承担了罚金刑事责任并不影响其依法应当承担的民事赔偿责任";中华环保联合会诉德州晶华集团振华有限公司大气环境污染责任纠纷公益诉讼案,① 原告方专家意见中也明确了虚拟治理成本中不包含惩罚性赔偿因素。肯定性案例如:江苏省徐州市人民检察院诉徐州市鸿顺造纸有限公司水污染民事公益诉讼案,② 法院根据被告违法排污的主观过错程度、排污的隐蔽性以及损害后果等因素,确定了带有一定惩罚性质的生态环境修复费用。③

损害赔偿与罚金(款)能否作为各自的裁量情节。否定性案例如:中国生物多样性保护与绿色发展基金会诉卜某果等环境公益诉讼案,④ 被告辩称其已受刑事处罚,其中卜某全、卜某果仍在服刑,其民事责任应相对减轻,法院未支持此主张;杭州市萧山区人民检察院诉赵某某等案,⑤ 被告履行损害赔偿责任后仍被判处罚金,且被告以量刑时未考虑其积极缴纳了生态环境损害赔偿资金、量刑畸重为由提起上诉,但上诉法院未予支持。肯定性案例如:湖北省宜昌市伍家岗区人民检察院诉李某九等8人非法捕捞水产品刑事附带民事公益诉讼案,⑥ 法院将生态修复义务履行情况纳入量刑情节,认为被告人积极履行生态修复义务,依法可以酌情从轻处罚;贵州省贵阳市花溪区人民检察院诉易某某、刘某某环境公益诉讼案,⑦ 法院考虑被告因造成环境损害已受刑事处罚故减轻其损害赔偿责任;徐州市人民检察院诉徐州市鸿顺造纸有限公司违法排污案,⑧ 法院认为"被告因行政违法而被行政机关处以行政处罚,并不影响其民事责任的承担。被告主张直接抵扣赔偿数额没有法律依据,但在确定本案中被告所应承担的环境污染责任时,因被行政机关处罚的情况也是一个酌定因素,故对被告已缴纳15万元行政罚款的事实可予以酌情综合评判"。

罚金(款)是否能够折抵生态修复费用。否定性案例如:湖北省十

---

① 参见〔2015〕德中环公民初字第1号。
② 参见〔2016〕苏民终1357号。
③ 参见杨柳青《确定生态环境惩罚性赔偿数额应当考量可责难性等三个要素》,《中国生态文明》2021年第1期。
④ 参见〔2015〕徐环公民初字第4号。
⑤ 参见杭州市中级人民法院〔2020〕浙01刑终215号刑事裁定书。
⑥ 参见最高人民法院发布长江流域水生态司法保护典型案例(2020年9月25日)。
⑦ 参见〔2018〕黔01民终7114号。
⑧ 参见〔2016〕苏民终1357号。

堰市人民检察院诉郧西县魏某某养殖污染案、① 重庆市人民检察院第三分院诉刘某某违法排污案、② 天津市人民检察院第二分院诉天津中泓污水处理有限公司非法处置废弃物案、③ 海南省人民检察院第二分院诉南京飞雄海运有限公司非法采砂案等，④ 被告认为罚款或罚金与民事赔偿都是国家治理环境的资金来源因而主张折抵即从损害赔偿金额中扣除其已经缴纳的罚款或罚金，法院对此争议或未予审理，或以"侵权人因同一行为应当承担行政责任或者刑事责任的，不影响依法承担侵权责任"为理由驳回。肯定性案例如：金华市绿色生态文化服务中心诉广西贵港钢铁集团有限公司违法超标排污案，⑤ 法院认为"根据法律规定，环境保护部门对于环境处罚款的用途之一即是用于修复被污染的环境"，从而支持了被告关于赔偿折抵罚款的请求；中国生物多样性保护与绿色发展基金会诉青川县裕泰石业有限公司案，⑥ 法院认为被告已承担罚款并被责令恢复原状不宜再赔偿生态服务功能损失。

上述司法案例和争议已经暴露出既有生态环境损害金钱给付义务分立格局的困境。其一，生态环境损害金钱给付数额的确定没有从整体上考虑，未遵循其事物本质，导致行为人实际承担的金钱给付义务可能不足也可能过度。其二，各生态环境损害金钱给付义务目的相同却"并驾齐驱"，现有执法、司法说理不足以使当事人信服，可能损害法律权威、影响司法公正。其三，偏离事物本质的立法可能滑向立法者恣意，违背公权的谦抑性理念，偏离法治国家的定位。

---

① 参见〔2018〕鄂03民初6号。
② 参见〔2019〕渝03民初86号。
③ 参见〔2018〕津02民初1194号。
④ 参见〔2020〕琼72民初24号。
⑤ 参见〔2020〕桂08民初29号。
⑥ 参见〔2018〕黔01民终7114号。

第二章　生态环境损害金钱给付义务分立的根源与整体化方案的提出

生态环境损害金钱给付义务的分立既存在理论危机，也存在现实隐患。对此，实务界和理论界都做出了一定探索，但并未深入困境之根源。

第一节　生态环境损害金钱给付义务分立困境的根源

有关生态环境损害金钱给付义务关系的司法争议，无论肯定还是否定实际上都聚焦于一些根深蒂固的问题。例如，惩罚性赔偿作为"惩罚"与"赔偿"的结合体，前者原本专属于行政处罚和刑罚，后者则是民事侵权责任的坐标，二者的结合本身就是对部门法的跨越，惩罚性赔偿因而引起国内外学者相继不绝的探讨，但争议的焦点实际上始终在于部门法划分带来的区隔未能消解。部门法责任分立的格局无法解释和解决司法实践之争议，而之所以形成对部门法责任分立的路径依赖与我国对大陆法系和英美法系的法律移植密不可分，"博采众长"的同时也使我国法律体系在生态环境这一特殊领域显得逻辑混乱。这种根深蒂固的认知已经渗透到法律理念、原则与制度的方方面面，缺乏有普遍解释力的理论工具化解这种困境。

一　部门法的路径依赖

关于各种金钱给付义务之间关系的争议首先涉及部门法之间的关系问题。司法实践中，法官对多重责任的折抵意见予以否定以及程序衔接方案的理论根据都是基于部门法的划分。所谓部门法，即某类性质相同的法律规范，如行政法学、民法学和刑法学等，"部门法学的形成、研究对象及范围的确定、理论原理的提出和该学科体系的完善，都是以部门法的划分为前提的"①。不论是以何种标准划分法律规范，划分本身即意味着分工与界限，部门法划分的结果就是各个部门法同时运行、互不影响。例如，行为人已经对超标排污行为承担了税款、罚款、罚金乃至其他种类制裁，完全足以提供修复环境所需成本费用，但理论上仍然应当承担民事责任。民事责任的完全履行也不能免除税款、行政罚款或刑事罚金。部门法分立的路径一旦形成，大陆法系对法典化、体系化的追求又会不断加深这一格局从而形成路径依赖。我国的"部门法"理论继受于苏联，包括部门法在内的源自苏联的理论学说和具体制度的存续，"其生命力并不在于这些理论本身的正确性和解释力，而是这些理论和观点已经使得中国法学研究对此形成了一种理论上的依赖，并且由于这些理论的演化过程经历了很长时间，在这段时间里，法律实践的发展没有单方面等待理论演进的结果，而是在相当程度上基于那些源自苏联的理论开展并形成了某种实践上的依赖"②。

通说认为，我国部门法划分标准主要是法律所调整的社会关系，次要是调整社会关系的方法。③ 所谓社会关系，包括主体、客体和内容，但主要是以主体为区分标志，例如认为民法所调整的是平等主体之间的关系，行政法调整的是非平等主体之间的关系。但是，对于宪法、诉讼法、刑法等存在多元主体的部门法则不易区分，如认为"宪法所调整的是宪政关系，诉讼法所调整的是诉讼关系，刑法所调整的是刑事关系"④，这种界定实际上属于同语反复，并无实际意义。这是因为，如果根据主体地位状况来划分，民法与行政法已经穷尽划分之可能，余下的部门法实际上已经并非按照主体来划分的而是根据内容。这就导致每出现一种不完全属于传统规范内容的规范群就会有将其独立为新的部门法的需求，如经济法、社会法、环境法，并且也必然导致其与其他部门法的交织，这也就是所谓的部门法融合现象。另外，正是由于民法与行政法对主体的划分已经穷尽，任何其他部门法在具体法律事实中也都可以进一步分解为民法问题或行政

---

① 叶必丰：《论部门法的划分》，《法学评论》1996年第3期。
② 王奇才、高戚昕峤：《中国法学的苏联渊源——以中国法学的学科性质和知识来源为主要考察对象》，《法制与社会发展》2012年第5期。
③ 参见公丕祥主编《法理学》（第二版），复旦大学出版社2008年版，第269页。
④ 谢晖、陈金钊：《法理学》，高等教育出版社2005年版，第59页。

法问题。例如，环境法中缴纳税费的法律事实及其争议就属于行政法问题，资源归属则属于民法中的物权问题，环境污染、生态破坏导致他人人身、财产损害则属于民法中的侵权法问题。在这种归属下，侵权法与税法、损害赔偿与税费是不可能产生交集与冲突的。

可见，部门法之间真正的对立与区隔实际上在于对主体身份的区分，而这又必须追溯到社会关系划分的社会渊源。以主体身份差异为标志的社会关系的区分事实上是社会分工的产物。根据恩格斯的论述，在人类经历过两次大分工之后，由于商品交换的发展，出现了一个不从事生产只从事交换的商人阶级，而随着新分工产生的新的阶级划分，阶级对立出现，国家随即产生。① 在国家产生初始，包括中国古代在内的法律体系总体保持"诸法合体"的结构。随着阶级关系的日渐复杂，罗马法学家将罗马复杂多元的社会关系梳理为征服者与被征服者、奴隶主与奴隶、罗马公民与非罗马公民之间的社会关系，进而提出了公法和私法划分的主张，② 以法律维护的利益为标准，将涉及个人福利的法归为私法，将有关国家稳定的法归为公法。③ 时至于此，公法与私法的划分尚未孕生出部门法划分，彼时大陆法系的法律规范主要是关于罗马私法、教会法和商法的，"当代大陆法系国家的公法大部分是 1776 年开始的西方世界革命的产物"④。这种公法和私法的划分，背后是法学家们对国家权力的恐惧和反感，只要有国家存在就有国家与个人的对立，也就有把个体利益从与国家利益混同状态中抽离出来进行保护的倾向。最富于代表性的是霍布斯，他将国家比作"利维坦"，以及孟德斯鸠提出的三权分立、洛克在《政府论》中提出的权利属于人民，托克维尔、卢梭、伏尔泰这些伟人毫无例外对国家和极权持一种对抗的态度。⑤ 由于革命对于人权的强调产生了"个人自由"的主张和系统的自然权利理论，导致了对于个人财产和契约权利的过分强调，又导致了对公法和私法的过于严格的划分，"一度非常复杂的法律领域顷

---

① 参见[德]恩格斯《家庭、私有制和国家的起源》，中共中央马克思、恩格斯、列宁、斯大林著作编译，人民出版社 2018 年版，第 114—117 页。
② 参见周枬《罗马法原论》（上册），商务印书馆 1994 年版，第 83 页。
③ 参见[意]彼德罗·彭梵得《罗马法教科书》，黄风译，中国政法大学出版社 1992 年版，第 9 页。
④ [美]约翰·亨利·梅利曼：《大陆法系》（第 2 版），顾培东、禄正平译，法律出版社 2004 年版，第 14 页。
⑤ 邓峰：《公法与私法：传统法学的根本立足点》，《资源与人居环境》2007 年第 2 期。

刻间简单划一：自此以后，从理论上说，法律领域的主题仅仅限于个人和统一的国家"①。基于这种对国家利益与个体利益关系的假设，就会得出这样的结论：由私法保护国家利益或公共利益将导致利益虚化，由公法保护个体利益将导致公权力侵蚀私人空间的危险。② 也正由于私法与市场经济的密切联系，改革开放发展市场经济以来我国才承认公法与私法的划分理论，而在此之前公法与私法的划分曾遭到较长时期的普遍否定和批判。③ 正是由于公私法划分背后是社会经济发展的需要，"公法与私法的划分、经济系统从政治系统的分离、政府与市场的界分，在理论上其实是一脉相承的"④。

传统法学理论在公法与私法划分的基础上将法律责任分为民事责任、行政责任和刑事责任，这也就是所谓的"调整方法"。由于部门法以制裁手段为划分标准时划分的结果也是民法、行政法、刑法，因此法律责任就分为三大部门法责任：一个是属于私法的民商法部门，另外两个是属于公法的行政法和刑法部门。尽管随着社会发展新的部门法层出不穷，部门法融合的趋势也日渐显著，但部门法责任却并未扩张。即便是经济法领域一直主张的经济法责任的独立性也并未在实践中体现出来。⑤ 这是因为三大部门法责任的划分也是以主体关系为标准的，因此具有穷尽的效果。民事责任是违法行为人对另一平等主体的责任，行政法责任则被认为是对"国家"或"社会"的责任，而刑法作为"其他部门法的保护法或者保障法"⑥，其本身调整的主体并无特殊性，既包含侵害个人利益的责任（盗窃、伤害、杀人等），也包含侵害国家或社会利益的责任（如泄露国家秘密罪、妨碍社会管理秩序犯罪），"行为人承担民事责任不影响其承担刑事责任，反之亦然。就其区别而言，侵权行为是对民事主体权利的侵害，其法律后果是对受害人的补救；犯罪行为是对社会秩序和公共利益的侵犯，其法律后果是对行为人的惩罚"⑦。总体而言，对于自然犯，刑事制

---

① [美] 约翰·亨利·梅利曼：《大陆法系》（第 2 版），顾培东等译，法律出版社 2004 年版，第 17 页。
② 参见龙卫球《民法基础与超越》，北京大学出版社 2010 年版，第 6 页。
③ 参见杨亚非《公法与私法划分历史的启示》，《吉林大学社会科学学报》1995 年第 3 期。
④ 谢海定：《中国法治经济建设的逻辑》，《法学研究》2017 年第 6 期。
⑤ 参见邓纲《争议与困惑：经济法中的法律责任研究述评》，《现代法学》2012 年第 1 期。
⑥ 赵秉志、袁彬：《刑法与相关部门法关系的调适》，《法学》2013 年第 9 期。
⑦ 彭万林主编：《民法学》（第六版），中国政法大学出版社 2007 年版，第 511—512 页。

裁被认为是民事侵权的升阶,而在行政犯中,刑事制裁则被认为是对行政制裁的升阶。之所以行政犯中出现刑罚与行政处罚"质"的区别说,主要是因为刑法起初主要针对自然犯,因而带有道德谴责的色彩,行政犯中讨论"道德谴责性"盖因传统刑法观念已经根深蒂固。在罗马法中,"公犯"属于典型的刑法规制范围,因为它直接危害国家利益和社会秩序,而盗窃、杀人、抢劫等在现代明显属于刑事犯罪的行为由于只侵害了个人利益而被认为是"私犯"。公犯与私犯最明显的区别就是罚金归属——前者归属国家而后者归属受害人。① "刑法在根本上与其说是一种特别的法律还不如说是其他一切法律的制裁力量。"② 对于侵害个人利益的刑事责任与民事责任(主要是侵权责任)的关系是程度轻重不同,即严重侵权即构成犯罪;对于侵害国家或社会利益的责任与行政法责任的关系也是轻重不同,即严重违法则构成犯罪。只不过,有的行为性质决定了其一经作出即构成严重违法,而有的行为性质则在特定社会阶段不可能构成严重,因此刑法与民事责任、行政法责任并不对称,但从整个社会发展而言,何种行为入刑或出刑都不是必然的,其背后反映的是社会对待某一行为的价值观。古代就不对刑法与侵权法进行区分即"民刑合一",其核心法律制度主要围绕刑罚、同态复仇和损害赔偿这三种制裁手段展开,它们相互之间"除了量的差异,并无质的区别。根据不同程度的损害后果施以不同程度的制裁,这真是太协调不过了"③。"多数在今日认为犯罪的违法行为,在古代不过视为一种侵权行为而已"④,甚至"早期的所有法律可以说都是侵权行为法"⑤。刑法的出现实际上是国家垄断刑罚权的结果,由于不是所有的侵权行为都由国家予以惩罚,这样就有了刑法与侵权行为法的区分。刑事责任与行政法责任在现代社会中在同种责任上则一般体现为量的差异,比如罚款与罚金、拘留与有期徒刑等,刑罚与行政处罚的折抵机制就是基于此。因而,生态环境损害金钱给付义务在司法实践中的争议主要体现为民事责任与税费、民事责任与罚款或罚金的关系争议。在目前立法和主流理论都将生态环境损害赔偿和生态修复定位于民事责任的情况

---

① 参见陈航《民刑关系基础理论研究》,商务印书馆 2020 年版,第 34—35 页。
② [法] 卢梭:《社会契约论》,何兆武译,商务印书馆 2003 年版,第 251 页。
③ 王卫国:《过错责任原则:第三次勃兴》,中国法制出版社 2000 年版,第 22—23 页。
④ [美] 孟罗·斯密:《欧陆法律发达史》,姚梅镇译,中国政法大学出版社 1999 年版,第 30 页。
⑤ 麻昌华:《侵权行为法地位研究》,中国政法大学出版社 2004 年版,第 175 页。

下，就必然走向部门法责任分立的传统理论。然而，部门法理论本身已经遭到了越来越多学者的批评，甚至认为"这种理论破坏了法律体系的统一性，人为造成各法律分支学科画地为牢，混淆了法律关系的性质，割裂了法律规范群之间的联系，扭曲了理论与实践的关系，忽视了理论概念与实践概念的联系与区别，严重影响了法学的发展，并对立法、司法、执法工作造成了不利影响"①。然而，由于既定法律格局已经塑造了一系列与之相配套的制度体系、执法机制、权力结构、意识形态和公众认知习惯，尽管社会基础业已变迁，但作为上层建筑的法律格局的变迁却受制于上述因素构成的约束条件。②制度转换成本越高，法律结构转型对既定格局的依赖性也就越强。

二 法律体系杂糅

我国现代公私二分的部门法体系直接移植于大陆法系，部门法责任分立自继受苏联法律体系与法律理论开始就已经根深蒂固，这本身体现了严格的形式理性。但与此同时，改革开放以来我国也开启了全面学习欧美国家的进程，英美法系的法学理论与制度体系也对我国产生了深刻的影响。多元法律逻辑的混合本身并不必然引发实践争议，然而若没有对这一"混合物"进行系统化的梳理而是直接移植和制度杂糅，则难免导致司法实践中的逻辑冲突。

依照大陆法系的逻辑路径，"公法的归公法、私法的归私法""民归民、刑归刑"，公法责任与私法责任界限分明、不可混同，这一信念已经深深植根于大陆法系的法律制度中。③ 这从大陆法系国家对待惩罚性赔偿的态度上即可窥见一斑。惩罚性赔偿作为赔偿与惩罚的混合物与结合体是严重背离这一逻辑的。因此，长期以来大陆法系都对惩罚性赔偿不予承认或严格限制。例如，德国联邦法院（German Federal Court of Justice）在对美国加利福尼亚州法院作出的一项惩罚性赔偿判决进行审查时认为，惩罚性赔偿属于私法上的惩罚金，如果对外国法院的惩罚性赔偿予以承认和执行，则该"惩罚性赔偿"必须属于补偿性的民事赔偿而不允许以惩罚的

---

① 刘诚：《部门法理论批判》，《河北法学》2003年第3页。
② 参见宋亚辉《社会基础变迁与部门法分立格局的现代发展》，《法学家》2021年第1期。
③ 对于大陆法系而言，"civil law"只是指法律制度的一部分（即民法或私法），而英美法系（普通法系）国家却以指称大陆法系的整个法律制度。参见［美］约翰·亨利·梅利曼《大陆法系》（第二版），顾培东等译，法律出版社2004年版，第7页。

名义予以承认，否则就违反了"一事不二罚"的法律原则。① 相较之下，惩罚性赔偿的发源地——英美国家始终不认为惩罚性赔偿违反"禁止双重处罚"的宪法原则，但其理由实际上与大陆法系没有本质区别，同样是在否定惩罚性赔偿属于刑罚的前提下予以承认。但英美国家之所以不受惩罚性赔偿概念的拘束，则是因为其有着不区分民事程序与行政程序、民事责任与行政责任的传统，一直将行政程序、行政责任纳入民事程序、民事责任中，因而有"民事罚金"（civil penalty）之说。但是，无论两大法系的法律责任及其追责程序的形式如何，始终没有承认"双重惩罚"的正当性。

两大法系对待惩罚性赔偿的基本态度折射出不同法律体系背后的思维理念和对法律的认知差异。大陆法系认为人类可以借助一种理性进行演绎推理，并按这种推理结果进行设计，因而倾向于建构抽象化的概念体系，以美国为代表的英美法系则认为社会、语言及法律等不是由任何人设计出来的，不能借助演绎而建构。② 依照大陆法系的建构理性主义的思维，民事责任、行政责任、刑事责任是控制违法行为、保障合法权益的三种方式，是建构法律体系时理性分工的结果，按照这三种责任方式的分工与合力就可以实现对违法行为的控制和对合法权益的保障，法律责任功能的实现是一个自然发生的结果，无须额外的手段。这一点从刑法中关于惩罚的思想即可看出，"一切额外的东西都是擅权，而不是公正，是杜撰而不是权利。如果刑罚超过了保护既存的公共利益这一需要，它本质上就是不公正的"③。相较而言，英美法系的经验理性主义则是反形式化的、注重实用的，萨默斯将美国这种实用主义哲学指导下的法学思想称为实用工具主义法学，可以很好地解释其对于各种生态环境损害金钱给付义务的不同处理。在实用工具主义者看来，法律是实现社会目标的工具，手段为目标而服务，反对假想的固属于概念的逻辑或完美的概念体系。④ 美国的实用工具主义者本就是环境保护、食药健康、反垄断等社会进步运动的推动者，这些领域立法本身的实用性和工具性决

---

① 参见吴用《外国惩罚性损害赔偿判决的承认与执行——以大陆法系国家司法实践为考察对象》，《国际法研究》2021年第6期。
② 参见谢晖《法治的道路选择：经验还是建构？》，《山东社会科学》2001年第1期。
③ ［意］贝卡里亚：《论犯罪与刑罚》，黄风译，中国大百科全书出版社1993年版。
④ 参见［美］罗伯特·S. 萨默斯《美国实用工具主义法学》，柯华庆等译，中国法制出版社2010年版，第10页。

定了表达进步主义目标的法律理论的实用性和工具性。① 民事程序或刑事程序也没有固化的功能,因此民事程序中的惩罚性赔偿和罚款、刑事程序中的损害恢复命令都被允许。不过,英美法系与大陆法系都是理性思维的产物,实用工具主义也并非反理性。大陆法系的比例原则、过罚相当等原则与英美法系是互通共用的。这从美国针对环境损害赔偿的做法即可看出。美国的环境公民诉讼被明确定位为一种"私人执法"诉讼,诉讼请求和责任形式被限定为针对行为纠错的"禁令"和罚款性质的"民事罚款",其内容、效果与执法雷同,并通过诉前通知、勤勉执法等程序避免与执法重复。② 以生态修复为目的的自然资源损害赔偿诉讼则是前者所不涉及的损害填补责任,原告是作为"受托人"的联邦环境资源机构、州政府等政府主体。③ 其内在逻辑是:既然各种手段都是针对同一目标,那么当某一个或某些手段已经足以实现目标,其他手段则不应也无须再使用。

大陆法系与英美法系的不同逻辑路径本身没有对错之分,在实现法的功能上也有异曲同工之效。并且,法律体系逐渐融合是一个普遍事实,"所有的法律体系都是混合的"④。更为重要的是,不同法律体系的理念和制度的形成本身都并非理性推理的必然结果,而是各种历史条件、社会传统共同塑造的产物,或多或少带有偶然的成分。以苏联为代表的社会主义法学则认为,所有法律均是经济和社会政策的工具,而大陆法系和英美法系则都是资本主义剥削无产阶级的工具,其中不可避免地渗透着政治因素和意识形态。⑤ 而实际上,社会主义法学的形成也没能摆脱大陆法系的影响,"部门法"的概念正是苏联法学在大陆法系的公私二元传统上构造的概念。尽管改革开放以来苏联法学关于"法是统治阶级意志的反映"的学说不断遭到批判,但"法律作为现代化手段的工具主义思想在新的政治话语体系下进一步以'经济服务工具论'和'政治服务工具论'的面

---

① 参见[美]罗伯特·S.萨默斯《美国实用工具主义法学》,柯华庆译,中国法制出版社2010年版,第13页。
② 参见巩固《美国环境公民诉讼之起诉限制及其启示》,《法商研究》2017年第5期。
③ 参见周悦霖、Daniel Carpenter-Gold《自然资源损害救济体系:美国经验及对中国的启示》,《中国环境法治》2014年第2期。
④ [英]埃辛·奥赫绪、[意]戴维·奈尔肯编:《比较法新论》,马剑银等译,清华大学出版社2012年版,第200页。
⑤ 参见[美]约翰·亨利·梅利曼《大陆法系》(第二版),顾培东等译,法律出版社2004年版,第4页。

目发展"①。当环境问题在现有的法制结构中无法得到解决的时候,基于实用主义和功能主义对既有法律的反思便应运而生,本质上这是现实社会对于法律功能的要求。毕竟,"法律的思想实践的内容在于检验法律工程模型的思想实验的社会效果与预期的社会效果之间的契合度。检验法律工程质量优劣的唯一标准是其实践的实际社会效果状况"②。对环境法学而言,其走向实用主义和功能主义几乎是必然的。实用主义和功能主义强调目的和功效,其本身就是反思性和批判性的。这就导致,我国当下的法律体系既不具有传统大陆法系国家那样的严密逻辑体系,也不具有英美法系国家那样的灵活性。于是,"中国立法者不得不面临双重任务:一方面要沿着既定目标,构建一套公私二分的现代部门法体系;另一方面还要对多元社会子系统进行区别对待与分类治理"③。

在这种背景下,如果仍然将某一种法律体系视为不可动摇的信条,并且以法律融合的理由进行表面的概念移植与制度嫁接,任何一种法律体系都不会得到系统性的贯彻,即双重标准引发体系内部不自洽。制度借鉴的"科学性"被"主观性"所裹挟,难免会突破一些共同的法律原则继而引发当事人的争议。忽略大陆法系公法责任和私法责任的区分以利益受损主体不同为前提,将三大部门法责任并行适用的形式法治径直适用于无法分割的环境公益保护中,其理念内核是英美法系"手段为目的服务因而多种手段可以并用"的"实用主义",但同时又忽略了英美法系也同样强调禁止双重惩罚原则。其具体表现是:将英美法系不区分公法与私法、民事与行政程序的做法嫁接到大陆法系公法责任与私法责任并行不悖的传统中,从而将惩罚性赔偿的表面文义"惩罚+赔偿"实质化为"民事赔偿+行政罚款/刑事罚金"的多重责任形态;将英美法系对环境税费的实用工具主义理念嫁接到大陆法系部门法分立格局中,从而将环境税费与民事赔偿、行政罚款、刑事罚金的"多措并举"以及进入一般预算而非专款专用的做法"正当化"。因此,总体来看,多重生态环境损害金钱给付义务的"并驾齐驱"是以传统部门法分立、公法和私法区分为形式外观,以实用主义和功能主义为思想内核,忽略两种法律体系的前提性、限制性因

---

① 张燕:《苏联法学理论在中国的传播及对我国法理学的影响》,《山东社会科学》2021年第11期。
② 姚建宗:《中国语境中的法律实践概念》,《中国社会科学》2014年第6期。
③ 宋亚辉:《社会基础变迁与部门法分立格局的现代发展》,《法学家》2021年第1期。

素或原则，以最大化实现对环境违法行为的惩治。

三 法律理论供给不足

从司法实践来看，司法实践中的法律争议或法律问题可以分为两种：一种是法律规则不明确或相对模糊导致的法律争议，此种法律争议可以通过法律解释、法官释法消除；另一种是对法律规则本身正当性或合理性的争议，其涉及的是立法问题，因而也只能通过立法或修法消除。司法实践中提出的立法问题本质上是对法律规则的不信仰或不认同，而由于"法律实践的目的达成与否以及达成的实际程度如何，也是由支撑法律实践的所有理论要素共同支配和影响的结果"①，对法律规则的不认同折射出的是对其背后法律理论的不认同，而部分法院对这种不认同的认同则更加折射出法律理论的不权威性、不稳定性，不同法院的处理方式和理由都不尽相同，也折射出当下法律结构背后统一法律理论的缺乏。表面上看，关于多重生态环境损害金钱给付义务的并存适用之司法争议似乎是当事人的"一厢情愿"，关于"重复责任"的抗辩以及部分法院的支持也缺乏法律依据，但此种制度性争议实际上正是对法律实践背后法律理论不自觉地反思，但是这种反思并不具有理论性。也就是说，无论是支撑既有法律结构背后的法律理论，还是用以批判既有法律结构的理由，都在遭受法律实践参与者的质疑。程序衔接方案、自由裁量方案和功能并合方案事实上也没有跳出既有法律理论的框架，极大地制约了实质意义上整体化目标的实现。

多重金钱给付义务分立并行的法律理论来源就是上文所述公私法划分和部门法责任分立的理论。但在更深层次，这是将法律责任与法律部门和法律程序绑定的结果。部门法融合、超越部门法、领域法都只是针对笼统地针对法律整体而言，② 实际上法律责任却从未突破三大部门法责任。法律程序同样如此，民、行、刑作为基本独立的三大单元只能衔接而不被允许"融为一体"。这种将法律责任依附于部门法实体法、认为不同部门法有自己独立责任类型的做法自始就存在理论解释力不足的风险。真正的理论应当是对事物本质和规律的认识，而所谓事物本质就

---

① 姚建宗：《中国语境中的法律实践概念》，《中国社会科学》2014年第6期。
② 参见梁文永《一场静悄悄的革命：从部门法学到领域法学》，《政法论丛》2017年第1期。

是事物的内在规定性即能够使一事物区别于其他事物的方面。法律上的事物本质"乃是规范对象之生活关系本身所被设定之秩序，由其存在本身可以得知其规范要素而受拘束之秩序"①。然而，民事、行政、刑事的划分却并不能揭示法律责任的本质。在责任形式上，从警告到剥夺政治权利，从拘留到死刑，我们无法将它们与某一特定部门法相对应；赔偿、罚款、罚金同样不具有部门法的专属性；消除危险、恢复原状、退货等责任方式也难以因部门法的划分而划清界限。② 它们或者都属于人身性质的责任或者都属于财产责任，抑或者都属于行为责任，但无法以部门法作为划分标准使得一种责任区别于另一种责任。这是因为法律责任的承受者是特定主体，而主体在实施法律行为时只涉及人身、财产和行为本身三个方面，责任主体承担法律责任的方式只有人身、财产和行为三种可能性。正因如此，历史上早已有法学家认识到"民法和刑法之间的不同，仅具有相对的性质……因而，不管是在刑事制裁和民事制裁之间存在有什么不同，但这两种情况下的社会技术却基本上是一样的"③。民事责任、行政责任、刑事责任三者之间的界限同样不是根本性的。④ 随着社会系统的日益复杂，"将具有统一价值目标的一个相对完整的法律体系，人为地分割在不同的法部门之中，不仅难以进行统一的法学研究，也难以与本法部门中的基本内容相协调，更主要的是它已经给司法实践带来了严重的思想混乱，使现实司法活动中法官难以进行综合的权衡"⑤。尤其对于社会公共利益的保护而言，针对同一保护对象的法律责任却被碎片化分割，导致责任承担和追责程序都显得冗杂乃至重复。现实中，罚款、罚金、民事赔偿、税费都表现为侵害公共利益的责任，当事人提出"重复追责"的抗辩完全符合其作为所有种类责任的唯一承担主体之事实。毕竟，一切责任的最终承担者只能是自然人，不同种类的责任对自然人而言都体现为责任重量或程度的心理感受，而且对于行为人而言所有金钱给付义务都是给付

---

① 陈清秀：《法理学》（修订二版），元照出版公司2018年版，第63页。
② 参见刘少军《法边际均衡论——经济法哲学》（修订版），中国政法大学出版社2017年版，第268—271页。
③ ［奥］凯尔森：《法与国家的一般理论》，沈宗灵译，中国大百科全书出版社1996年版，第55页。
④ 参见王云海《日本的刑事责任、民事责任、行政责任界限》，《人民检察》2017年第8期。
⑤ 刘少军：《法边际均衡论——经济法哲学》（修订版），中国政法大学出版社2017年版，第297页。

金钱，行为外观并没有任何不同，这种心理感受必然会在诉讼行为中表现出来。遗憾的是，将法律责任作为完整而独立的规范体系来看待，无论是在法理学中还是立法上都尚未成熟，环境法这一新兴学科即便有自成体系的倾向也"独木难支"。

法律程序作为实施法律责任的机制，并且正因为有专门的程序法，法律程序反而具有专属性，从而导致民事程序与民事责任绑定，刑事程序与刑事责任绑定，行政程序则因行政行为的不同而被贴上不同的标签，环境税费、行政罚款、代履行由于行政行为的外观不同而互不相干。所谓的领域法始终没有专门的责任法与程序法，同时也意味着所有的部门法在责任和程序上都无法统一而只能被"分割"。因此，尽管本书所说的生态环境损害金钱给付义务对于维护生态环境利益而言本身具有同质性与整体化的特征，却不得不因法律程序的分工和法律责任的分立而"分道扬镳"。归根结底，这是我们将法律本体、法律责任与它们的实施程序相混淆的结果。我们没有意识到，法律程序是由一连串的时空组成的，所谓不同法律程序只是同一空间被人为赋予了不同含义。"传统的法律解释学一般把它看作是为了实现权利、义务或法律关系的实质内容的手段和方法。同一实质问题可以采取不同程序；反之，同一程序也可以用于不同实质的问题。因此，程序并不与特定的实质内容固定在一起。"① 民事程序中的法律责任不必然是民事责任，刑事程序中的法律责任也不必然是刑事责任，行政程序中的法律责任也不必然是行政责任。

于是，功能主义被作为破除形式分割带来的碎片化、直接面向环境问题的解决的理论依据。前文已述及，功能本是事物的客观作用、影响，功能主义则是对事物功能的强调，其不具有固有的、实质的内涵，本身并非一种理论，各个领域都有自己的"功能主义"。例如，建筑学领域的功能主义指的是建筑物的设计应仅基于其目的和功能而非审美；国际关系中的功能主义指的是各国应当关注共同利益与需求而非仅关注自身利益；心理学领域的功能主义指的是心理状态不取决于事物的内部构造，而仅取决于其在认知系统中的功能或作用；刑法解释中功能主义的提出就是为了解决传统教义学解释在风险社会等复杂情形下与实践的冲突，"倘若将传统刑法解释论的特点归纳为逻辑性、形式性、封闭性与回溯性，那么，功能主

---

① 季卫东：《法律程序的意义——对中国法制建设的另一种思考》（增订版），中国法制出版社2012年版，第19页。

义的刑法解释论的特点便是目的导向性、实质性、回应性（或开放性）与后果取向性（前瞻性）"①。可见，功能主义有时并非对现实、客观功能的强调，而是对主观上所欲实现的功能及目的的强调，典型的观点如，"面对环境法基础理论研究的不足，为满足解决现实中环境问题的迫切需求，《民法典》将生态环境损害赔偿责任纳入其中，是功能主义立法观的直接体现"②。此种功能主义本质上是一种目的理性，是为了彰显与形式正义相对的实质正义，其与耶林的目的学说一脉相承。在耶林看来，目的是法律的全部创造者。③ 然而，这种直接将功能主义等同于目的主义的论述不仅忽视了功能主义自身的固有弊端，也存在滑向"法律工具主义"的危险。利益法学作为目的学说的体系化展开，大陆法国家法学方法论之主流的价值法学则是利益法学的"直接延续"。④ 但利益法学的缺陷在于将评价的客体与对客体的评价混为一谈，即将利益视为法的原因因素，也将利益当成价值、应然来理解，作为利益评价的标准而存在。⑤ 如果只是从结果导出事物存在的正当性，则犯了倒果为因的逻辑错误。只注重结果、不注重方法也可能会违反实质正义的初衷。⑥ 由于功能主义侧重于功能如何能够实现的机制但又不容易观察，导致对功能主义的强调更多的是偏向于与功能对应的结果或效果，在结果系由多种因素决定时，索果倒因的功能主义就有主观化的风险，已然与功利主义及工具主义混同。⑦ 工具主义层面的功能主义与部门法划分理论结合后反而走向形式主义：环境治理效果不彰、环境治理资金不足因而产生对补偿性工具和惩罚性工具的需求，但同时不能突破"一事不二罚"的法律原则，于是创设纯生态环境损害赔偿责任和惩罚性赔偿，由于我国"一事不二罚"只针对形式上名为"罚"的罚金、罚款，因而同时针对环境公益但名称不同

---

① 劳东燕：《功能主义的刑法解释》，中国人民大学出版社 2020 年版，第 108 页。
② 周峨春、吕靖文：《〈民法典〉中环境污染和生态破坏责任的内部逻辑与外部衔接》，《中州学刊》2021 年第 12 期。
③ ［美］埃德加·博登海默：《法理学：法律哲学与法律方法》，邓正来译，中国政法大学出版社 1999 年版，第 109 页。
④ 参见吴从周《概念法学、利益法学与价值法学：探索一部民法方法论的演变史》，中国法制出版社 2011 年版，第 416—417 页。
⑤ 参见劳东燕《功能主义的刑法解释》，中国人民大学出版社 2020 年版，第 182 页。
⑥ 参见魏东《刑法解释学的功能主义范式与学科定位》，《现代法学》2021 年第 5 期。
⑦ 参见沙涛《功能主义刑法解释论——立场、方法与运用》，博士学位论文，吉林大学，2021 年，第 22—25 页。

的生态环境损害金钱给付义务在我国便具有了并行适用的正当性。① 同样，我国税收法定也是在形式层面上而言的，具有税收性质但名为"费"的行政收费便具有实施的正当性，基于同样的道理，具有填补性质的"费"或曰具有收费性质的"赔偿"由于分属于不同部门法且名称不同也便具有了并行适用的正当性。目前对功能主义的滥用还存在一个问题，由于"现代社会被认为是一种功能划分的社会体系，而法律只是应对社会问题之一种而非要求它排除或终局地解决社会问题"②，将环境问题都归因于法律手段的不足就会导致手段的叠床架屋，突破手段与目的相称的原则，违反事物本身的内在逻辑。此外，预期功效与现实功效是不同的，二者总是存在偏差，现实功效总是受限于各种因素。如果因为现实功效不符合预期功效就断然否定理论的科学性，将实用主义和功能主义注重实效的理念理解为一切以实效论，反而可能走向非理性。因此，工具主义法律观存在着滥用的风险，我们需要对其进行限制，否则"不仅没有美国那种对工具主义法律观起到一定限制作用的法治传统，而且还残留着传统法律工具主义的危害"③。不同于目的论的功能主义，本书强调对生态环境损害金钱给付义务的运用首先要基于生态环境损害金钱给付义务以"货币"为标的所规定、制约的客观功能，在承认此客观现实的前提下融入理念与目的并据此设计相关法律制度，唯此方不违背事物规律，也才能避免以功能主义为名行恣意立法之实。

第二节 迈向整体化：分立困境化解的既有方案与突破

生态环境损害金钱给付义务的分立运行及其面临的困境已经被理论界和实务界所注意，并对此提出了一些化解的方案。这些方案不同程度上弥合了生态环境损害金钱给付义务之间的界限，缓解了分立运行的紧张状态。但是，由于分立的根源在于部门法划分和公私法划分，既有方案局限于这一部门法框架也就不可能从实质上、根本上化解困境。分立困境的化

---

① 参见朱志权、邓可祝《环境风险的规制模式——规范主义、功能主义抑或综合模式》，《中国地质大学学报》（社会科学版）2021 年第 6 期。

② 邓衍森、陈清秀、张嘉尹、李春福主编：《法理学》，元照出版公司 2020 年版，第 238 页。

③ 焦海博：《法律信仰的神话：美国工具主义法律观研究》，清华大学出版社 2017 年版，第 281 页。

解必须走整体化的路径，即跳出部门法的思维，以跨部门法或法际整合的思维将各生态环境损害金钱给付义务作为一个整体来看待。

一 程序衔接方案及其局限

程序衔接方案着眼于环境民事、行政、刑事法律程序本身的优劣利弊及其间的关系，意图通过安排程序之间的序位将各种生态环境损害金钱给付义务的实施衔接起来，进而消解多重金钱给付义务的矛盾与重复问题。程序衔接方案可以从两方面看，一是行政程序与民事程序的衔接；二是民事程序与刑事程序的衔接。关于前者，主流观点认为私法手段或由司法权保护公益有内在局限性，由行政权保护环境公益最具优势，应当以公法路径（行政救济）路径优先、私法路径（民事救济）为补充，具体有以下几种衔接方法：（1）从环境公益诉讼的理论局限性入手，认为环境公益民事诉讼与传统侵权法理论不容，导致案件救济方式受限、判决执行困难等问题，主张生态修复由行政机关通过代履行即代履行费用求偿机制实现，生态环境损害赔偿诉讼和环境公益诉讼仅在行政机关行使行政权受限或行政机关不行使行政权时启动；[①] 主张应当确立行政命令救济在应急性救济、生态环境修复和非金钱替代性修复方面的主导地位；[②] 主张政府是公共利益的当然规制者，应当将难以纳入国家所有范畴的自然资源或纯生态功能损害等归入行政救济范围，行政措施无法救济时，方可纳入环境公益诉讼保护范畴；[③] 主张行政机关在行政处罚中发现线索，应当及时启动赔偿诉讼。[④]（2）从国家权力分工出发，认为生态环境损害救济机制的衔接问题，本质上是行政权与司法权的优化配置问题，基于行政权的主动性、稳定性和预防性优势，司法救济应以穷尽行政救济为前提，[⑤] 而政府索赔先于行政执法则"构成了对自身职责的放弃，逾越了行政权与司法

[①] 参见刘静《论生态损害救济的模式选择》，《中国法学》2019年第5期；周勇飞、高利红《多元程序进路下环境公共利益司法体系的整合与型构》，《郑州大学学报》（哲学社会科学版）2020年第5期。
[②] 参见徐以祥《论生态环境损害的行政命令救济》，《政治与法律》2019年第9期。
[③] 参见李兴宇《生态环境损害赔偿诉讼的类型重塑——以所有权与监管权的区分为视角》，《行政法学研究》2021年第2期。
[④] 参见郝欣欣《生态环境损害赔偿制度发展研究——以生态环境损害赔偿与环境行政处罚关系为视角》，《自然资源情报》2022年第1期。
[⑤] 参见吕梦醒《生态环境损害多元救济机制之衔接研究》，《比较法研究》2021年第1期。

权在宪法秩序中的功能边界而具有违宪性"①；主张基于行政权与司法权优化适用与合理配置之考量，应当优先发挥行政权的主导作用，仅有在造成严重生态环境损害后果，且已穷尽各类行政执法方式（包括但不限于行政磋商、行政处罚、行政命令、行政强制）之情形下，"行政机关→环保组织→检察机关"的起诉顺位方可成立。② 循着程序衔接方案的逻辑可知，损害赔偿只在罚款、代履行费用不足以救济的情况下才应实施，损害赔偿与罚款不必然并行适用。

关于刑事程序与民事程序的衔接，学者普遍认为"先民后刑"或"民刑并行"更有利于生态环境及时修复，③ 司法实践中此种做法有增加趋势。例如昆明首例刑事诉讼引入生态环境损害赔偿案件中，④ 检察院决定在向法院提起公诉前引入生态环境损害赔偿的考虑是《昆明市生态环境损害赔偿制度改革实施方案》规定"赔偿义务人因同一生态环境损害行为需承担行政责任或刑事责任的，不影响其依法承担生态环境损害赔偿责任"，同时追究行为人的民事损害赔偿责任和刑事责任、行政责任是检察院法定职责，但是责任人可能在缴纳罚金后无力支付生态环境损害赔偿，因此将生态环境损害索赔程序置于刑事程序之前。相较于民事程序与行政程序的衔接，民刑之间只是先后关系，而不涉及取舍问题。

总体而言，程序衔接方案从法律程序上为行政处罚后罚款与损害赔偿的关系提供了解释路径，但其很明显还是立足于部门法划分、公私法划分，将法律程序与部门法绑定，导致程序衔接只是形式上的"缝合"，并且未将与金钱责任有着共同目的的环境税费纳入考量。具体而言，程序衔接方案在化解生态环境损害金钱给付义务分立困境上主要存在如下局限。

（1）任何政策工具都各有优劣，不同主体对规制手段优劣的认识不同，因而可能得出完全相反的观点，例如有学者认为，我国条块分割的环

---

① 陈海嵩：《生态环境治理现代化中的国家权力分工——宪法解释的视角》，《政法论丛》2021年第5期。

② 参见彭中遥《生态环境损害救济机制的体系化构建——以公私法协动为视角》，《北京社会科学》2021年第9期。

③ 参见魏汉涛《刑事制裁与生态环境修复有机衔接的路径》，《广西大学学报》（哲学社会科学版）2020年第5期；汪劲、马海桓《生态环境损害民刑诉讼衔接的顺位规则研究》，《南京工业大学学报》（社会科学版）2019年第1期。

④ 参见王玮《先赔偿生态环境损害后追究刑责好在哪儿？——深度剖析昆明首例刑事诉讼引入生态环境损害赔偿案件》，《中国环境报》2020年6月16日第8版。

境行政管理体制决定了当生态环境损害发生后采取行政处理模式并不是最佳选择，并且民事法律关系相对于行政法律关系有更多的灵活性。政府作为赔偿权利人，可以根据具体情形，先行对生态环境损害自主进行修复或委托第三方修复，进而就所产生的费用及其他损失向责任人追偿，因此认为，我国的生态环境损害救济制度采取损害赔偿模式更为适宜。①

（2）判断私法路径补充必要性的标准是"行政救济不足"，那么何者掌握此判断权以及如何判断便成为问题。事实上，行政救济或公法路径在目前来看似乎总是不足的，否则就不会形成当下"多管齐下"的局面。并且，"优先"意味着排斥。程序衔接方案认为，"违法行为人所承担行政责任或者刑事责任不足以抵消全部损害行为的，可以继续承担生态环境损害赔偿责任"，但同时又认为，"生态环境损害赔偿案件与环境行政处罚之间、环境刑事案件之间属于不同的法律关系，可以并行不悖"②，其言下之意就是，如果行政责任和刑事责任足以抵消全部损害行为就无须追究民事责任，在不突破部门法责任分立格局的情况下，这一路径可能存在逻辑矛盾。并且，环境法的救济路径之选择或衔接不应仅从救济必要性考虑，我国的司法还具有贯彻执行国家政策目标的职能，公检法司之间的关系也不能简单地用权力分立的理论去解释，它们相互协作、共同服务于国家政策目标的执行。

（3）程序衔接方案仍然将实体法本体与法律责任绑定、将法律责任与法律程序绑定，无法回应行政救济中与生态环境损害赔偿（包括生态修复费用）功能一致的金钱给付义务（代履行费用）与行政罚款的关系如何处理问题。尽管有学者已经认识到"刑事罚金、民事赔偿金和生态补偿款三者属性不同且本不相互关联，但是实际执行过程中却存在不小联系，甚至发生重叠效果"，但也只是"根据生态环境诉讼的发生顺序，在后顺位诉讼中合理考量前顺位诉讼中的责任承担方式"③。这种考量又将问题转为了法官自由裁量问题，存在后文所述自由裁量方案不可避免的局限性。

---

① 参见李晨光《生态环境损害救济模式探析——游走在公法与私法之间》，《南京大学法律评论》2017 年第 1 期。

② 郝欣欣：《生态环境损害赔偿制度发展研究——以生态环境损害赔偿与环境行政处罚关系为视角》，《自然资源情报》2022 年第 1 期。

③ 洪浩、程光：《生态环境保护修复责任制度体系化研究——以建立刑事制裁、民事赔偿与生态补偿衔接机制为视角》，《人民检察》2020 年第 21 期。

（4）无论民事优先还是刑事优先或行政优先都无法回应损害赔偿是否考量以及如何考量罚款或罚金的问题，而且程序衔接方案只是两两衔接而没有将民事程序、行政程序、刑事程序三者衔接，以至于行政处理优先、违法行为构成犯罪要移送至刑事程序、先民后刑、大量环境公益诉讼以行政违法或刑事犯罪作为证据这几种要求之间是互相冲突的，每种法律程序都有优先的理由。即便有"三审合一"的探索，但审理时依旧按照传统的民事、行政、刑事程序分别进行审理，并未针对环境法进行专门的实质性程序整合，① 无法回应生态环境损害金钱给付义务之间的关系问题。

二 自由裁量方案及其局限

自由裁量方案是指在确定某一金钱给付义务时，将其他金钱给付义务的履行情况作为裁量因素，以调节和平衡该金钱给付义务的最终数额。例如，在认定民事赔偿数额时将罚款、罚金等情节作为减轻或加重的裁量因素；在认定罚金、罚款时将民事赔偿情节作为裁量因素；② 在认定罚金时将罚款作为裁量因素。前文已经梳理部分司法案例，可见司法实务对此没有统一的认识和处理方式。③ 这主要还是因为法律对此没有明确规定，理论界也未达成共识。目前法律有明确规定的只有《刑法》第201条："经税务机关依法下达追缴通知后，补缴应纳税款，缴纳滞纳金，已经受行政处罚的，不予追究刑事责任。"学界将这种现象称为行政犯的行政前置，其理由主要在于，充分运用行政手段处理违反行政法律的行为是刑法谦抑性的要求。只有当行政处置后行为人仍然不思悔改，继续实施同类行为，即行政处置无效时，刑法才作为后备手段，补充行政手段的不足。④ 由于行政犯的刑事责任天然与行政责任存在勾连，并且法律中本就规定了罚款

---

① 参见陈海嵩《环境司法"三审合一"的检视与完善》，《中州学刊》2016年第4期。
② 《江苏省高级人民法院关于环境污染刑事案件的审理指南（一）》第15条规定："有下列情形之一的，可相应减少基准刑：……（三）积极修复生态环境；环境难以修复或修复无实际意义的情况下，已缴纳生态修复资金或者进行替代性修复，可减少基准刑的50%以下……"
③ 例如，行为人因使用渔网非法捕捞0.9公斤水产品被公安机关抓获，行为人被捕后认罪认罚认赔，并采取增殖放流措施恢复生态，但依然被判处自由刑和罚金刑。参见大方县人民法院〔2019〕黔0521刑初320号刑事判决书。在另一起案件中，行为人采用电鱼方式非法捕捞水产品16.5公斤，归案后认罪认罚认赔，最终仅被判处罚金刑。参见常熟市人民法院〔2018〕苏0581刑初1459号刑事判决书。
④ 参见赖早兴、董丽君《论行政犯立法中的行政前置》，《法学杂志》2021年第4期。

与罚金的折抵,在认定罚金时将罚款作为裁量因素本就没有障碍,这也导致行政犯的行政前置之理由对于其他自由裁量方案而言不具有普遍的解释力。按照部门法理论,"不法行为人承担了民事责任并不能免除其应负的其他责任而追究了不法行为人的其他责任也不能免除其应负的民事责任"①。民事责任与刑事责任的互相影响不符合民刑分立、公私不融、民事责任与刑事责任不可转换的传统法律原则,②同时也面临"以钱买刑"的道德诘问。③因此,自由裁量方案讨论的实际上是裁量的法律依据问题。在损害赔偿(不包括惩罚性赔偿)中考量刑事责任和行政责任要比在刑事责任和行政责任中考量损害赔偿少见,原因是损害赔偿的确定依据是可量化的损失,因而具有确定性,一般很难将政策因素植入其中。除了《最高人民法院关于审理环境民事公益诉讼案件适用法律若干问题的解释》(法释〔2015〕1号)第23条的规定:"生态环境修复费用难以确定或者确定具体数额所需鉴定费用明显过高的,人民法院可以结合污染环境、破坏生态的范围和程度、生态环境的稀缺性、生态环境恢复的难易程度、防治污染设备的运行成本、被告因侵害行为所获得的利益以及过错程度等因素,并可以参考负有环境保护监督管理职责的部门的意见、专家意见等,予以合理确定"可能具有解释空间,尚且没有法律依据,实务中的做法更是不一,对此亟须理论指导。关于损害赔偿作为罚款的裁量因素,行政处罚裁量因素中的"违法行为所造成的环境污染、生态破坏程度及社会影响""当事人改正违法行为的态度和所采取的改正措施及效果"可作为法律依据,以下将主要讨论损害赔偿作为罚金的裁量因素。

损害赔偿作为罚金的裁量因素大体上可分为两种情形探讨。

(1) 将主动赔偿即"认赔"与刑事量刑中的认罪认罚从宽④同等看待。例如,《关于推进生态环境损害赔偿制度改革若干具体问题的意见》(2020) 规定:"对积极参与生态环境损害赔偿磋商,并及时履行赔偿协

---

① 佟柔主编:《民法原理》(修订本),法律出版社1987年版,第43页。
② 参见杨忠民《刑事责任与民事责任不可转换——对一项司法解释的质疑》,《法学研究》2002年第4期。
③ 参见付小容《"赔钱减刑"价值研究》,人民出版社2018年版,第32—33页。
④ 2019年10月24日,最高人民法院、最高人民检察院等五部门印发的《关于适用认罪认罚从宽制度的指导意见》规定,"认罚"考察的重点是犯罪嫌疑人、被告人的悔罪态度和悔罪表现,应当结合退赃退赔、赔偿损失、赔礼道歉等因素来考量。

议、开展生态环境修复的赔偿义务人，赔偿权利人指定的部门或机构可将其履行赔偿责任的情况提供给相关行政机关，在作出行政处罚裁量时予以考虑，或提交司法机关，供其在案件审理时参考"；最高检《检察机关办理长江流域非法捕捞案件有关法律政策问题的解答》（高检办发〔2021〕1号）将生态环境修复义务承诺及履行情况作为量刑情节，对积极主动修复生态环境的被告人依法从宽处罚，实现惩治犯罪和修复生态相统一；《甘肃省生态环境损害调查实施办法（试行）》（2020）规定，"赔偿义务人承担生态环境损害赔偿责任不能免除法律、法规规定的造成生态环境损害违法行为应当承担的行政、其他民事、刑事法律责任。对积极参与生态环境损害赔偿磋商、积极履行生态环境损害赔偿协议的当事人，赔偿权利人指定的部门可以将协议履行情况提供给司法机关或行政管理部门，作为量罚参考或行政处罚裁量参考"。这是将赔偿作为酌定从宽情节减轻其刑事责任，以激励行为人履行可带来实际效益的财产责任，[①] 并且"可以有效节约司法资源"[②]。

(2) 不考虑主观状态，将民事赔偿作为客观事实，由法院自由裁量是否减轻处罚及减轻的程度。《刑法》第276条可看作此种规定："有前两款行为，尚未造成严重后果，在提起公诉前支付劳动者的劳动报酬，并依法承担相应赔偿责任的，可以减轻或者免除处罚。"但是，该规定的理论基础为何以及对于法律未予规定的领域是否适用，学界存在不同说法。"出罪说"认为损害赔偿阻却社会危害性这一犯罪构成要件的成立，[③] 或者在犯罪论体系中重新构造出"需罚性"这一要件，[④] 认为赔偿使较重或严重的犯罪情节变得"情节轻微不需要判处刑罚"，简而言之就是将"有罪不罚"中的"不罚"植入"无罪"的判断之中从而消解"有罪"与"不罚"的矛盾。这一说法由于违反"犯罪既遂"与"事后恢复"互为矛盾的形式逻辑而遭到抨击，抨击者进而提出"刑事责任熔断说"，该说认为刑法评价体系分为"罪→责→刑"三阶段，民事赔偿不影响犯罪成

---

① 参见高铭暄、张海梅《论赔偿损失对刑事责任的影响》，《现代法学》2014年第4期；杨红梅、涂永前《环境恢复性司法：模式借鉴与本土改造》，《国外社会科学》2021年第3期。

② 张辉：《论生态环境损害赔偿义务人"认赔"的刑事法律效用》，《现代法学》2021年第6期。

③ 参见储槐植、闫雨《"赎罪"——既遂后不出罪存在例外》，《检察日报》2014年8月12日第3版。

④ 参见姜涛《刑法中的犯罪合作模式及其适用范围》，《政治与法律》2018年第2期。

立但其使"实害结果不致发生或者将已经发生的实害结果在事实上予以弥补修复,此时原本按照犯罪论体系预设的'基准刑',失去了实际科处的实质根据,刑事责任从而得以'熔断'"①。但这一说法又因为采用了刑法学界已经废弃的刑事责任概念并且同时导致刑罚论虚化而遭到抨击,抨击者进而又提出"报应与预防必要性的缺失说",该说认为,"有罪不罚"的理论依据在于报应需求的消失或降低、特殊预防的必要性不大(主动赔偿说明罪犯有悔罪心理因而再犯可能性不大)。②此说避免了前两种说法的逻辑矛盾,但报应需求对于环境司法而言讨论空间不大,因为其假定前提是将赔偿权利人或生态环境归于广义被害人的范畴,但这毕竟与现实不符,因此其从根源上就正当性不足;而特殊预防必要性讨论的实际上就是"认赔认罪认罚从宽",对于行为人并非主动赔偿而系被动执行甚至强制执行没有回应。

总体而言,自由裁量方案认识到了刑罚与民事赔偿并无严格界限,③意识到"刑、民、行政之间的区别绝不是黑白界限分明,其间可以存在灰色领域,民刑区别的条件也依国家和时代各异"④。这在一定程度上打破了部门法责任分立导致的司法难题。但是,自由裁量局限于个案裁判而非从具有普遍解释力的理论上突破部门法划分、公私法划分的思维定性,将生态环境损害金钱给付义务关系的处理交给执法者或司法机关的自由裁量,不仅导致在缺乏法律依据和理论依据的同时又造成处理模式缺乏统一而精确的标准,而且自由裁量方案也完全没有认识到环境税费与法律责任也有联系从而导致这一方案无法全面、系统回应生态环境损害金钱给付义务分立的困境。具体而言,自由裁量方案主要存在如下局限:(1)对"认赔认罪认罚从宽"的讨论只能适用于行为人主动赔偿的情形,对于被动执行的情形则无从适用;对"恢复性司法"或"法益恢复"只能适用于经济型犯罪等法益可恢复型犯罪,⑤而法益不可恢复但行为人依

---

① 庄绪龙:《"法益恢复"刑法评价的模式比较》,《环球法律评论》2021年第5期。
② 参见刘科《"法益恢复现象":适用范围、法理依据与体系地位辨析》,《法学家》2021年第4期。
③ 参见[日]高桥则夫《规范论和刑法解释论》,戴波、李世阳译,中国人民大学出版社2011年版,第23页。
④ [日]田中英夫、竹内昭夫:《私人在法实现中的作用》,李薇译,法律出版社2006年版,第156页。
⑤ 参见庄绪龙《论经济犯罪的"条件性出罪机制"——以犯罪的重新分类为视角》,《政治与法律》2011年第1期。

然承担了民事赔偿的情形则仍然缺乏裁量依据,而生态环境损害恰恰不可恢复的居多。(2) 自由裁量方案把所有民事责任和刑事责任的承担形式混杂在一起,没有将罚金(款)从人身责任、行为责任中区分开来,肯定民刑责任可以相互转换的观点没有说明是否非同类责任也可以相互转换,而否定民刑责任可以转换的观点也没有说明是否同类责任也不可相互转换。正如前文所言,在所有责任形式中,金钱给付是唯一贯通所有部门法责任的责任形式,其与环境税费一同构成环境行为人的法律"代价"。自由裁量方案既然已经认识到刑事不法和民事不法的界分在区分时更多是一个程度问题,对于罚金(款)与民事赔偿而言更是程度问题,既如此为何不是法定折抵而是依赖于法官的自由裁量?(3) 自由裁量固然有灵活的优势,但这也正是自由裁量的弊端所在,[1] 更何况民事赔偿作为罚款的裁量因素以及罚金(款)作为民事赔偿的裁量因素均缺乏裁量依据,甚至有违反"罪刑法定"这一基本刑事法律原则的风险,环境税费更加没有司法和理论予以回应。正如有学者早已提出的质疑,赔偿被害人因犯罪行为所遭受的物质损失,是被告人应尽的法定义务,应当无条件地履行,不能作为从轻处罚的一个情形,否则是对刑事处罚与民事赔偿关系的误解,严重损害了法律的权威性和严肃性。[2]

三 功能并合方案及其局限

功能并合方案是指将生态环境损害金钱给付义务根据功能分类,不同功能的生态环境损害金钱给付义务可以并行适用,同种功能的生态环境损害金钱给付义务不能并行适用。由于对"同种功能"的理解存在差异,并合的强度也不同。

低度的功能并合基本遵循传统部门法对各个生态环境损害金钱给付义务的功能定位,认为惩罚性责任之间不能重复评价即"一事不再罚",填补性责任之间也不能重复评价,但惩罚性与填补性责任之间可以重复评价。例如,有学者认为,行政处罚都属于惩罚性质,但以损失或资源价值为倍率基数的罚款属于填补性责任,因为其已覆盖生态修复费用,因此主张"行政机关在行政处罚中已经附带了承担生态环境修复责任,则检察

---

[1] 参见黎其武《量刑公正论》,法律出版社2011年版,第171—172页。
[2] 参见陈纯柱、樊锐《"先民后刑"模式的正当性与量刑研究》,《中国政法大学学报》2012年第2期。

机关诉讼请求中应当去掉此项诉讼请求,只能提出额外的惩罚性赔偿责任"①。关于惩罚性赔偿也有不少学者提出不应与罚金、罚款叠加使用,②认为惩罚性赔偿与行政处罚处理的是"同一范围、同一危害程度的问题,功能完全重叠"③。此外,一般认为,刑事责任中的生态恢复性措施、行政责任中的限期治理等环境修复措施和民事责任中的生态修复责任性质相同但力度可能不同,自然不应完全叠加适用。④

中度的功能并合认为,各种生态环境损害金钱给付义务没有质的差异而只有量的区别,它们之间不是非此即彼的选择关系而是加总补充关系。从惩罚功能而言,民事责任也具有惩罚和预防功能,罚金、赔偿经济损失和生态修复都属于经济性制裁,同时判处双重或多重经济制裁加重了被告人的经济负担,有失公正,因此主张罚金刑、赔偿经济损失和生态修复措施不宜同时宣判。⑤从补偿功能看,罚款(金)也具有补偿功能,但作为公益损害填补的罚款必须用于公益目的。⑥"以行政罚款手段收缴的资金直接或者间接用于公共利益损失的弥补,可以防止资金去向违背补偿公共利益损失的目标。"⑦因此,学者主张由政府对违法者课以相当于或者超过公共利益损失的罚款,并将罚款用于生态环境修复,从而实现补偿公共利益损失的目标与破坏公共秩序的惩戒目标相统一。⑧同样,有学者针对罚金提出"生态恢复性司法措施中货币性措施应归入附加刑中的罚金刑,且专款专用于生态环境工作",同时"取缔生态恢复性

---

① 孙永上、李猛:《环境公益损害:刑事、民事、行政责任如何界分》,《检察日报》2020年11月20日第3版。

② 参见王冲《〈民法典〉环境侵权惩罚性赔偿制度之审视与规制》,《重庆大学学报》(社会科学版)2023年第5期。

③ 赵鹏:《惩罚性赔偿的行政法反思》,《法学研究》2019年第1期。

④ 参见刘超《环境修复审视下我国环境法律责任形式之利弊检讨——基于条文解析与判例研读》,《中国地质大学学报》(社会科学版)2016年第2期;吕忠梅、窦海阳《修复生态环境责任的实证解析》,《法学研究》2017年第3期;李挚萍《生态环境修复责任法律性质辨析》,《中国地质大学学报》(社会科学版)2018年第2期。

⑤ 参见蒋兰香《生态修复的刑事判决样态研究》,《政治与法律》2018年第5期。

⑥ 参见陈太清《罚款的补偿性研究》,博士学位论文,南京大学,2011年,第152页。

⑦ 陈太清:《行政罚款与环境损害救济——基于环境法律保障乏力的反思》,《行政法学研究》2012年第3期。

⑧ 参见刘长兴《论行政罚款的补偿性——基于环境违法事件的视角》,《行政法学研究》2020年第2期。

司法措施中货币性措施"①。更进一步而言，惩罚、预防、补偿是每一种法律责任都具有的功能，赔偿、罚款、罚金等责任形式则是实现上述功能的手段，只是它们在功能上有所侧重而已。② 民事责任作为行政责任和刑事责任的威慑补充，"民事赔偿和刑事罚金等责任方式，除了与罚款有量的差异外，并无本质区别。三者都是通过财产责任的设置来预防违法行为的社会风险。故在威慑意义上，违法行为的'价格'可以加总处理"③。同样基于此种思想，有学者主张对生态环境领域的多重责任进行比例审查，"刑事、行政与生态环境损害赔偿责任虽在性质、功能上有异，但因存在重复计算环境修复费用的风险，使累积起来的总和责任有可能过度。为此，基于生态环境损害赔偿责任的补充性，政府在后续索赔中只能就不足额的部分主张环境修复费用"④。

高度的功能并合是从各种环境救济手段的环境公益保护功能角度而言，认为环境民事公益诉讼（包括生态环境损害赔偿诉讼）的性质是公法而非私法，进而认为现有的民事赔偿与行政手段是重合、择一的关系。其理由在于，环境公益诉讼"源于行政执法在公益救济方面的内在缺陷，具体分为执法动力不足和损害填补责任缺失两方面"⑤。"纯粹的环境公益诉讼的属性应该为环境法执法之诉，从而证明环境公益诉讼的性质应该为行政公益诉讼而非民事公益诉讼。"⑥ 基于此，有学者认为，我国环境民事公益诉讼中的民事责任属性是行政责任而非司法实践和学术界普遍认为的民事责任，生态损害赔偿与行政处罚在功能上具有一定程度的重合性，⑦ 因此被告在环境民事公益诉讼中承担的行政责任与此前承担的行政责任或刑事责任等公法责任之间必然产生冲突而构成重复责任，因而主张民事责任中的财产责任同行政罚款相折抵、追究刑事责任后慎用环境民事

---

① 宁清同、南靖杰：《生态修复责任之多元法律性质探析》，《广西社会科学》2019年第12期。
② 参见陈太清《行政罚款与环境损害救济——基于环境法律保障乏力的反思》，《行政法学研究》2012年第3期。
③ 谭冰霖：《行政罚款设定的威慑逻辑及其体系化》，《环球法律评论》2021年第2期。
④ 曾娜、吴满昌：《生态环境损害赔偿中的多重责任之比例审查探讨》，《武汉理工大学学报》（社会科学版）2019年第1期。
⑤ 巩固：《环境民事公益诉讼性质定位省思》，《法学研究》2019年第3期。
⑥ 辛帅：《论民事救济手段在环境保护当中的局限》，博士学位论文，中国海洋大学，2014年，第12页。
⑦ 参见朱炳成、于文轩《生态损害赔偿与行政处罚的衔接》，《中华环境》2018年第6期。

公益诉讼。① 此种并合路径尤其体现于关于刑事附带民事公益诉讼的讨论中。有学者从责任属性上旗帜鲜明地对刑事附带民事公益诉讼制度进行质疑,认为刑事公诉和民事公益诉讼在维护公共利益方面的制度构建具有竞合性、交叉性、重合性,"如果一个侵害公共利益的不法行为已经被提起刑事诉讼要求追究其刑事责任,表明该不法行为已经没有无人追究责任致使放纵不法之虞,该不法行为可能遭到比民事制裁更严厉的刑事制裁。在这种情况下,可以认为民事公益诉讼的目的与任务已被刑事诉讼所吸收和涵盖,自无必要在已经提起刑事诉讼的情形下再行提起民事公益诉讼"②。

总体而言,功能并合方案进一步突破了部门法分立和公私划分带来的形式桎梏,尤其是高度的功能并合方案主张从实质上判断某一金钱给付的公私法属性。但是这本质上没有突破公私法划分的思维,导致这种并合走向了另一极端,即认为同属公法属性或私法属性的法律责任绝对不能叠加,导致现实中的金钱责任可能满足了在形式上正当但却不足以救济环境利益。例如,基于环境民事公益诉讼具有公法属性,从而认为环境损害赔偿不能与其他公法责任重复适用,但择一适用却又导致金钱给付的金额不足以弥补环境损害,也不足以起到震慑违法行为人的效果。而且,整体上对功能的认识尤其是对环境税费、罚款、罚金的功能认识停留于主观层面,没有认识到生态环境损害金钱给付义务在实践中的客观功能,这就导致从不同的功能定位出发得出不同的功能并合方案,而由于各生态环境损害金钱给付义务的"同质性"就蕴含在它们的客观功能之中,导致从主观功能定位出发的功能并合方案无法观照全局。具体而言,功能并合主要存在如下局限。

(1) 低度并合路径尽管试图将金钱给付义务的功能与部门法剥离开来,但对"填补性功能""惩罚性功能"的判断则流于表面、偏向主观,进入实践中仍然不具可操作性,并且仍然未清除前文所述功能主义和实用主义隐含的风险。而"一事不再罚"在外国仅适用于刑罚和行政处罚,其他生态环境损害金钱给付义务则不涉及。在不改变部门法责任分立格局的情况下,主张运用"过罚相当"原则对分属于不同部门

---

① 参见龚学德《论公法制裁后环境民事公益诉讼中的重复责任》,《行政法学研究》2019年第5期。

② 程龙:《刑事附带民事公益诉讼之否定》,《北方法学》2018年第6期。

法的金钱给付义务之间的比例进行限制,① 其法律和理论依据不足。即便以计算方式是否挂钩损失为判断依据,也无法说明此问题,因为损失仅是一个计算基数或曰锚点,承担了以损失为计算基数的罚款也仍然不会免除损害赔偿。

(2) 中度并合路径极大突破了传统部门法理论,创造性地认识到法律责任的"同质不同量性""可加总性""成比例性",遗憾的是,它们仍然是立足于同种功能如威慑或补偿而言,威慑与补偿之间在法律责任上可否"加总"? 又如何判断"总和"是否过度? 此外,如果将加总的前提建立在改变罚款或罚金的用途上,其隐含之意就是目前各种生态环境损害金钱给付义务用途不一因而可以并用,用途一样因而不能并用,② 而其理论风险也正在于此。实际上,如果承认环境公益诉讼适用环境侵权诉讼机制的正当性,那么"被侵权人"是国家还是社会公众实质上并无多大区别,资金归属于国库还是法院最终都是"用之于民",完全可经由预算机制实现,更何况目前损害赔偿金的主流也是交由同级国库通过预算划拨方式使用。因此,若从这一层面考量,那么维护环境公益的法律手段之间均具有"同质性",这种区分对于衡量手段的有效性而言并无影响,环境修复费用、惩罚性赔偿或罚款、罚金的绝对数额只能衡量损害是否得以填补或者是否符合法律规定,并不能衡量威慑是否已经足够,后者必须结合行为人的具体情况来看。除非单个法律手段能够实现"最适威慑",否则多重手段并用对于实现惩罚和预防的目的而言无所谓"重复"之说。因此,以资金归属和用途视角考察此问题尚无法揭露问题本质。而且,既然已经意识到生态环境损害金钱给付义务都应当用于环境因而不应重复适用,那么同样针对环境行为、保护环境公益乃至以负外部性为计算依据的环境税费却未被纳入功能并合方案,无法系统性回应税、费、罚、赔之间的关系问题。

(3) 高度并合的路径的逻辑在于,行政法是公共利益的天然保护法,用法律手段保护环境的社会事实早于"环境法"概念以及"环境法学"的出现,而行政法是绝对的公法,因此,环境法必然且只能是公法。但

---

① 参见李华琪、潘云志《环境民事公益诉讼中惩罚性赔偿的适用问题研究》,《法律适用》2020年第23期。

② 参见王利明《〈民法典〉中环境污染和生态破坏责任的亮点》,《广东社会科学》2021年第1期。

是，正如前文所言，应对环境问题是整个法律体系共同承担的时代课题，应该用实践解释概念的发展而不是相反。① 黑克认为，学术研究首先要确定规范并在必要时予以补充，然后才是进行总结。从法律概念到法律体系是对已获得的认识的总结而非原因性的研究，即是归纳的而非演绎的。根据既有的和补充的法律规范总结而得的概念无法用以解释和补充新的法律规范。② 不同责任所对应的公法和私法框架仍然属于形式层面，环境公益诉讼的公法属性并不意味着民事赔偿与行政罚款在量的层面上必然重复，假如行政机关不同诉讼程序责任归并到一个程序中，尽管效果一样但上述结论却不再成立。即便把所有责任置入所谓的公法之中，仍然会有补偿受损利益的需求，也依然会有威慑的需求，刑事赔偿制度就是例证。③ 在这种制度中，公法与私法的区分并不重要，关键是无论何种定位，生态修复都需要资金来源，此资金来源可以是损害赔偿，也可以是环境税费或罚款、罚金，至于索求此种资金的法律程序的性质为何并不影响资金的存在与否。也就是说，公法定位的路径仅具有形式意义，违法行为人最终所承担的金钱给付义务并未受影响。并且，程序有其独立价值，不同法律程序在程序效率、证据规则、教育效果等方面各有优势，可以将结果控制转化为程序控制，将保护环境公益的任务交由一种法律程序处理可能会加大结果不公平乃至错误的风险。正如有学者所言，"如果仅仅借助刑事法律程序打击被告人的犯罪行为，却不重视由刑事加害行为导致的公益损失，这将诱发责任承担分配不均的风险"④。

四 整体化方案的提出：一种突破既有方案的主张

整体化是指将原本分散的事物通过某种方式使其位于同一体系下，从而形成一个整体。生态环境损害金钱给付义务的整体化是针对其分立的现象而言，主张立足于环境法领域法的特质，通过跨部门法或者说法际整合的思路突破既有各生态环境损害金钱给付义务附属于部门法从而相互分立的格局，与既有方案立足于部门法划分、公私法划分的思路不同。生态环

---

① 参见孙正聿《哲学：思想的前提批判》，中国社会科学出版社2016年版，第58页。
② 参见［德］菲利普·黑克《利益法学》，傅广宇译，商务印书馆2016年版，第44页。
③ 参见埃米利·希弗曼《美国的刑事赔偿制度》（下），刘孝敏译，《刑法论丛》2007年第1期。
④ 参见苏和生、沈定成《刑事附带民事公益诉讼的本质厘清、功能定位与障碍消除》，《学术探索》2020年第9期。

境损害金钱给付义务的整体化主张将生态环境损害金钱给付义务作为以货币为共同标的的整体来看待,各种生态环境损害金钱给付义务之间互相联系。也就是说,不是只有第二性义务之间有联系,也不是只有惩罚性责任之间或填补性责任之间有联系,更不是只有同一部门法的金钱给付义务才有联系,而是主张第一性义务与第二性义务也有联系,惩罚性给付与填补性给付也有联系,跨部门法的金钱给付义务也有联系。生态环境税费与金钱责任、惩罚性给付与填补性给付的区隔是人为造成的,而非必然如此。整个生态环境给付义务是环境保护工具箱中以金钱给付义务为内容的工具,手段的使用应以环境公益保护的"必要"为限度。分立并行的做法是将整个环境问题的解决作为金钱给付义务的目的,即如果环境问题没有改善,那么说明手段还需增加(包括量的增加),如果环境违法行为依然存在,那就说明违法成本不够大,这也是目前分立运行格局的深层逻辑。但此逻辑忽略了环境问题的解决并非法律这一种手段所能完成,法律手段只能根据其自身逻辑设计制度,法律手段种类的增加与量的增加亦必须依其逻辑。如果某一金钱给付义务足以实现保护目的,那么其他金钱给付义务就不应也无须根据部门法责任分立理论叠加使用;而如果某一金钱给付义务不足以实现保护目的,那么其他金钱给付义务就应当也有必要进行补充,而非受制于公法或私法的标签。

  前文已述,生态环境损害金钱给付义务分立的格局之所以形成,首先就是源于法律体系杂糅导致的对部门法划分的固守,在缺乏有效理论工具予以突破的情况下,部门法分立思维难以打破。各种金钱给付义务附着于行政责任、刑事责任、民事责任,其独立功能被遮蔽,各种金钱给付义务之间的内在关联被人为割裂,从而忽略了生态环境损害金钱给付义务自成一体。尤其是,尽管环境保护税费也受到损害担责原则的统领,但鲜有人将环境保护税费与刑事、行政、民事这三大部门法责任联系起来。虽然各种生态环境损害金钱给付义务都受到环境法上损害担责原则或污染者负担原则的统治,但损害担责只能在理念上统摄各金钱给付义务,无法在实质上提供一个整体化的容器。既有方案虽然都试图"弥合"生态环境损害金钱给付义务之间的缝隙,但由于没有触及问题根源而无法根本上化解分立困境。整体化的目标就是使各生态环境损害金钱给付义务位于一个体系之中,跨越部门法的形式桎梏,从实质上进行法际整合。由此来看,整体化方案也是一种体系化思维,并且属于内部体系化。在法学中,体系化是一种思维方法，也是一种目标。所谓体系就是"把既存之各色各样的知识或概念，依据一个统一的原则安在一个经由枝分并且在逻辑上相互关联在一起的理论构架中"①。简言之，"体系化的任务就是将任何时点已经获得之知识的全部，以整体的方式把它表现出来，将整体中的各个部分用逻辑联系起来"②。体系化的价值在于法秩序的实现，而保持法律规则的和谐与一致性是法律所必需的。③ 总的来说，法学中的体系有两种形式：一种是外部体系即抽象概念式的体系，乃依据形式逻辑的规则建构；④ 一种是内部体系，乃依据"开放的原则"及其具体化、类型化而建构，此体系中的概念不是抽象的而是功能性的、价值导向的、为特定调整目的而服务的。⑤ 外部体系由于其封闭性、形式化而受到越来越多的质疑。⑥ 当前，将生态环境损害赔偿涵射于民事责任，进而适用"民事主体因同一行为应当承担民事责任、行政责任和刑事责任的，承担行政责任或者刑事责任不影响承担民事责任"的规定，就是典型的外部体系性思考。再如，将行政责任、刑事责任涵射于公法，进而适用公法责任与私法责任分立的法律原则，也是在外部体系中思考的例子。此种外部体系在形式上看似互不冲突，但却没有追溯诸如"民事责任""公法责任"等相关概念的原初功能与目的。在生态环境这一新事物出现后，产生于特定历史条件和情境的概念体系是否仍然适用，目前缺乏理论予以系统性回应。由此来看，体系

---

① 黄茂荣：《法学方法与现代民法》，中国政法大学出版社2001年版，第427页。"体系"（System）一词的最初含义是指在宗教寺院内安设梁柱等建筑上的基本作业，后指全体与部分的关系或所有种类的组合物。参见顾祝轩《体系概念史：欧陆民法典编纂何以可能》，法律出版社2019年版，第11页。尽管"体系化"经常伴随"法典化"出现，法典化是法律体系化的典型方式，但体系化却并非为欧陆法典化模式所独有。英美法系的体系化体现为多元法律规则间强逻辑性，而美国的法律重述更是其系统化阐述美国普通法的体现。就民事立法来说，"美国民事立法的体系化不同于大陆法系民事立法法典化，在大陆法系，与美国类似的民事法律关系要被综合性地规定在一部法典中，而美国则是由多元化的法律表现形式的规范构成体系化、开放式的民法体系"。参见杨铁军《论英美法系民事立法体系化观念及对当代中国民事立法的影响》，《外国法制史研究》2016年卷。
② 梁迎修：《方法论视野中的法律体系与体系思维》，《政法论坛》2008年第1期。
③ 参见［德］卡尔·拉伦茨《法学方法论》（全本·第六版），黄家镇译，商务印书馆2020年版，第219页。
④ 参见［德］卡尔·拉伦茨《法学方法论》，陈爱娥译，商务印书馆2003年版，第316页。
⑤ 参见［德］卡尔·拉伦茨《法学方法论》，陈爱娥译，商务印书馆2003年版，第348—362页。
⑥ 参见［德］卡尔·拉伦茨《法学方法论》，陈爱娥译，商务印书馆2003年版，第317页。

化的难点就在于找到体系化的"逻辑",这一"逻辑"就是体系化实现的"容器"。以抽象概念为逻辑的外部体系化是一种形式逻辑,如果其不建立在事物内在逻辑一致性(即内部体系化)的基础上,就容易落入"非此即彼"的"择一式思维"①。当然,这种"观念性"的统一并非纯粹主观意识,而是对事物内在联系而非外在联系的理性思考与辨识。② 外部体系化不可能完成体系化的目标。既有方案未能跳脱公法、私法、民事、行政、刑事的概念桎梏,即便已经有不少学者跨越这些界限认识到各类金钱给付义务存在共性,但也只是局限于对传统环境法律责任即罚金、罚款、民事赔偿(包括惩罚性赔偿)的探讨,环境保护税费被视为单纯的法律义务而无法融入。可以说,既有方案本身也是对体系化目标的追求,但又未能找到这一"体系",无法跨越生态环境税费与金钱责任、惩罚性给付与填补性给付之间的界限使其成为一个整体。

总之,生态环境损害金钱给付义务的整体化主张生态环境损害金钱给付义务作为环境保护工具的一种,其使用不应走向过度和不足两个极端:既不能因分属不同部门法或公私法而形式化地叠加使用,导致单看某一个金钱给付义务均符合法律规定但叠加之后却有重复之处;也不能因同属某一部门法或公私法就否定并行适用,导致金钱给付义务在形式上符合理论推演但实质上却不满足其救济环境利益的目的。生态环境损害金钱给付义务的整体化方案既不是程序衔接方案中的程序串联,又不是功能并合方案中的"合二为一",也不同于自由裁量方案中的完全自由裁量,而是回溯到法律概念的功能、目的,对实体法本体、法律责任、法律程序的相互绑定进行解构之后重新进行整体化建构,使得生态环境损害金钱给付义务之间的同质性得以显现,同时发挥多元法律程序的自身意义和秩序价值,③ 从而在整体化的框架中发挥其规范性功能。

---

① [德] 卡尔·拉伦茨:《法学方法论》(全本·第六版),黄家镇译,商务印书馆2020年版,第452—569页。

② 参见王元化《读黑格尔》,上海书店出版社2019年版,第50页。

③ 程序的秩序价值主要是指通过可预测、理性的决定过程来维持某种关系的稳定性、结构的一致性、行为的规范性、进程的连续性、事件的可预测性。秩序是与无序相对的。人类最初的程序是用来防止暴力冲突,维护社会秩序的。无序意味着关系的稳定性和结构的一致性模糊和消失了,行为的规范性、进程的连续性被打破了,事件的发生具有不可预测性和偶然性,人们对社会没有安全感和信心,因而也就没有秩序。参见公丕祥主编《法理学》(第二版),复旦大学出版社2008年版,第173页。

第三章　生态环境损害金钱给付义务整体化的理论证成

生态环境损害金钱给付义务的整体化不同于传统部门法划分或公私法划分的思维，其关键是找到之所以使各个生态环境损害金钱给付义务成为一个整体的逻辑和根据。从哲学层面来看，整体的特征是同质性，即每一个整体的组成部分性质相同。而"当一个人探究某客体的性质的时候，他可能会追问这两个可能问题中的一个。他可能会问客体的身份——是什么使得这个事物是其所是？或者他会问客体身份的必然含义问题——从它是某事物而不是其他事物这个事实可以（或者能）推导出什么？"[①] 即"是什么"和"意味着什么"。此外，由于金钱给付义务的标的是货币，货币的归属不同，金钱给付义务也无法成为一个整体。目前，阻碍生态环境损害金钱给付义务整体化的一大认知障碍就是各生态环境损害金钱给付的归属和用途不同，认为金钱给付流向国库用于一般预算就意味着金钱给付的履行利益归属于国家，而直接用于生态修复则意味着履行利益归属于社会。如同行为人对私益损害承担责任的同时还需对公益损害承担责任，目前的认知认为行为人对社会承担责任的同时还需对国家承担责任。因此，生态环境损害金钱给付义务能否整体化就需要证明生态环境损害金钱给付义务的事物来源或曰存在的根据相同，并且生态环境损害金钱给付义务的归属也相同。

---

① ［美］斯科特·夏皮罗：《合法性》，郑玉双、刘叶深译，中国法制出版社2016年版，第13页。

第一节　生态环境损害金钱给付义务的根据同源

义务的根据就是义务的来源或者原因。如果生态环境损害金钱给付义务具有一致性根据，使得各个生态环境损害金钱给付义务"是其所是"的事物具有同源性，彼此之间自然也就不存在质的区别。这样，不同法律部门对同一法律行为基于同一根据进行评价，唯因评价的进入时间不同，后面的评价与前面的评价就必然存在内在联系。义务的根据可以从形式层面和实质层面两个方面来看。形式层面的义务根据是指基于某个法律规则而课予此义务，前文所说的基于法律责任的金钱给付和基于法定义务的金钱给付就是从这一层面阐述的。实质的义务根据是指基于某个原理或价值、原则等而课予此义务。法律作为一门社会科学，法律规则源于对社会活动规律以及人类行为经验的总结，其背后的逻辑本身并非法律。也就是说，实质的义务根据不应当在法律内部体系寻找，而应当在法律以外的社会现实中探求，否则就有可能犯循环解释的逻辑错误。经济学是本书用以解释生态环境损害金钱给付义务的视角。因为环境法处理的是超越个人、整体层次上的问题，这与经济学中的核心概念——社会价值极度契合，并且宏观经济学就是由社会整体的角度处理资源运用的问题。[①] 同时，经济学关注行为以及行为动机，这与环境法的目的——诱导良好环境行为也高度契合，对于认识、评估生态环境损害金钱给付义务极具指导意义。

一　生态环境损害金钱给付义务的共同来源：外部性

外部性作为经济学而非法学领域的核心概念自是不必多言，但不容否认的是，这一概念已经引起经济法学、环境法学以及法律经济学领域学者们的关注。尽管如此，当经济学概念进入法学场域，仍不免产生概念对接的嫌隙，如何运用法学语言去描绘和解构经济学概念依旧任重道远。基于此，在社科法学研究方法在法学研究中日趋重要的当下，学界固然要重视其他学科核心概念的引介，但更重要的是要与法学核心概念实现有机对接。实事求是地说，经济学与法学作为研究社会规律的两种科学，前者以计量为其主导特征，法学则以定性为主要特色。或因如此，在面对纷繁复

---

① 参见熊秉元《正义的效益——一场法学与经济学的思辨之旅》，东方出版社2016年版，第23—24页。

杂的社会问题时，传统法学时常有心无力，仅能给出自身的价值判断，而难以运用定量方法解决日趋精细的社会问题。故而，综合运用各种社会科学研究方法的社科法学较之于教义法学在应对复杂社会问题时更具生命力。不过也必须强调的是，社科法学终归还是法学，只不过在研究方法、概念工具上打破了传统教义法学的单一进路，并且在价值判断上仍需服膺于传统法学所确立的价值原则。故而，当经济学概念进入法学领域，既要重视经济学概念对法学研究视域的拓展功能，更要时刻提防经济学概念对法学主导价值理念的颠覆，以免法学沦为经济学帝国的附庸。如此一来，研究经济法概念在法学中的投射问题也就格外迫切，这既是社科法学研究方法的应有之义，也是增强法学解决社会问题的必然归宿，更是纷繁复杂社会问题对学科融合的时代呼唤。

经济学中的"外部性"（externalities）指的是向他人施加不被感知的成本或效益，或者说是行为影响未在价格中体现出来的一种现象。[①] 其中，"对受影响者有利的外部影响被称为外部经济，或称为正外部性；对受影响者不利的外部影响被称为外部不经济，或称为负外部性"[②]。经济学中的外部性并非只是一种事物的"属性"，而是客观成本即外部成本，即"那些无法通过市场交易为它付费的收益或无法通过市场交易获得补偿的损失"[③]。"某种产品的生产或者消费会使生产者或者消费者以外的社会成员遭受损失，而他们却无法为此得到补偿，这就是成本的外部化。"[④] 具言之，外部性至少涉及两个层面的问题：其一是指那些不能够被人们直观看到但是确实又客观存在的成本或者效益，比如盗窃这种行为带来的社会恐慌成本；其二是指那些能够被人们直接观察或者感知到并且客观存在的成本或者效益，比如蜜蜂主人的邻居因为蜜蜂采蜜而获得的效益。所谓成本或效益未在价格中体现出来就是指创造正外部性者或遭受负外部性者没有受到补偿。诚然，这一经济学概念在公共经济学等领域有着广泛效用，以至于被人们用来概括公共产品的属性。但是，不容否认的是，外部性和私人产品同样存在关联，公共产品只是人们对具有一定的非竞争性、非排他性、效益不可分割性的社会产品的指称，当某一私人产品

[①] 参见[美]保罗·萨缪尔森、[美]威廉·诺德豪斯《经济学》（上册）（第十九版），萧琛等译，商务印书馆2012年版，第453页。
[②] 厉以宁、章铮：《环境经济学》，中国计划出版社1995年版，第6页。
[③] 黄恒学主编：《公共经济学》，北京大学出版社2002年版，第100页。
[④] 樊勇明、杜莉编著：《公共经济学》，复旦大学出版社2001年版，第61页。

给他人或社会带来一定的外溢成本或者收益时，外部性的客观存在同样不容忽视。这就是"外部性"所谓"外"的内涵。环境法起源于环境问题，环境问题又是外部性的一种典型表现，那么外部性在环境法中的概念投射就是外部性进入环境法不可逾越的桥梁。

"损害"正是"外部性"在法学上的概念投射。从经济学对外部性的界定来看，外部性的核心要素就是行为对他人的不利影响，而人能感知到不利影响必然是因为利益受到了影响，外部性的本质就是利益冲突。早已有人意识到"外部性问题实质上是公共权力和公共利益如何分配的问题"①。"如果利益有冲突，就会有某些利益的外部化和不能被满足。"② 环境作为典型的公共物品，如果一项活动或活动能够增进生态环境价值，那么就可以为所有人提供生态环境利益，相应地，如果一项活动或行为带来生态环境价值的丧失，进而影响环境为人提供的利益。这恰恰与法学中对"损害"的理解暗合，法律上的损害等同于"不利益"或"利益的减少和灭失"，即"损害是不利益受害人的客观真实的事实，具有'不利性'"③，"侵权即是对他人合法权利的侵害。由此造成的损害实际上就是一种负外部性"④。在法经济学中，"损害赔偿与外部性引起的效用或利润率的下降相对应"⑤。不过，法学中最广义的损害是指"行为给他人造成的所有不利后果，既包括现实损害，也包括可能给受害人造成的危险"⑥，并且一般是指侵权法中的民事主体为"法律所保护的权益所遭受的不利益"⑦，必须是针对特定主体的而不包括抽象的、集合性的。由于纯生态环境损害并非针对特定人，因此纯生态环境损害赔偿才成为需要讨论的问题。从外部性的角度来看，外部性分为公共外部性和私人外部性，前者指具有公共物品性质的外部性，即外部性的非竞争性、非排他

---

① 李瑞昌：《新公共管理视野中的外部性问题》，《社会科学动态》1999年第11期。
② [美] A. 爱伦·斯密德：《财产、权力和公共选择：对法和经济学的进一步思考》，黄祖辉、蒋文华、郭红东、宝贡敏译，上海三联书店、上海人民出版社1999年版，第13页。
③ 张新宝：《侵权责任构成要件研究》，法律出版社2007年版，第121页。
④ 魏建、黄少安：《经济外部性与法律》，《中国经济问题》1998年第4期。
⑤ 史晋川、吴晓露：《法经济学：法学和经济学半个世纪的学科交叉和融合发展》，《财经研究》2016年第10期。
⑥ 王利明、周友军、高圣平：《中国侵权责任法教程》，人民法院出版社2010年版，第185页。
⑦ 张红：《中国七编制〈民法典〉中统一损害概念之证成》，《上海政法学院学报》（法治论丛）2021年第1期。

性，例如大气污染，后者指具有私人物品性质的外部性，即具有排他性、竞争性的外部性，例如废弃物排放对特定主体造成损害。① 环境损害（environmental damage）赔偿中的环境损害概念恰恰采用的是与公共外部性一致的"损害"概念，而非局限于传统侵权法中的私益"损害"概念。需要说明的是，科学上的环境损害与法学上的环境损害所指不同。根据生态环境损害鉴定规定对环境损害的定义，环境损害指的是环境污染和生态破坏行为对环境要素造成的不利改变以及环境要素构成的生态系统的功能退化和服务减少，② 环境损害赔偿中的"环境损害"则是指环境本身的损害以及由此产生的损失。外部性意义上的"损害"指的是法律上的环境损害，③ 包括环境本身的损害以及由环境损害引起的损失，并且其比传统侵权法中"损害"概念要广泛，既包括对特定主体的不利影响，也包括对社会整体或者说集体的不利影响。④ 需要说明的是，环境损害与个案判决确定的环境损害赔偿不同，环境损害赔偿理论上应该填补所有的环境损害，但从前文对司法争议的梳理可以发现，生态环境损害赔偿内部金钱给付的适用并不统一。此外，生态环境损害赔偿中的"环境损害"是以科学判断为依据，是一种结果、终局性认定。但实际上，生态环境损害具有累积性、潜伏性、缓发性，环境污染和生态破坏行为一旦实施，无论是否实施鉴定，事实上的损害都已经发生，所谓的"损害结果"是相对于鉴定结论而言。这与外部性的发生发展规律也是一样的，外部性的产生就是一个利益逐渐失衡的过程，也是利益受到损失的一种结果状态。⑤ 外部性具有演化的特征，外部性的范围和大小都是在不断发展变化的。也正是在这个意义上，外部性矫正并不只是就损害结果承担赔偿责任，也不是仅就"超标"部分的外部性进行矫正，而是对环境污染行为和生态破坏行为客观上所导致的外部性进行矫正。当然，法律手段涉及权利义务的分配以及

---

① 参见王金南《排污收费理论学》，中国环境科学出版社1997年版，第16页。

② 生态环境部发布的《生态环境损害鉴定评估技术指南 总纲和关键环节 第1部分：总纲》（公告〔2020〕第79号）中规定，生态环境损害（environmental damage）是指"因污染环境、破坏生态造成环境空气、地表水、沉积物、土壤、地下水、海水等环境要素和植物、动物、微生物等生物要素的不利改变，及上述要素构成的生态系统的功能退化和服务减少"。

③ See Laura Centemeri, "Environmental Damage as Negative Externality: Uncertainty, Moral Complexity and the Limits of the Market", *E-Cadernos CES*, No.5, September 2009, p.22.

④ 参见李琳《法国生态损害之民法构造及其启示——以损害概念之扩张为进路》，《法治研究》2020年第2期。

⑤ 参见胡元聪《外部性问题解决的经济法进路研究》，法律出版社2010年版，第53页。

成本的制约，只能处理较大的外部性，这与我国《环境损害鉴定评估推荐方法》（第Ⅱ版）将"环境损害"限定为可观察的或可测量的不利改变是相吻合的。

在经济学中，解决负外部性的问题有两种思维路径：一是外部成本内部化；二是阻滞负外部性的产生。对于环境污染而言，"行政规制的常见做法即向排污企业征收与社会成本等额的环境污染税，或者作出等额的行政罚款，从而将行为的外部成本内部化，或者运用国家公权力直接禁止企业的排污行为"①。外部成本内部化的手段是从外部性成本负担本身的角度而言，将没有通过市场表现出来的外部费用利用价格机制返回给外部影响产生者的过程即为外部性内在化。② 需要说明的是，经济学中的外部成本内部化或曰外部性矫正本质是外部成本分担的问题，但法律经济学将包括不可计量的非金钱手段如自由刑、资格刑等在内的一切法律手段都纳入外部性内部化，即将其等同为威慑手段。③ 对于"加大违法成本"的目标而言，所有的金钱成本和非金钱成本都属于违法成本范围，也就是说，金钱给付义务是威慑体系的一部分，但只有金钱给付义务（包括可以转化为金钱给付的行为给付）能够实现外部成本内部化，本书所说的负外部性矫正指的是将外部成本内部化。外部成本即环境损害引起的利益损失，由于传统法学上的"损害赔偿"特指"恢复原状"不能时转化为金钱赔偿，这与"生态环境损害赔偿"的具体范围并不相符，因此外部成本也不应理解为民法上的侵权损害赔偿责任，准确地说，"生态环境损害责任不是民事责任"④。因此，对外部性的矫正并不等同于民事救济。在经济学看来，"环境污染"是指"人们为了防止这种情况的发生或除掉这种讨厌物质而付出代价的时候"，也因此污染的程度不是以污染物数量来衡量，而是以"社会为了避免其损害而愿意付出的代价来衡量的"⑤。可见，环境污染导致的负外部性或损害等于社会愿意为避免此损害付出的代价，

---

① 宋亚辉：《社会性规制的路径选择：行政规制、司法控制抑或合作规制》，法律出版社2017年版，第73页。
② 参见张天柱《区域水污染物排放总量控制系统的理论模式》，《环境科学动态》1990年第1期。
③ 参见艾佳慧《法律经济学的新古典范式——理论框架与应用局限》，《现代法学》2020年第6期。
④ 吕忠梅：《"生态环境损害赔偿"的法律辨析》，《法学论坛》2017年第3期。
⑤ [美] 约瑟夫·J. 塞尼卡、[美] 迈克尔·K. 陶西格：《环境经济学》，熊必俊、王炎庠、程福祜译，广西人民出版社1986年版，第5页。

这与生态环境损害金钱给付义务的"债"之特征是相符的。预防环境损害的发生以及修复和治理已经被损害的环境都需要费用支出。"从总体上说，成本对应于义务，而收益则对应于权利，有义务才要付出成本；有权利才可以依法获取收益。"① 在环境法尤其是"污染者付费"原则诞生之前，这部分费用都由国家并最终由全体社会成员来负担，这就是负外部性的"成本"内涵。负外部性就是私人成本与社会成本存在差异，其本质是"私人成本的社会化"，即本该由行为人负担的环境预防与治理成本由于其节省费用的动机而没有承担，导致社会承担由此造成的损失以及弥补损失的成本。② 因此，要解决负外部性问题就要使外部成本内部化。"经济外部性问题产生于经济行为主体的经济行为并决定于其行为目标的实现"③，让实施环境行为的主体承担金钱给付义务就是一种解决外部性的经济手段，在实现外部成本内部化的同时，通过剥夺其经济利益增加其违法成本，从而激励、威慑其减少负外部性的产生。

二 外部性矫正的光谱现象：同质不同量

马克思主义哲学认为，任何事物都同时具有质和量两个方面，是质和量的统一体。质就是一事物成为它本身并区别于他事物的内部规定性。量是事物的规模、程度、速度以及它的构成成分在空间上的排列组合等可以用数量表示的规定性。外部性概念具有"质"与"量"的双重属性，"质"的层面说明生态环境损害金钱给付义务的功能对象——环境损害与外部性同质等价，"量"的层面说明外部性有其边界，相应地，用于矫正外部性的手段也有其边界。环境法从未否定各种法律制度都是外部性矫正手段，但这只是将外部性等同于环境问题，将环境问题的解决等同于外部性矫正的层面上而言，本质上只是对手段的目的而非手段本身进行统合。因此，尽管环境政策工具的选择与组合不断强调各种环境法律手段的搭配与协同，但实际上极少在外部性的"量"这一层面上去讨论，也正是因为没有认识到它们只是在量上有区别才从未将其作为独立的体系来看待。对于金钱给付义务而言，它们有着共同的标的——货币，外部性矫正在金

---

① 张守文：《经济法理论的重构》，人民出版社 2004 年版，第 166 页。
② 参见李克国编著《环境经济学》，科学技术文献出版社 1993 年版，第 54 页。
③ 邹先德：《论经济外部性的法律特征》，《西安石油学院学报》（社会科学版）1999 年第 1 期。

钱给付义务领域的"同质不同量"特征是不应被法律的人为定性所遮蔽的。

从外部性"量"的属性观察生态环境损害金钱给付义务，可以发现生态环境损害金钱给付义务在实现外部性内部化上呈现光谱现象。"光谱"即"光学频谱"，指复色光经过色散系统（如棱镜、光栅）分光后，被色散开的单色光按波长（或频率）大小而依次排列的现象。光谱的特征是光谱有其边界，光谱中的各个成分来源一致但在量上具有大小强弱之分，但这种区分又不是绝对的，各个成分之间不是非此即彼而是存在过渡地带。这与生态环境损害金钱给付义务的特征极为吻合：其一，生态环境损害金钱给付义务具有共同的来源——外部性；其二，外部性有边界，用来矫正外部性的手段——生态环境损害金钱给付义务也有其边界，而非无限延伸；其三，既然都是外部性内部化的手段，生态环境损害金钱给付义务之间并不具有质的分野，而只有量的不同，其间还存有过渡地带，惩罚性赔偿就是典型的"过渡地带"。从外部成本内部化的功能而言，外部性成本内部化的关键是对外部性即环境损害进行"定价"。对违法行为进行定价就是对违法行为可能造成的危害进行定价，它们之间之所以存在"同质不同量"的光谱特征，主要是因为各生态环境损害金钱给付义务的"定价机制"不同。

在法经济学看来，"法官宣布的普通法规则给社会不可欲的行为都标上了价格，无论是搭便车，还是增加社会成本却没有相应收益的行为"[1]。如果将各生态环境损害金钱给付义务看成对不同行为造成或可能造成的外部性的"定价"，那么生态环境损害金钱给付义务的定价机制可以分为事前定价与事后定价，也可以说是以行为为标准的定价和以结果为标准的定价，分别反映的是可能的外部性与实际的外部性或曰外部性量定的概述化标准与精确化标准。不同的"定价"机制对社会成员的引导效果不同。事前定价并不是说针对没有危害后果的行为进行制裁，而是说对可能导致危害后果的行为根据其可能造成的后果大小来确定制裁手段的力度。例如，关于交通事故管制，既可以对超速、酒后驾车、不检查刹车装置等有可能造成交通事故的行为进行行政管制，违反行政法规范则处以罚款，也

---

[1] 参见［美］理查德·A. 波斯纳《法理学问题》，苏力译，中国政法大学出版社2002年版，第449页。

可以让已经造成交通事故的行为人承担侵权责任或刑事责任。① 通过前文对环境罚款和罚金的梳理可知,绝大多数罚款、罚金是以行为而非损害后果作为量定基数,通过对可能导致环境危害的行为进行类型化并分别"定价",行为越具体、定价越明确,行为人就越容易衡量外部成本进而影响其决策。比如认为超过环境标准就会对环境造成损害,否则就进行罚款或停产。而以损失即实际外部性为基数的罚款(金)则与损害赔偿的原理一样,是一种后果标准,理论上反映的是全部的外部性,不过执法部门对"损失"的认定与实际的环境损害不一定相符,前者主要反映的是物质性损失,而环境损害还包括生态服务功能的价值损失以及实施生态修复的成本费用,因此罚款(金)不会反映全部的外部性。环境税费也属于事前定价机制,庇古税的理论假定就是征收与外部性相等的税收,不过限制于信息的不完全、技术的不完善以及价格的不合理,② 环境税费实际上没有将全部的外部性反映出来,其是"对产生外部不经济行为人所造成的预期侵害进行征税",而环境损害赔偿则"针对的是权利运行过程中产生的外部不经济已经造成的损害进行追责和救济"③,属于事后定价机制。

生态环境损害金钱给付义务的定价机制之所以有区别并非法律有意为之,而是受制于时间落差这一自然规律的制约。如果所有的环境行为都能事后予以规制,那么环境法律手段就无法起到预防作用,也无法对行为人起到引导作用,但同时人类不可能在根据行为配置行为的代价时就预知最终的结果,因此就呈现事前定价与事后定价共存但谁也无法取代谁的状态,因为我们不知道如何给未来、不确定和不可逆转的突发事件赋予现值。④ 由于时间落差的制约,以行为为标准的事前定价永远存在对行为后果判断的不确定性,从而无法准确反映全部外部性,因此事前定价无法取代事后定价。也因此,环境法中的"损害担责"不能进行静态而孤立的

---

① 参见〔美〕大卫·D. 弗里德曼《经济学语境下的法律规则》,杨欣欣译,法律出版社2004年版,第84页。

② See Charles D. Kolstad, Thomas S. Ulen, Gary U. Johnson, "Ex Post Liability for Harm vs. Ex Ante Safety Regulation: Substitutes or Complements?", *American Economic Review*, Vol. 80, No. 4, September 1990, p888.

③ 王春业、聂佳龙:《外部不经济理论视角下的权利冲突分析》,《湖南师范大学社会科学学报》2012年第1期。

④ See J. Martinez-Alier, "Political Ecology, Distributional Conflicts and Economic Incommensurability", *New Left Review*, No. 211, May 1995, p. 70.

字面理解，"损害"不仅仅包括损害结果，还包括损害行为，"只要有环境污染和生态破坏的行为发生即为损害，行为人就要承担责任，而非有了结果才担责"①，"担责"也不仅仅包括承担治理修复费用的"责任"还包括缴纳环境税费的"义务"。② 这与前文所述生态环境损害金钱给付义务概念的生成也是相符的。但这也并不意味着事前定价与事后定价应该平行运行，既然事后定价才是对外部性的全部、真实反映，事后定价计量出的金钱给付义务就应当考虑到事前定价计量出的金钱给付义务，事后定价可以起到纠正事前定价失误的作用。

金钱给付义务在威慑体系中的位置也会影响定价机制。金钱给付义务具有威慑行为人和矫正外部性的双重功能。因此，金钱给付义务同时处于两个体系：威慑体系和外部性矫正体系，同时受到两种定价机制的影响。在威慑逻辑的定价机制中，法律经济学的最优威慑理论认为惩罚必须超过预期收益才能阻却违法行为。③ 当这两种逻辑的定价产生竞合，就必须在整个外部性矫正手段和威慑手段中进行整体化考量。如果非金钱制裁不足以实现威慑，罚款（金）就要承担威慑功能。同时，由于外部性矫正手段同时具有威慑功能，在衡量威慑必要性时应当考虑包括所有金钱与非金钱在内的所有威慑手段，而不仅仅是罚款（金）。此外，在威慑逻辑中，关于加害者的责任水平应该基于他造成的伤害还是基于他从不当行为中获得的收益，学界对此始终有争议。基于收益的责任被证明存在严重缺陷，预期收益的判断完全依赖于行为人个人的主观判断，基于预期收益所确定的金钱给付义务可能与其社会危害性相差甚远。④ 根本上，根据预期收益进行定价实际上是以影响行为人的动机来改变其决策，而一个人的行为动机远非法律所能影响。如果在已经有没收违法所得等其他财产责任以及人身责任、行为责任的情况下，金钱给付义务仍然不是基于对外部性的度量而量定，就可能导致威慑远超过收益，从而引起"寒蝉效应"，进而导致

---

① 汪劲：《环境法学》（第四版），北京大学出版社2018年版，第214页。
② 参见刘志坚《"损害担责原则"面向问题的识别与损害担责中义务和责任的耦合》，《法治论坛》2019年第1期。
③ See Keith N. Hylton, "Punitive Damages and the Economic Theory of Penalties", *Georgetown Law Journal*, Vol. 87, No. 2, November 1998, p. 421.
④ See A. Mitchell Polinsky, Steven Shavell, "Should Liability Be Based on the Harm to the Victim or the Gain to the Injurer?", *Journal of Law, Economics, and Organization*, Vol. 10, No. 2, October 1994, p. 427.

具有社会有益性的环境利用行为被过度吓阻。[①] 况且，惩罚不仅存在边际威慑递减规律，[②] 惩罚的确定性也比严厉性更具威慑力，[③] 提高惩罚概率的威慑效应远高于提高惩罚强度的威慑效应。[④]

执法落差（违法行为查处概率）的存在也会影响金钱给付义务的定价机制。执法落差的存在是因为执法者不可能掌握每一个违法信息，[⑤] 因此企业实际违反法律所应付出的代价（即违法成本）相当于违法责任与其承担概率的乘积，[⑥] 执法概率对罚款设定具有杠杆效应。对于执法概率较高的静态违法行为，在危害基准上设定相对较低的罚款数额即可实现外部性矫正；反之，对于执法概率偏低的动态违法行为，则一般考虑在危害基准上设定更高的罚款数额。[⑦] 惩罚性赔偿以"加大了司法和诉讼成本"作为其制度目标也体现了对执法落差的考量。[⑧] 这种做法的本质是将未被查出的违法者所造成的危害转移到其他被查出的违法者，从而保证能够在总体上实现外部性矫正的目标。环境罚款的设定同样遵循此逻辑。从这一点上来看，我国环境公益诉讼制度自创立时即是为了补充环境执法落差导致的矫正不足问题。但是，就"责任自负"的一般法律原则而言，执法概率之上的定价机制可能使得违法者承担超过其造成的社会危害的罚款，而使另一部分违法者逃脱制裁，在行政执法不力的情况下，相当于让行政相对人为执法者的过失负责，而"刑罚制度的目的，只能均衡地分摊给司法制度确定的所有罪犯，否则，特定的个人就有可能成为实现制度目的的'替罪羊'；与此相反，另外一些罪犯，则可能没有承担相应的责任，

---

① 在法律背景下，寒蝉效应是通过法律制裁的威胁来抑制或阻碍自然和合法权利的合法行使。寒蝉效应可能是由法律行为引起的，例如法律的通过、法院的决定或诉讼的威胁；任何会导致人们因害怕法律后果而对行使合法权利（言论自由或其他权利）犹豫不决的法律行为。See chilling effect (n.d.), Retrieved October 19 2011, from http：//law.yourdictionary.com/chilling-effect.

② See Steven D. Levitt, "Why Do Increased Arrest Rates Appear to Reduce Crime: Deterrence, Incapacitation, or Measurement Error?", *Economic Inquiry*, Vol. 36, No. 3, July 1998, p. 353.

③ See Isaac Ehrlich, "Participation in Illegitimate Activities: A Theoretical and Empirical Investigation", *Journal of Political Economy*, Vol. 81, No. 3, May 1973, p. 521.

④ See Michael L. Davis, "Time and Punishment: An Intertemporal Model of Crime", *Journal of Political Economy*, Vol. 96, No. 2, April 1988, p. 383.

⑤ 参见应飞虎《信息如何影响法律——对法律基于信息视角的阐释》，《法学》2002 年第 6 期。

⑥ 参见丁敏《"环境违法成本低"问题之应对——从当前环境法律责任立法缺失谈起》，《法学评论》2009 年第 4 期。

⑦ 参见张红《行政罚款设定方式研究》，《中国法学》2020 年第 5 期。

⑧ 参见舒国滢主编《法理学导论》（第三版），北京大学出版社 2019 年版，第 173 页。

或者对刑罚制度性目的的担当没有达到其应有的份额"①。并且,我国环境法律责任长期以污染源主体(企业)为核心,将环境和资源利用的代价集中于企业主体,而政府、消费者、产业相关主体等的责任则长期缺失,②这实际上也是执法落差的思维。这不仅对于被处罚者不公平,也导致通过加大处罚阻吓违法者的正当性与目的均落空。正如前述,提高惩罚概率的威慑效应远高于提高惩罚强度的威慑效应。

生态环境损害金钱给付义务的定价机制还要接受其所属法律部门自身的理念、原则的调整,因而也不会单独反映全部的外部性。例如,污染物排放标准要综合考虑生态环境质量标准和经济、技术条件,并且只有超过环境标准才能对其进行罚款,环境税则要接受税法量能负担原则的调整,环境收费也要考虑环境保护与个体生存发展权利之间的平衡,环境罚金要考量与非金钱制裁手段的协调以及责任人的其他犯罪情节,由前文可知,环境罚金往往与其他刑罚并用,即便确定损失往往也无法完全发挥外部成本内部化的功能。况且,环境税和环境收费、环境罚款的都依赖行政机关的执行,因此还要兼顾行政效能原则,如果都以实际外部性为标准确定金钱给付义务则会大大影响执法效率。这就决定了其"价格"也只能反映行为所可能导致的部分外部性,因此需要损害赔偿予以"补充"和"兜底"。

从生态环境损害金钱给付义务的定价机制来看,各个生态环境损害金钱给付义务只是在同一光谱内运行,它们始终围绕同一行为造成的外部性大小来定价。然而,事前与事后并非两个时空,而是有时间节点的同一连续时空,时间的递延不应成为事前与事后定价各自孤立运行的理由。在同一时间线上,事前与事后也并非两个事物。量度外部性要么从最终结果上直接计量,要么基于外部性的行为方式对其可能造成的外部性大小进行预估。至于执法落差,理论上如果技术足够强大便不会产生执法落差,但实际上不可能完全消除执法落差。然而,随着技术的不断进步,执法落差在不断减小。卫星系统的完善、互联网在线监测水平的提高以及执法系统自身的完善、环境保护督察的严密都使得环境领域的

---

① 陈金林:《从等价报应到积极的一般预防——黑格尔刑罚理论的新解读及其启示》,《清华法学》2014年第5期。

② 参见徐以祥、刘海波《生态文明与我国环境法律责任立法的完善》,《法学杂志》2014年第7期。

执法落差不断缩小。① 法律标准的不确定性越大，潜在的违法者采取最优预防措施的可能性就越小。随着主观罪过客观化的趋势，威慑逻辑中的主观衡量因素也逐渐降解为客观因素，金钱给付义务的威慑体系逐渐向外部性矫正体系并轨。因此，生态环境损害金钱给付义务的确定应当尽量精细，根据各金钱给付义务在外部性矫正体系和威慑体系中的位置实施动态调整，实现"粗糙的正义"向"精致的正义"的转变。②

三 外部性矫正下生态环境损害金钱给付义务的同源性表现

生态环境损害金钱给付义务在外部性矫正上具有"同质不同量"的性质，在这一视野下，生态环境损害金钱给付义务之间便通过外部性矫正的桥梁建立了实质性联系。如果生态环境损害金钱给付义务的根据都是外部性矫正，那么便为生态环境损害金钱给付义务的整体化提供了事实依据。

（一）外部性矫正与生态环境税费

环境税是庇古提出的外部性矫正手段，因而环境税又被称为"矫正税"（corrective taxes），其原理是根据每个污染者都根据周围环境污染浓度变化对环境造成的总体边际损害支付边际税收，用税收来弥补私人成本和社会成本之间的差距，使二者相等，使外部成本内部化。后来，人们将针对污染物排放的数量和质量征收的各种税费统称为庇古税。③ 对于庇古税不可局限于"税"来理解，实际上"庇古手段是一种侧重于政府纵向干预的经济手段，主要包括税收或收费、补贴、押金—退款、罚款等政策工具"④。我国环境税制度设立的初衷也是将其与其他环境法律责任一并作为污染者的负担，税额测算遵循的是"损害担责""成本补偿""统筹兼顾"原

---

① 生态环境部于2018年启动"千里眼计划"，将京津冀及周边地区"2+26"城市全行政区域按照3千米×3千米划分网格，利用卫星遥感技术，筛选出PM2.5年均浓度较高的3600个网格作为热点网格，进行重点监管。该技术将大幅提升执法检查的针对性和精准性，提高大气污染监管水平。参见寇江泽《"千里眼"让违法排污无处遁形》，《人民日报》2018年8月27日第14版。

② 参见熊秉元《正义的效益：一场经济学与法学的思辨之旅》，东方出版社2016年版，第236页。

③ 参见薛黎明、李翠平编著《资源与环境经济学》，冶金工业出版社2017年版，第153页。

④ See Robert N. Stavins, "Experience with Market-based Environmental Policy Instruments", in Karl-Göran Mäler, Jeffrey R. Vincent (ed.), *Handbook of Environmental Economics*, Amsterdam: Elsevier, 2003, pp. 355-435. 转引自周志波、张卫国《环境税规制农业面源污染研究综述》，《重庆大学学报》（社会科学版）2017年第4期。

则,采用"平均治理成本+系数调整"的方法。在污染物平均治理成本的基础上,统筹考虑环境承载能力、污染物排放现状和经济社会生态发展目标要求进行系数调整。①因此,理论上的庇古税实际上与环境损害赔偿等价,草原植被恢复费、森林植被恢复费是不完全的庇古税,因为其只是对恢复成本进行征收,而矿产资源税则反映的是资源本身的财产性价值,与矫正税的性质不同。由于环境税费是一种事前定价机制,即便考虑到治理成本也无法完全而准确地反映外部性,因此环境税费税基或费基一般是污染物数量或资源数量,税率或费率则结合环境质量、污染防治成本等因素确定。此外,不同企业在不同环境下排放相同的污染物所造成的环境损害也可能不同,因此环境税费反映的不是实际的外部性,②其更类似于对实际损害赔偿的"预提"。

尽管现实中环境税费不可能充分反映外部性,但矫正税的原理说明了为何环境税费的性质一直以来备受争议,正如早期学者所言,"排污收费作为环境管理经济手段的主要内容,确实很复杂,是具有多种属性的综合体",与税收、罚款、损害赔偿等都有共性。③在生态环境损害金钱给付义务光谱上,环境税费是有着多元色调的综合体。超标征税的争议也正是因为"超标税"在生态环境损害金钱给付义务的光谱中属于税收与法律责任的"过渡地带"。一方面,税收不区分征税对象的合法与非法,只要符合应税构成要件即负有纳税义务。另一方面,超标排污之所以要征收税费,是因为源于庇古税的环境税费本就不是传统上以筹集财政收入为目的的税收,而是基于矫正正义的"矫正税",有着与法律责任一样的"归责"属性、共同的根据来源(外部性)、一致的目的(矫正外部性)。环境税费的目标本就是将污染外部性内部化,既包括一定环境标准以下的外部性也包括超标部分的外部性,这与"合法""违法"的道德评价无关。

---

① 关于税额如何测算,四川曾明确遵循"损害担责""成本补偿""统筹兼顾"原则,采用"平均治理成本+系数调整"的方法,即在污染物平均治理成本的基础上,统筹考虑环境承载能力、污染物排放现状和经济社会生态发展目标要求进行系数调整,拟定应税大气污染物和水污染物适用税额。参见《四川拟这样确定大气污染物和水污染物环境保护税适用税额》,2017年11月29日,https://www.sc.gov.cn/10462/12771/2017/11/29/10439368.shtm,2022年2月1日。中国台湾地区"空气污染防制法"第17条也明确规定,空气污染防治费费率依空气品质现况、污染源、污染物、油燃料种类及污染防制成本定之。

② 参见郑云虹《生产者责任延伸(EPR):理论、政策与实践》,中国经济出版社2018年版,第112页。

③ 参见李克国编著《环境经济学》,科学技术文献出版社1993年版,第256—257页。

因此，超标部分也不一定要归入法律责任，因为在外部性视角下，环境罚款、罚金、损害赔偿都是为了实现外部性内部化，只不过程序不同、阶段不同、"定价"机制不同，它们之间没有质的区别，只有量的区分，只需要在量上做好衔接即可。

（二）外部性矫正与生态环境罚款（金）

在外部性矫正手段中，许可证或环境标准被认为可以达到与矫正税同样的效果。① 许可证或环境标准最重要的特性在于许可证总量或环境标准必须等于外部性的最优水平，② 即未超过许可或标准的部分被认为是社会可以接受的外部性，超过的部分则可能造成损害，因此超标或未经许可排污或利用自然资源的行为需要就不被允许，环境处罚就是保障许可证和环境标准实施的行政手段，这种保障不仅体现在处罚作为制裁的威慑功能，还体现在罚款作为货币客观上具有弥补成本、补偿损失的功能。环境罚款设定的理论假定是征收污染量数量的罚款，这样就可以实现与排污费一样的效果。③ 从我国环境法立法演变来看，尽管传统部门法理论一直将罚款定位于惩罚，与民事赔偿并行不悖。但我国 1989 年《环境保护法》针对违法造成环境污染的行为其实正是将损害作为罚款确定依据。④ 按照现行《环境保护法》第 59 条第 2 款规定，罚款数额的确定"依照有关法律法规按照防治污染设施的运行成本、违法行为造成的直接损失或者违法所得等因素确定的规定执行"。这足以说明，立法者在对待环境问题上对罚款功能的认知不同于传统法学的功能定位。由前文对环境罚款条款的梳理可知，目前环境立法仍然保留了部分以损害为罚款基数的立法。此外中国台湾地区环境罚款也主要是以损害为依据，⑤ 瑞典环境法则明确规定当侵害

---

① Steven Shavell, "The Corrective Tax versus Liability As Solutions to the Problem of Harmful Externalities", NBER Working Paper, No. 16235（July 2010），http：//www.nber.org/papers/w16235.

② 参见［比］吉恩·希瑞克斯、［英］加雷思·D. 迈尔斯《公共经济学》（第二版），张晏等译，格致出版社、上海三联书店、上海人民出版社 2020 年版，第 167—168 页。

③ 参见厉以宁、章铮《环境经济学》，中国计划出版社 1995 年版，第 146 页。

④ 例如，《环境保护法》（1989）第 38 条规定，"造成环境污染事故的企业事业单位，由环境保护行政主管部门或者其他依照法律规定行使环境监督管理权的部门根据所造成的危害后果处以罚款……"。

⑤ 根据中国台湾地区 2008 年"违反水污染防治法罚款额度裁判准则"第 3 条，罚款额度计算公式规定如下：罚款额度＝处分点数×处分基数。处分点数为违规样态点数加计重点数扣除减轻点数，处分基数系指依附表八所列处分依据与违规者分类对应之处分基数。处分点数与污染物数量成正比。

行为并非故意或过失时也应当支付环境处罚费，① 并且环境处罚费数额的确定应当与侵害行为的严重程度及侵害行为相关联规定的重要程度相适应。② 早已有学者意识到环境罚款与外部性矫正的关联，"环境领域的行政罚款不同于一般的行政罚款，一般罚款的目的侧重于对当事人的惩罚，使当事人认识到自己的错误，并防止违法行为再次发生。而环境行政罚款的价值更侧重于对环境的预先保护"，"它通过将个人行为收益数量化从而与他人或公共利益对比，得出一个相对固定的罚款数额，对各方利益进行平衡"。③ 结合我国立法的演变可见环境立法者对此问题的态度变化以及矛盾心理。一方面，环境问题具有特殊性，环境问题解决的关键在于外部性矫正，而不能反映外部性的罚款也无法实现外部性内部化，因此自然而然有通过罚款矫正外部性的需求。另一方面，在部门法分立格局下，以损害为依据确定罚款数额就会导致结构上与损害赔偿类似，不符合部门法分立格局对功能分立的要求，而且在行政处罚中先确定损害也会导致执法效率过低的问题。罚款以损害为导向也可以从《行政处罚法》第33条的规定见得：违法行为轻微并及时改正，没有造成危害后果的，不予行政处罚。《刑法》第13条也有类似的规定：情节显著轻微危害不大的，不认为是犯罪。"行为是否具有违法性，是根据法益是否受到侵害或者危险来评价的，而不是根据行为本身是否违反伦理来决定的。"④ 另外，从其他法律领域也可以窥见。例如，我国《商标法》同时规定了损害赔偿、惩罚性赔偿和罚款责任，而中国台湾地区则没有规定罚款，其原因就在于我国台湾地区的商标侵权损失赔偿和惩罚性赔偿全面反映了受害人损失，而我国商标侵权损失赔偿和惩罚性赔偿都没有完全反映因而需要罚款予以补充。⑤ 从部门法理论来看，其理论根据是行为不具有社会危害性或没有法

---

① 根据《瑞典环境法典》第1条规定，"当侵害行为并非故意或过失时，也应当支付环境处罚费。但存在显著不合理的情况时，不应当支付该费用。环境处罚费归属于国家"。参见《瑞典环境法典》，竺效等译，法律出版社2018年版，第149页。

② 根据《瑞典环境法典》第2条规定："中央政府应当就需要支付环境处罚费的侵害行为及相应行为应支付的数额发布规则。数额的确定应当与侵害行为的严重程度及侵害行为相关联规定的重要程度相适应。"参见《瑞典环境法典》，竺效等译，法律出版社2018年版，第149页。

③ 桂洋、李媛辉：《我国环境行政执法中罚款制度的问题及其对策》，《环境保护》2015年第16期。

④ 张明楷：《法益初论》，中国政法大学出版社2000年版，第208页。

⑤ 参见应飞虎《为什么"需要"干预?》，《法律科学》2005年第2期。

益侵害性，从外部性的视角观之，一个行为之所以应受处罚其实质的正当性根据在于是否产生负外部性，没有产生外部性或外部性极小才是影响"违"而"不罚"的深层次原因。从我国环境罚款裁量基准来看，① 环境罚款的首要考量因素正是外部性。我国环境罚金的数额确定基准虽然没有明确，但从司法实践来看其数额确定亦趋向于以外部成本为依据。例如，在德司达（南京）染料有限公司案中，法院就是综合参考被告公司逃避支付的危险废物处置费用和造成的环境损害后果，确定判处罚金的数额。② 吕忠梅教授也认为"环境污染犯罪中，单位犯罪为主，罚金刑必然成为主要的刑罚方式；而环境污染造成的后果严重，进行环境治理或者生态修复所需资金数额巨大，量刑标准不能是传统的经济损失。应建立以环境治理费用或生态修复资金需求为依据的量刑标准，并合理适用罚金刑"③。然而，由于罚款（金）一般上缴国库，其外部性矫正的功能始终被遮蔽。实际上，"对一个社会成员犯罪，同时也侵犯了其他所有的社会成员。因此犯罪的性质超越了具体的侵害，因为犯罪不仅仅涉及直接受害者的定在，也侵犯了公民社会的观念和意识"④。如果从外部性视角来看，违法行为之所以要承担罚款就是因为其给社会带来了外部成本，如果目标是尽量减少外部性而不是报复或伤害违法犯罪者，那么罚款（金）应取决于违法犯罪者造成的总伤害，罚款（金）是由违法犯罪者支付给特定受害人以外的社会公众用以补偿其所遭受的边际伤害，⑤ 其发挥的是仍然是外部性矫正功能。

---

① 《行政处罚法》第6条规定，"行使行政处罚自由裁量权必须符合立法目的，并综合考虑以下情节：（一）违法行为所造成的环境污染、生态破坏程度及社会影响；（二）当事人的过错程度；（三）违法行为的具体方式或者手段；（四）违法行为危害的具体对象；（五）当事人是初犯还是再犯；（六）当事人改正违法行为的态度和所采取的改正措施及效果。同类违法行为的情节相同或者相似、社会危害程度相当的，行政处罚种类和幅度应当相当"。

② 参见吕忠梅、刘长兴《环境司法专门化与专业化创新发展：2017—2018年度观察》，《中国应用法学》2019年第2期。

③ 吕忠梅、张忠民：《环境司法专门化与环境案件类型化的现状》，《中国应用法学》2017年第6期。

④ Vgl. Georg Wilhelm Friedrich Hegel, Grundlinien der Philosophie des Rechts, Werke, Bd. 7, Suhrkamp, 1986（Erstausgabe 1821），vor allem § 82 ff., S. 172 ff. 转引自陈金林《从等价报应到积极的一般预防——黑格尔刑罚理论的新解读及其启示》，《清华法学》2014年第5期。

⑤ See Gary S. Becker, "Crime and Punishment: An Economic Approach", *Journal of Political Economy*, Vol. 76, No. 2, March-April 1968, p. 169.

(三) 外部性矫正与生态环境损害 (惩罚性) 赔偿

理论上，损害赔偿可以实现对实际外部成本的全部反映。因为侵权损害赔偿的经济目标正是实现外部成本内部化。也正基于此，超过外部成本的惩罚性赔偿并非"赔偿"而是基于威慑逻辑的产物。从我国环境损害赔偿制度的起源来看，环境公益诉讼制度的确立是基于对环境执法的补充，有"代位执法"的性质，其根源是"已有责任无法实现损害填补和成本回收"①。正如前文所述，环境税费、环境罚款（金）都有外部成本内部化的功能，但由于各种原因不能充分反映外部性，因而产生通过其他渠道反映外部性的需求。英美法系的普通法之所以没有规定对自然世界有价值但无主的物造成损害的刑事和/或民事处罚，正是因为防止非私有的宝贵资源退化的任务可以由政府和共同财产权制度来完成。② 从我国环境立法变迁来看，目前通过环境公益诉讼和生态环境损害赔偿诉讼索赔的金钱给付，实际上早已有执法依据，只不过是执法不足转而由司法程序来分担。而当环境损害赔偿诉讼制度确立之后，我们却忽视它们只是对行政执法的同质性补充而不是异质性新设，程序上的区分并不能割裂性质上的联系。早期的"污染者付费"原则以及扩展后的损害担责原则都试图通过让行为人承担金钱给付义务来实现外部性内部化。污染者付费作为一项经济原则，起初就是为了分配预防和控制污染措施的费用，以鼓励稀缺环境资源的合理利用，避免国际贸易和投资的扭曲而提出。1982年通过的《世界自然宪章》及1992年《里约热内卢宣言》第7条重申了该原则："各国政府应努力促进环境成本的内在化和经济手段的利用，考虑原则上应由污染者承担污染成本，适当尊重公众的利益且不扭曲国际贸易和投资。"《东北大西洋海洋环境保护公约》第2条第26款规定："各缔约方应适用污染者负担原则，根据这个原则，预防、控制和减少污染措施的成本将由污染者承担。"我国1979年制定的《环境保护法（试行）》第6条使用的表述是"谁污染谁治理"，1990年《国务院关于进一步加强环境保护工作的决定》（国发〔1990〕65号）中规定"谁开发谁保护""谁破坏谁恢复""谁利用谁补偿"。1996年《国务院关于环境保护若干问题的决定》（国发

---

① 巩固：《环境民事公益诉讼性质定位省思》，《法学研究》2019年第3期。
② See Steven Hackett, Sahan T. M. Dissanayake, *Environmental and Natural Resources Economics: Theory, Policy, and the Sustainable Society*, Routledge, 2006, p. 70.

〔1996〕31号）规定"污染者付费、利用者补偿、开发者保护、破坏者恢复"。这基本上覆盖了环境行为导致的所有外部成本，这些外部成本也并非一定要司法程序来予以实现，但当由司法程序承担此任务时，就必须考虑到已有外部性矫正手段对外部性的反映，而不能基于公法与私法的形式划分进行重复计算。

基于以上分析可知，我国对生态环境惩罚性赔偿与我国目前对罚款、罚金的态度并无区别。如果认为损害赔偿是已经完全反映外部成本，那么超过完全赔偿的部分就是出于震慑违法行为的目的，[①] 应当同时纳入威慑体系中加以考量。在威慑体系中，恶意侵权被发现的概率相对较小，因此惩罚性赔偿一般通过"倍比"来弥补执法落差。[②] 同时，正如前文所述，我国对惩罚性赔偿制度的移植受到工具主义、功能主义的影响，始终存在"环境问题未解决因而要加大违法成本"这一索果导因的逻辑矛盾。基于环境问题始终存在，为了加大违法成本，环境问题的应对手段已经超出了外部性内部化的范畴，在罚款（金）偏低的情况下，惩罚性赔偿就成为弥补现有制度不足的手段。问题在于，整体意义上的环境问题并非某个生产经营者的违法行为所致，而是经济结构、政治、文化等因素共同交织的社会问题，基于环境问题未能解决而不断增设责任，将环境问题的解决都寄托于生产经营者，其正当性难言充分。随着企业外主体环境责任的建立与强化，环境代价的分担机制也需要作出相应改变。需要说明的是，在外部性被低估的情况下，名义上的惩罚并不一定超过了外部成本，而在外部性被充分评估之时，名义上的赔偿也可能超过了外部成本，惩罚性赔偿与其他金钱给付义务在外部性视角下并无特殊性，其间关系应当以实际外部成本为准。

第二节 生态环境损害金钱给付义务的利益同归

生态环境损害金钱给付义务的根据同源尚不足以说明生态环境损害金

---

① 参见陈聪富《美国法上惩罚性赔偿金制度》，《台大法学论集》2002年第5期。
② 根据统计学分析，平均每四位被害人中只有一位能够获得胜诉，当侵权人对被害人造成10000美元的损失时，他就应当承担40000美元的责任：其中10000美元作为填补性损害赔偿金，用于完全弥补原告之损害；其余30000美元作为惩罚性赔偿金，用于填平75%的"执法落差"。参见 A. Mitchell Polinsky, Steven Shavell, "Punitive Damages: An Economic Analysis", *Harvard Law Review*, Vol. 111, No. 4, February 1998, p. 869.

钱给付义务整体化的正当性与可能性。尚需探究的是，生态环境损害金钱给付义务所矫正的外部成本是否针对同一主体，行为人究竟在向谁负"责"？如果具有同一来源的各生态环境损害金钱给付义务其履行利益却归属于不同主体，那么生态环境损害金钱给付义务之间就不具有通约性，无论是"殊途同归"还是"同途殊归"都是对其整体化的片面求证，唯有"同途同归"即事物的来源和事物归属均相同才能形成理论闭环。在我国目前的法律体系下，生态环境损害金钱给付义务的履行利益归属于不同主体。环境损害赔偿和惩罚性赔偿隶属于公益诉讼，其定位是针对社会公众的补偿。其中，也有学者认为政府提起的生态环境损害赔偿诉讼属于国益诉讼，与环境税费、环境罚款（金）一样定位于对国家利益的补偿。然而，国家与社会的关系、国家利益与社会利益的关系、生态环境国家利益与生态环境社会利益的关系并非毫无争议。事实上，无论是在传统法学领域还是环境法领域都已众说纷纭。本书的观点是，生态环境国家利益与生态环境社会利益是一体两面的关系，二者"一荣俱荣""一损俱损"，不存在归属于国家而不归属于社会的环境利益，也不存在归属于社会而不归属于国家的环境利益。也就是说，生态环境损害金钱给付义务不仅根据同源并且利益同归，其"同源同归性"构成生态环境损害金钱给付义务整体化完整的理论根据。

一 国家利益与社会公共利益的关系

国家利益与社会公共利益的关系反映着一个行为是否对不同主体造成了利益损害，因此讨论二者的关系首先要明确国家与社会这两个主体性概念的关系。① 从整个人类历史来看，社会是相对于单个人而言的概念，指"人类生活共同体"，有了人也就有了"社会"，② 但国家作为一个政治概念则是人类社会发展到一定阶段才产生。③ 国家权力产生之后，政治学中的国家与社会的关系才成为问题，这个问题就是有关国家权力干预私人领域的问题。总体来看，国家与社会的关系有其时代性，不同历史时空下有着不同的关系形态。在前工业化时期，社会生产力水平极低，社

---

① 参见陈海嵩《中国环境法治中的政党、国家与社会》，《法学研究》2018年第3期。
② 参见韩东屏《国家起源问题研究》，《华中师范大学学报》（人文社会科学版）2014年第4期。
③ 参见［美］罗伯特·L.卡内罗《国家起源的理论》，陈虹、陈洪波译，《南方文物》2007年第1期。

会结构和经济结构都极为简单，政治国家主导社会的一切活动，"国家就是社会，社会就是国家，国家是公民的国家，社会是国家的社会，两者是融为一体的"①。中国在苏联模式的计划经济体制之下也是"国家与社会一体"结构形态的写照。② 进入工业化时代，国家的政治生活与个人生活逐渐分离，西方资产阶级提出了"市民社会"的概念，强调的是国家干预的限度，"社会国家化"与"国家社会化"就是形容国家对个人自由的强干预状态。③ 这与前文所论及的公法与私法的划分有着同样的历史背景，二者是同步的。但即便在国家与社会分离的时代，国家与市民社会的分离也只是相对的领域划分，而不是绝对的实体划分。在马克思主义国家理论中，国家与市民社会之间始终是既对立又统一的关系，国家并不是与社会相脱离的独立实体，"国家的看来是至高无上的独立存在本身，不过是表面的"④。更进一步说，国家与市民社会的分离只是理论上的抽象，两者在实体上是合一的；市民社会的私人生活在国家中进行，国家的政治活动也都在市民社会中进行。⑤ 根本上，国家与社会的关系取决于立场。达玛什卡在比较各国法律程序的目的时将国家分为能动型和回应性两种，它们分别位于意识形态的两个极端：前者要求社会目标与国家目标一致，社会问题和社会政策消解为国家问题和国家政策，个人权利以国家义务的执行而得以实现，法律充当实施国家政策的工具；后者只是公民群体的代理人，没有独立于社会的利益，对"国家权利"的侵犯与对"个人权利"的侵犯无法区分，社会秩序的破坏源于对个人权利的侵犯，法律只充当解决纠纷的平台。⑥ 不论是社会利益融入国家利益还是国家利益融入社会利益，其结果都是一样的——利益的同一化。而当国家与社会诉求一致即国家利益与社会利益一致，国家利益与社会利益也就不再有区分。国家与社

---

① 王建生：《西方国家与社会关系理论流变》，《河南大学学报》（社会科学版）2010年第6期。

② 参见赵志勇《论市民社会与国家二分架构——市民社会与国家关系研究》，博士学位论文，吉林大学，2010年，第2页。

③ 参见白立强《究竟是"社会国家化"还是"国家社会化"？——从马克思"国家—社会"结构理论看当代中国"政治国家"与"市民社会"的关系》，《理论探讨》2007年第2期。

④ 中共中央马克思、恩格斯、列宁、斯大林著作编译局编译：《马克思古代社会史笔记》，人民出版社1996年版，第510页。

⑤ 参见王新生《市民社会论》，广西人民出版社2003年版，第61页。

⑥ 参见［美］米尔伊安·R.达玛什卡《司法和国家权力的多种面孔——比较视野中的法律程序》，郑戈译，中国政法大学出版社2015年版，第112页。

会的区分乃在于存在形式的不同,任何法律关系的主体不外乎两种存在形态,一是具体的人,二是由具体的人组成的组织(包括法人、国家机关和社会组织)。① 但是,人之所以成立组织无非是为了更好地发展自己的利益,抽象的组织体并没有自己的利益。由此,"真正对立又统一的乃是处于同一抽象价值层面的公共利益与私人利益","而根据利益主体标准所获得的个人利益、集体利益、社会利益和国家利益等"只是用来实现价值层面利益的工具,价值层面利益与工具层面利益之间不能进行并列、等同甚至比较,"个体利益、集体利益甚至国家利益都有可能是私人利益,如特定经营性国有企业的财产利益,就不能天然地划归公共利益"②。也就是说,如果强调的是公共性层面上的利益,那么国家利益与社会公共利益就不可能是对立关系,不存在独属于作为组织体的国家或社会的公共利益,所谓物权层面上的公私财产损失并非对应于公共利益或私人利益。"社会公共利益"乃概念拼接,但这并不妨碍我们理解国家与社会的关系。从实践角度看,国家与市民社会统一在社会共同体之下;该社会共同体建立和维持一种内外部条件,使所有共同体成员能够基于其成员而获得尽可能好的生活。③ 而在马克思主义理论中,国家向社会的回归更意味着国家以实现人的全面自由发展为目的,国家没有自己的特殊利益,国家的存续就是为了保护和发展全体人民的"个人利益"。④ "国家利益是满足我国全体人民生存和发展需要的全部物质利益和精神利益的总和。"⑤ 一言以蔽之,国家是社会的组织体,或者说是社会的组织化表现形式,国家也只是社会公共利益的代表。⑥

基于我们国家没有自己的特殊利益,国家利益被损害不等于国家是人格化的"被侵权人"或"被害人"。如果将"国家+利益"与"社会+利

---

① 参见高志宏《公共利益法律关系的主体论及其功能实现》,《南京社会科学》2017年第6期。

② 刘光华、张广浩:《祛魅公共利益:基于"价值—工具"法律利益分类范式》,《兰州大学学报》(社会科学版)2018年第4期。

③ 参见[英]米尔恩《人的权利与人的多样性:人权哲学》,夏勇、张志铭译,中国大百科全书出版社1995年版,第47页。

④ 参见任仲平《大力弘扬时代和民族精神的主旋律——论爱国主义、集体主义和社会主义》,《人民日报》2000年6月28日第1版。

⑤ 倪同木:《法学视野中的国家利益研究——以经济法为素材》,博士学位论文,南京大学,2014年,第91页。

⑥ 参见[日]美浓部达吉《宪法学原理》,欧宗祐等译,中国政法大学出版社2003年版,第72—135页;龚祥瑞《比较宪法与行政法》,法律出版社2003年版,第78—80页。

益""个人+利益"的语义结构等同,从中得出国家也是与个人同等地位的利益"持有人",① 那同样也会从"秩序+利益""精神+利益"的语义中得出抽象的秩序、精神乃至信念、信仰都是"被害人"的荒谬结论。② 根本上,这是忽视了国家利益概念的起源与定位,国家利益存续的前提就是国家没有自己的利益。凯尔森早已道出,"社团和国家是人格化了的,它们被认为是与'自然人'即人类的人相对比的、作为义务和权利主体的'法人'。只要以法人的用语来说明问题时,那么,法律义务的主体和制裁的客体就是等同的"③。归根结底,这是因为人类无法脱离经验制约而纯粹理性地把握事物,将需要理解的事物与现实事物类比是人类自然而然采用的认识事物的方法,即拉德布鲁赫所说的"理念的材料确定性"④。实际上,整个自然哲学也都是借助于几何学的形象思维建构的,而霍布斯建构"利维坦(国家共同体)"也是对几何学方法的运用,这种"人工秩序"或"人工物体"具有人工的、抽象的人格特征,⑤ 而这便是社会契约论的模型,现代国家—社会范式也都建基于此。基于人类直观的图像性思维和人类理性的有限性思考,法律拟制通过拟制的立法技术使处于无限递归中的事物或事态处于一种暂时完结的状态。⑥ 但现实是,国家和社会都具有"层级性、多样性和复杂性"⑦,不具有独立人格,它们并不能作为利益的"持有人"。也就是说,国家利益与社会公共利益的关系不应从主体的角度来理解。由这一点来看,环境本身也不能作为"被侵权人",将环境视为"被侵权人"或"受害者"或"利益主体"也只是一种法律拟制。⑧

因此,法律中的国家与社会的概念也不能从人格主体的角度来理解,国家利益与社会利益的关系也必须结合具体语境来判断。在界定权利时,

---

① 参见刘莉《竞技足球犯罪中的被害人研究》,知识产权出版社2018年版,第14—17页。
② 参见许章润主编《犯罪学》(第二版),法律出版社2004年版,第118—120页。
③ [奥]凯尔森:《法与国家的一般理论》,沈宗灵译,中国大百科全书出版社1996年版,第76页。
④ 参见[德]拉德布鲁赫《法哲学》,王朴译,法律出版社2005年版,第95—111页。
⑤ 参见顾祝轩《体系概念史:欧陆民法典编纂何以可能》,法律出版社2019年版,第18页。
⑥ 参见赵春玉《刑法中的法律拟制》,清华大学出版社2018年版,第18—20页。
⑦ 参见侯和文《国家与社会:缘起、纷争与整合——兼论肖瑛〈从"国家与社会"到"制度与生活"〉》,《社会学评论》2018年第2期。
⑧ 参见李昊《论生态损害的侵权责任构造——以损害拟制条款为进路》,《南京大学学报》(哲学·人文科学·社会科学版)2019年第1期。

只有国家所有、集体所有、个人所有的概念而没有"社会所有"的概念，并且我国宪法规定生产资料只能公有不能私有，集体所有也是公有的一种。① 因为所有权的界定必须是具象的、实体的，在现实中，只有作为个人的人和组织是具象的、实体的，描述抽象关系的"社会"无法"享有"权利。国家所有就是全民所有，即不属于个人所有的部分。在描述利益状态时，国家利益和社会公共利益概念并存。我国《宪法》规定第51条规定："中华人民共和国公民在行使自由和权利的时候，不得损害国家的、社会的、集体的利益和其他公民的合法的自由和权利。"此外，我国《民法典》第132条规定："民事主体不得滥用民事权利损害国家利益、社会公共利益或者他人合法权益。"该表述说明我国法律认为国家利益、社会利益和个人利益是三种不同的利益。但是，不能因此认为国家、社会和个人是三个独立的可以承担责任和受偿利益的主体。追溯我国"国家利益、社会公共利益"的表述，其实际上是我国对大陆法系国家"公共秩序"表述的替代。②《法国民法典》第6条规定"个人不得以特别约定违反有关公共秩序和善良风俗的法律"。所谓公共秩序，包括"社会的政治秩序和社会的经济秩序"，前者是指保护社会主要组织即国家及家庭的公共秩序，后者则指当事人之间的契约关系。③ 可见，在法律层面上，公共秩序就是相对于私法而言的公法规范所保护的对象，行政权是现代社会维护公共秩序的基础性力量，行政罚款则是保障行政法规范实施的主要手段。法律乃"天下之公器"，利益是"各个人所提出来的，它们是这样一些要求、愿望或需要"，法律就是保护这些利益的手段。④ 从这一层面而言，对法律规范的维护本身就是对公共利益的保护，对法律规范所形成的法律制度的维护也是对公共利益保护，因此公共秩序与公共利益一般不作区分，"制度利益"与"秩序利益"的概念正是将国家法律规范的维护本身作为利益的层面上而言。也因此，有学者将国家与社会的关系转化为"制度与生活"，用以表述法律创设的制度规范与民间自生自发形成的民情、习惯法规范。⑤ 可见，公共秩序本身实际上是公法规范的代名词，其

---

① 参见《宪法》第6条。
② 参见杨立新《民法六讲》，中国人民大学出版社2017年版，第253页。
③ 参见杨立新《民法六讲》，中国人民大学出版社2017年版，第252页。
④ 参见［美］罗斯科·庞德《通过法律的社会控制》，沈宗灵译，商务印书馆1984年版，第41页。
⑤ 参见侯利文《国家与社会：缘起、纷争与整合》，《社会学评论》2018年第2期。

本身并非实体性概念，更非可以受偿的主体。

正是因为秩序与利益的概念区分导致国家利益与社会公共利益的关系变得复杂，进而使得对公共利益的保护手段变得复杂。由上述分析可知，秩序必然是公共的，而利益则可能是公共的，也可能是个人的，所谓公共也就是不可归属于特定个人的。同时，秩序只是一种抽象概念，维护某种秩序的目的归根结底是保护秩序背后的利益。利益则既有抽象的层次，也有具象的层次，前者将秩序本身也作为一种利益，而后者则有实体存在。某一行为可能仅对个人利益造成损害，也可能既损害个人利益又损害公共利益，但不存在不可能损害个人利益却损害公共利益的情况，因为公共利益由国家来保护，而国家没有自己的利益，一个行为进入公法范围必然因为此种行为有可能危害社会上的其他人。在公共利益的层次上，秩序与利益就是重合的，对利益的保护就是对秩序的保护，反之亦然。在个人利益的层次上，秩序与利益就不能等而视之，对个人利益的保护不能辐射和覆盖到对社会上其他人的保护，此时秩序（公共利益）就需要单独保护，因此也就产生民事侵权责任与行政责任、刑事责任并行的需要，其中，民事责任是专属于保护个人利益的手段，而行政责任和刑事责任则是用以保护秩序的手段，对于秩序的保护理论上不会出现损害赔偿与公法责任并行的情况，因为公法责任本身就是对公共利益的"补偿"。例如，维护食品、药品管理秩序是为了保护人的生命健康，人的身体具有专属性，不可能为他人所共享，人的生命健康利益隶属于特定个体，因此食品、药品管理秩序的保护对象实际上是可以分割的个体利益，利益损害由侵权损害赔偿予以救济。当生产经营食品、药品行为可能影响社会其他人则会进入行政法、刑法的规范范围，但这种影响无法通过保障个体利益就得以恢复，因此需要将此种管理秩序独立保护，因而损害赔偿、罚款、罚金可以并用，但不会出现对于个体利益的损害赔偿和对于公共利益的损害赔偿。民事公益诉讼比较特殊，其保护的既可能是纯粹的公共利益，也可能是个人利益的集合。[①] 公共利益涉及不特定多数人的利益，是从私人利益中抽象出来，能够满足共同体中全体或大多数成员的公共需要，经由公共程序确定并以公权力为主导所实现的公共价值，具有不特定性。这就要将特定多

---

① 参见杨会新《去公共利益化与案件类型化——公共利益救济的另一条路径》，《现代法学》2014 年第 4 期。

数人利益（即众益）排除在生态环境公益的范围之外。① 消费者、反垄断等公益诉讼的任务是排除对公共利益造成的危险，由于没有实际的损害，因而没有损害赔偿的请求，惩罚性赔偿作为"没有损害的赔偿"乃是基于与罚款、罚金同一原理的惩罚。这种危险一旦实害化，就转化为私益诉讼或集团诉讼。② 此类诉讼中确定的赔偿金归属于消费者，③ 并且消费者从团体诉讼中获得完全的损害赔偿后不能再通过单独的侵权之诉索赔。④ 至于英烈、公墓、环境、遗产等不可归属于特定个人的纯粹公共利益，只能由国家来予以保护，并且这种公共利益损害本身就是实害，而这种实害也并非归属于特定人的损害，此时对英烈、公墓、环境、人文遗迹等客体本身的保护就是对公共利益（秩序）的保护⑤或曰客观法益的救济，同时也是对国家利益的保护。⑥ 此时，公益损害赔偿与罚款、罚金（环境法中还有税费）发挥同样的功能。

二 生态环境国家利益与社会公共利益重合

尽管国家作为公共利益的代表具有普遍性，但是在生态环境领域，国家对于公共利益的代表机制与其他领域具有根本的不同。在传统非生态环境领域，国家以制度等公共产品提供者的名义代表，但在生态环境领域，其不能以公共产品提供者的名义代表。这是由生态环境的特殊性决定的。不同于抽象秩序和制度，生态环境是人获取一切利益的利益载体，也是国家利益的基础，并且国家并非生态环境的提供者而只是受托人。生态环境也不同于可分割的个体利益，具有"主体数量的不特定多数性、客体性质的非排他性（整体联系性、不可分割性）、利益主体对利益客体的共同享用性（或共同受益性、共同需要性）"等公共特征。⑦ 生态环境的损害

---

① 参见肖建国《利益交错中的环境公益诉讼原理》，《中国人民大学学报》2016年第2期。
② 参见黄忠顺《论公益诉讼与私益诉讼的融合——兼论中国特色团体诉讼制度的构建》，《法学家》2015年第1期。
③ 参见陈璋剑、吴艳《规范消费民事公益诉讼赔偿金管理使用》，《检察日报》2021年7月8日第7版。
④ 参见陈云良《反垄断民事公益诉讼：消费者遭受垄断损害的救济之路》，《现代法学》2018年第5期。
⑤ 参见庞伟伟《认真对待英烈保护——从〈民法总则〉第185条的解释论展开》，《新疆社会科学》2018年第6期。
⑥ 参见唐瑭《环境损害救济的逻辑重构——从"权利救济"到"法益救济"的嬗变》，《法学评论》2018年第5期。
⑦ 参见蔡守秋《环境公益是环境公益诉讼发展的核心》，《环境法评论》2018年卷。

既是国家利益的损害也是社会公共利益的损害，二者是"一荣俱荣、一损俱损"的关系。环境法保护生态环境的同时客观上也反射性地保护了以生态环境为载体的其他利益，包括经济利益与非经济利益。因此，公共利益在传统上被理解为不特定多数人的利益，但是在环境领域，生态环境是利益的载体，所谓不特定多数人的利益都凝结在特定的生态环境这一实体上，因而，环境公共利益已经不再是抽象的，而是具象的、理论上可计算的。同时，环境法与以权利来界定法律调整对象的法如物权法、财产法并非同一层次上，因此也不构成冲突。长期以来，环境法之所以被当作对财产权的限制，就是因为我们把环境法的保护客体当作外在于人的经济性利益的那部分利益的法。当这部分利益不迫切不直接或不显著时，法律的限制就会遭到抵制。环境违法屡禁不止部分原因就是环境法自身也以外在于经济发展的视角看待自身，反而使得环境保护与经济发展的矛盾愈加明显。实际上，如果把环境法看成保护负载人类一切利益的环境这一客体本身的法，环境法与经济系统的矛盾和对立也会得以消解，生态环境国家利益与社会公共利益的关系也就取得了根本上的一致。生态环境利益作为实体性利益，其恢复必然依赖于物质资源的投入，单纯地惩戒、道歉都不足以恢复被损害的生态环境。即便在合法排污和合法利用环境资源的情形下，环境问题仍然可能发生，合法行为人也依然要缴纳环境税费作为环境治理成本的补偿，而进入国库的罚款（金）则仅仅具有惩罚功能。同时，生态环境损害的补救既是对社会公共利益的保护，也是对国家利益的维护。

然而，由于自然资源与生态环境服务功能的不对称，学界一直存在对生态环境国家利益与社会公共利益的关系的争议。自然资源作为国家存续、个人生存发展的物质基础，国家天然具有自然资源保护的动机与优势。然而，由自然资源所形成的生态系统所发挥的生态服务功能（生态系统在维持生命的物质循环和能量转换过程中，为人类与生物提供的各种惠益，通常包括供给服务、调节服务、文化服务和支持功能）却不能完全为国家所享有，因为国家不能也不需要享有作为个体生存发展的呼吸等利益，这样国家就不具有保护这部分社会利益的动机与正当性。故而，"在生态环境损害赔偿中，国家利益与社会公共利益相分离有其必要性与合理性。即便自然资源国家所有权的范围在不断扩大，仍无法完全涵盖公共利益，特别是当生态环境损害发生时，依附于自然资源之上的生态服务功能相比其经济价值更具有明显重要性的，这部分公共利益不宜被国家利益完全挤占，或是替代"①。同时，由于"国家和人民并不天然等同，即便是确立了人民主权的国家，如果机制不合理，国家也可能被少数集团或者个人俘获，进而变成满足少数人私欲的工具"②，从这一层面而言，国家利益与社会公共利益就产生了分离。然而，这种认识存在三个误区。其一，将国家与社会人格化。正如前文所述，国家和社会并非现实中的主体，不具有与个体一样的独立人格，不能将国家利益、社会利益以人格化的方式解读，生态服务不能为国家利益所"享有"的认识并不成立。其二，忽视了利益与利益载体的不可分离性。生态服务功能不可能凭空产生，其必须依赖于自然资源的良好状态。国家利益、社会公共利益、个人利益依然共享同一载体，"以自然资源表征为自然资源所有权的国家利益、以生态服务功能为内容的社会利益、彰显私人物质性或精神性需求的私人利益，都无不以自然资源及其形成的生态系统为物质媒介"③。生态服务功能并非真空运行，其不可能脱离自然资源单独存续，生态服务功能之间也并非独立存在，由于它们都附着于自然资源而可能相互依赖，④ 生态服务功能的保护与国家对自然资源的保护是一个事物的两个方面。国家利益与社会公共利益在保护机制上并没有分离，为了保护生态服务功能而在行政手段已经体现生态环境服务功能损失的情况下单独实施一种公益赔偿责任并不具有必要性和正当性。其三，忽视了国别与语境。"国家—社会"二分的范式是资本主义国家的产物，社会主义国家中国家没有自己的利益。法律之所以规定自然资源国家所有也正是基于"为公民自由和自主发展提供物质和组织保障"的需要。⑤ 宪法中的"国家所有"不能置于"私人财产权"的框架下理解，而应在"国家所有"的框架下理解。⑥ 在中国，中国共产党作为唯一执政党，其与国家都没有自己的利益，

---

① 吴惟予：《生态环境损害赔偿中的利益代表机制研究——以社会公共利益与国家利益为分析工具》，《河北法学》2019年第3期。
② 程雪阳：《中国宪法上国家所有的规范含义》，《法学研究》2015年第4期。
③ 黄忠顺：《环境公益诉讼制度扩张解释论》，《中国人民大学学报》2016年第2期。
④ 《生态环境损害鉴定评估技术指南》规定，"在量化生态服务功能时，应识别相互依赖的生态服务功能，确定生态系统的主导生态服务功能并针对主导生态服务功能选择适用的方法进行评估，以避免重复计算"。
⑤ 参见程雪阳《中国宪法上国家所有的规范含义》，《法学研究》2015年第4期。
⑥ 参见李忠夏《宪法上的"国家所有权"：一场美丽的误会》，《清华法学》2015年第5期。

政党利益与国家利益所在就是为了人民的利益。中国共产党作为领导人民发展社会主义事业的最高政治领导力量,党的一切工作都是"以人民为中心",党领导的"全面依法治国最广泛、最深厚的基础是人民"。这正是中国特色社会主义法治的本质要求及其区别于西方资本主义国家法治的根本所在。"良好生态环境是最公平的公共产品,是最普惠的民生福祉",对于无法为国家所"享有"的生态服务功能同样是国家利益的一部分。

基于对自然资源以及生态服务功能的利益主体的误解,环境公益诉讼与生态环境损害赔偿诉讼的并行也遮蔽了国家利益与社会公共利益的重合。有学者认为,行政手段所保护的公共利益建基于个人利益,"行政是以公共利益的实现为其任务",而自然资源国家所有权所代表的是国家利益,"通过损害赔偿模式对生态环境损害进行救济本质上也是维护国家利益",因此认为"在自然资源领域,公共利益不再是缺乏清晰内涵的模糊表述,而是已经转换为了国家利益,即国家利益可以视为公共利益的具体化";又认为"当特定的自然资源受侵害时,损害的是国家利益,其受偿主体也是国家。而通过行政处理模式对生态环境损害进行救济时,其受偿主体理论上是不特定的,即使赔偿给国家,国家也只是代为受偿"。[①] 然而,环境公益诉讼与消费者公益诉讼、反垄断公益诉讼实际上有很大不同。前文已述,消费者公益诉讼与反垄断公益诉讼等实际上对公共利益危险的预防,而这种危险一旦实害化就是特定的私益损害。私益与公益的根本区别在于利益支配上是否具有排他性。私益是可以为个体所(排他性)支配或控制的利益,公益是不能为个体(排他性)支配或控制的那部分利益。环境公益不同于其他公益的地方在于,作为整体的环境(包括自然资源)是所有利益的客观载体和物质基础,其本身就是不能为个体所排他性支配或控制的(矿产、林木等自然资源只是对整体生态系统的截取因而是静态的、点状的,并非自然资源的真正价值),而消费者公共利益、反垄断公共利益其实是指公共场域中某种行为带来的影响具有外溢性,而非消费行为或垄断行为本身不能为个体所支配或控制(任何消费行为或垄断行为都是包括法人在内的具体的人实施的)。可见,这是因为利益与利益载体是不同的,不能将两者混淆。环境与资源的"公共性"是指作为利益载体其不能为个体排他性支配,而其他社会公共利益的

---

① 李晨光:《生态环境损害救济模式探析——游走在公法与私法之间》,《南京大学法律评论》2017年第1期。

"公共性"是指具体的人的行为对不特定人造成影响。就此来看，环保公益组织提起的环境公益诉讼与消费者公益诉讼完全不同，前者"并不是一般意义上基于个体利益请求获得司法裁判的'诉权'，而是基于国家为方便符合条件的社会主体践行监督权所设立的法律途径（公益诉讼）及相应的特别授权，是国家允许、支持公民行使监督权而借用现有司法资源的一种形式"①。环境民事公益诉讼制度与传统行政执法都是国家履行环境保护义务、保护环境利益制度体系的一部分。另外，自然资源国家所有权并非一个民法上的物权概念，生态环境损害赔偿诉讼制度是"行政机关'领导和管理生态文明建设'的题中之义"，"应当在以维护公共利益为宗旨的一国宪法秩序之中加以认识，将其视为国家权力积极履行国家环境保护义务的一种新的方式"②。所谓"赔偿权利人"与自然资源国家所有权的概念一样属于法律拟制，而并非意味着国家是可以受偿的独立主体。也因此，环境公益损害赔偿与行政罚款（金）并不具有可分离的利益归属。

三 生态环境损害金钱给付义务的同归性阐释

长期以来，生态环境损害金钱给付义务之间的资金归属各不相同，也因此生态环境损害金钱给付义务之间看似"风马牛不相及"，即便承认它们以外部性矫正为共同根据和功能，也难以将它们相关联，这也成为解释生态环境损害金钱给付义务之间关系的重要切入点。例如，有学者认为，尽管惩罚性赔偿带有惩罚性，但由于罚款、罚金归属于国库而惩罚性赔偿归属于不特定社会公众，因而可以并用。③ 基于同样的道理，有学者认为，惩罚性赔偿金和环境修复费用的用途一样，因而不能并用。④ 有的学者认为，罚款也具有救济公益损害功能，但罚款流向国库导致无法实现这一功能。⑤ 这种认识的出发点在于，认为环境税和罚款（金）归属于国

---

① 陈海嵩：《中国环境法治中的政党、国家与社会》，《法学研究》2018年第3期。
② 陈海嵩：《生态环境损害赔偿制度的反思与重构——宪法解释的视角》，《东方法学》2018年第6期。
③ 参见李华琪、潘云志《环境民事公益诉讼中惩罚性赔偿的适用问题研究》，《法律适用》2020年第23期。
④ 参见王利明《〈民法典〉中环境污染和生态破坏责任的亮点》，《广东社会科学》2021年第1期。
⑤ 参见张辉《环境行政权与司法权的协调与衔接——基于责任承担方式的视角》，《法学论坛》2019年第4期。

库，其纳入一般预算进行统收统支，与用于生态环境修复与治理的环境损害赔偿以及惩罚性赔偿不同。在传统法律领域，民事赔偿金是向个人支付，税收与行政收费则是向国家缴纳，罚款则是作为罚没收入进入国库，公法上的债权人是"国家""政府"，其与"社会公众""个人"完全不同，所谓的"同归性"并不存在。然而，对于生态环境损害金钱给付义务而言，它们之间具有"同归性"。

其一，给付资金的具体使用方式与生态环境损害金钱给付义务履行利益的归属并不等同。正如前文所述，国家没有自己特殊的利益，但国家维护人民利益需要财政保障，财政是国家存续与发展的物质基础。无论是税收收入还是非税收入都是"用之于民"，这些收入进入一般预算并不意味着国家利益与社会利益的背离，公共财政与环境损害赔偿资金最终都是用于不特定社会公众。实际上，税收是否构成"对待给付"取决于看待问题的视角，从宏观层面来说，"国民所缴纳的税款全部用于国家或者政府为国民提供的公共服务，这便具有整体有偿性"①。在环境领域中，国家保护环境公共利益的方式体现为国家环境保护义务的履行，在责任人缺位或责任人无力履行金钱给付义务的情形中，国家是当然的环境治理主体，但此时环境治理成本由公共财政负担，实际上最终是由全体纳税人共同负担。在有责任人的情况下，政府也仍然负有组织、监督生态环境治理工作的职责，在责任人已缴纳生态修复费用或生态环境难以修复的情况下，政府仍然是实际的生态修复主体和生态环境建设主体，但此时生态环境修复和建设的成本是由责任人负担。因此，实际上只要保证责任人充分履行生态环境损害金钱给付义务，其就已经负担了生态环境保护与修复的成本。至于责任人给付的金钱是纳入专项资金还是纳入一般预算统筹使用，只是资金使用效率的问题，并非对生态环境损害金钱给付义务性质的改变。实践中，不乏纳入专项账户的环境损害赔偿资金使用效率低下的事例。也因此，财政部等九部委于2020年3月联合出台的《生态环境损害赔偿资金管理办法（试行）》规定，环境民事公益诉讼涉及的损害赔偿资金可参照执行，作为政府非税收入，实行国库集中收缴，纳入一般公共预算管理，统筹用于在损害结果发生地开展的生态环境修复相关工作。可见，环境损害赔偿完全不同于传统民法中的"损害赔偿"，其在财政上的定位是与环境收费、

---

① 何江烨:《特定目的税的历史回溯与理论应用分析》,《西部学刊》2021 年第 19 期。

罚款（金）一样的非税收入，唯一不同的是资金的具体使用办法。

其二，某一公共财政收入的使用办法并非固定不变，但这并不影响其收入的性质。对于税收收入而言，统收统支型和专款专用型都有理论依据和实际案例。"统收统支"的财政收支方式是传统的财政理论偏好，但布坎南认为，在统收统支下，我们必须凭借诸如宪法限制或立法监控等方式，以防止官僚随意挪用公款情况的发生。然而，在专款专用下，则不必这样，某笔款项用于何处已经相当清楚，官僚们无法将应该用于公路建设的专款用于下水道的整治或其他用途上。① 并且，专款专用与"特定收入用于特定用途"并不等同。例如，教育税附加、城建税就并非单独的"税"而是从所得税、营业税、消费税等一般性税收中列支。同样针对大气污染排放行为课予金钱给付义务，我国由排污费走向环境保护税，而我国台湾地区则一直采取"空气污染防治费"的形式，但是并不能因此而否认污染"费"与"税"的同质性。② 当然，专款专用也会引发资金使用效率低下、权力寻租等问题，③ 这也正是"费改税"的原因之一。我国排污收费平移为环境保护税的考量主要在于征收与使用的规范性与效率。瓦格纳认为，当我们无法有效地使用类似价格的使用者付费时，就可以用专款专用税来加以替代。例如，对于普通公路这项公共产品而言，我们无法有效地使用者付费，则以课征汽油税的方式来应付公路的相关费用，这时的汽油税就是使用者付费的变种。④ 环境保护税也正是排污收费的变种，二者都是环境容量资源"使用者付费"的体现。但这并不意味着环境税不能用于生态环境保护与治理。环境税费之前的同质性并不会因为"费改税"而改变。对于环境税的用法，各国做法不一，除了统收统支，还有其他做法，如"直接退还税款给企业，并规定税款只能用于治污支出；将收缴的税款作为治污基金，用于修复企业排污造成的环境损害；减少企业消费税或所得税"⑤。从这些做法来看，环境税并非定位于筹集财

---

① See James M. Buchanan, "The Economics of Earmarked Taxes", *Journal of Political Economy*, Vol. 71, No. 5, October 1963, p. 457.
② 参见柯格钟《环境公课》（第一册），元照出版公司2020年版，第118页。
③ 参见柯格钟《环境公课》（第一册），元照出版公司2020年版，第120—121页。
④ See Richard E. Wagner (ed.), *Charging for Government: User Charges and Earmarked Taxes in Principle and Practice*, Routledge, 2012, pp. 1-12.
⑤ 刘佳慧、黄文芳：《国外环保税收制度比较及对中国的启示》，《环境保护》2018年第8期。

政收入的目的，而是通过收取排污行为的预期外部成本激励企业减排。如果企业未实际造成损害，税收就仍作为企业自己的财产"返还"，而如果造成实际损害，则作为企业的修复资金，具有"保证金"的属性。对于非税收入而言，是否纳入一般公共预算也不会改变其性质。根据《推进财政资金统筹使用方案》（国发〔2015〕35号），水土保持补偿费、矿产资源补偿费、探矿权采矿权使用费和价款、草原植被恢复费、海域使用金等原本专项收入专款专用的行政收费与政府性基金将纳入一般公共预算。但是，由"专项收入专款专用"转变为"一般预算、统筹使用"的目的并不在于改变环境税费"使用者付费"的属性，而是出于解决"以收定支、专款专用"导致的效率不高、使用混乱、权力寻租等问题。也因此，该使用方案还规定要"进一步理顺税费关系，清理、整合和规范政府性基金和专项收入，逐步建立以税收收入为主导、非税收入适当补充的收入体系。清理压缩政府性基金和专项收入"，但同时"支出仍主要用于或专项用于安排相关支出，且收入规模增加的，支出规模原则上相应增加"。可见，财政资金的使用办法只是基于使用效率的设计，不能因此而区分某项资金是归属于"国家"还是"社会"。在中华环保联合会诉无锡市蠡湖惠山景区管理委员会环境污染责任纠纷案中，法院之所以认为被告在缴纳了全额植被恢复费后视为其已经弥补了生态损害，以及白银市人民检察院诉会宁县乾峰砂场破坏生态环境民事公益诉讼案中，[①] 法院判决被告不履行生态环境修复义务则承担相应的植被恢复费、林地整治费的原因，就在于这些资源费本身就是对外部性的弥补，是"污染者付费、利用者补偿、开发者保护、破坏者恢复"的表现。

其三，传统危害环境管理秩序的行政罚款与环境罚款的性质不同，其使用方式也应当转变。传统危害环境管理秩序的行政罚款不一定存在外部成本，而损害环境公共利益则产生外部成本，针对后者的罚款（金）也就不同于针对前者的罚款（金）。传统危害秩序的罚款、罚金进入国库主要是因为危害"秩序"而并不是实体的利益损失，也无法度量是对何种利益造成的损失，秩序的恢复也并不一定需要资金支出，行为人违反秩序造成的成本主要是监管、执法成本，由国家纳入一般预算、增加公共财政收入并用于公共财政支出，也是一种以增加正外部性来抵消负外部性的方

---

① 参见甘肃法院环境资源典型案例（2018—2019）。

式。然而，当"公共利益逐渐从公共秩序中分离出来成为可区分的追求目标，同时在一定程度上成为可计量的对象"①，环境管理秩序的恢复就同时需要环境实体性利益的恢复，国家的环境管理秩序利益与社会的环境公共利益具有不可分性。因为生态环境的使用价值是不可替代的，如果罚款和罚金一赔了之，环境利益不可能得到直接恢复，此时环境管理秩序的恢复也没有意义。因此，在环境领域，对公共利益的恢复具体表现为对环境公益的客观载体——生态环境本身——的治理与修复，其"依公法的强制性规定而生，并非真正的民事责任，而是一种具有公共责任、法定责任、执法责任特性的公法责任"②。事实上，如果只是基于让行为人感受到痛苦并希冀因此而震慑潜在违法者的手段，那么这笔钱应当与"烧掉"没有区别。当然，基于经济效率的考虑，应当最大化利用这笔"收入"。但问题是，此"收入"是因实体性的公共利益受损而产生。罚款作为财政收入的客观功能是其固有属性，不因任何人的主观意志而改变。"政府作为受损公益之代理人受领罚没款物与私人受领超出损害的惩罚性赔偿存在同样的道德风险，如果罚没款物必须在价值上超出受损之公益，那么政府职能部门势必放纵违法，导致公益与私益更为激烈的冲突。"③ 因此，如果任由此种道德风险的产生，罚款就极易沦为财政工具，丧失罚款的目的与定位。罚金、惩罚性赔偿同样如此，其根本目的并非惩罚而是更加有效地维护公共利益，此部分的正当性根据只能是公共利益受损，既然是基于公共利益受损，其数额确定的依据就只能是公共利益的损失大小，即外部成本。超出外部成本的罚款无论对国家还是对社会公众都是一种"不当得利"，如果最后却没有用于环境修复和社会利益的恢复，就有违"任何人不得从他人的损害中获益"的朴素正义，更加不利于环境问题的系统解决。总之，"在损害发生的危险仍然存在的众多情况下，有关机构只有积极地将所收取的罚款用于消除这些危险才能充分地实现行政罚款的价值与目的"④。因此，作为制裁的罚款、罚金与作为补救环境损害的金钱给付应当整体化，与其他生态环境损害金钱给付义务共同进入外部性矫正的

---

① 刘长兴：《论行政罚款的补偿性——基于环境违法事件的视角》，《行政法学研究》2020年第2期。
② 巩固：《环境民事公益诉讼性质定位省思》，《法学研究》2019年第3期。
③ 陈太清、徐泽萍：《行政处罚功能定位之检讨》，《中南大学学报》（社会科学版）2015年第4期。
④ 许传玺：《行政罚款的确定标准：寻求一种新的思路》，《中国法学》2003年第4期。

体系。不可否认的是，统收统支与专款专用的固有弊端很难被彻底消除，如何实现财政资金统收统支后实际改善生态环境依然是核心问题。当下，可以考虑由国家统筹建立生态环境保护基金，具体方案将在后文阐述。

第三节　生态环境损害金钱给付义务"同源同归性"证立整体化之可能

生态环境损害金钱给付义务之间具有"同源同归性"，这是生态环境损害金钱给付义务之间可以进行整体化的理论根据，但并非法律上的直接理由。不可否认的是，环境税费与法律责任之间、部门法责任之间始终存在根本目的一致、直接目的相异的问题，而法律规范体系的建构必然要回归法律自身的逻辑，生态环境损害金钱给付义务之间如何在法律上进行整体化尚需走完"最后一公里"。如何打通生态环境损害金钱给付义务之间的规范逻辑，使得其得以在法律规范的层面上实现整体化，这是整体化得以实现的关键。从目前我国生态环境损害金钱给付义务运行现状来看，功能是影响其间关系的决定性因素，罚款与罚金得以折抵的考量也正基于此。由前文分析可知，在外部性矫正的体系下，生态环境损害金钱给付义务有着共同的功能指向。但是，行为人最终要承担多大的法律责任才是各金钱给付义务的"落脚点"，因此从环境税费到法律责任仍旧需要连接点，从行政责任、刑事责任到民事责任或相反同样需要连接点。

一　矫正税与生态环境金钱责任连接

法律责任的目的和功能是影响负有法律责任的人以及受到法律责任保障的人，而这种功能是通过法律责任的独特构造和机制实现的，"法律责任的归责主体在严格的法律规则指导下，对责任主体进行归责，责任主体免予或部分或全部承担责任，实现对第二性义务的履行，对损害的救济，并尽量减少未来发生侵害的可能性"[①]。归责是各种法律责任共同的任务，其任务是为客观不利后果找到可以负责的主体。对于侵权责任而言，归责主要含有两项要素：一是归责事由，二是由谁承担责任。[②] 这

[①] 付子堂主编：《法理学初阶》（第六版），法律出版社2021年版，第175页。
[②] 崔建远：《论归责原则与侵权责任方式的关系》，《中国法学》2010年第2期。

一点同样适用于行政责任归责和刑事责任归责。因此，对于经济法、环境法这样的领域法，可以将归责归纳为"将责任以某种依据为判断标准归属于某主体，或者说，对某主体来讲，以某种依据为标准，判断其某种责任是否成立和存在，从而可以认为，归责的任务是解决责任的依据问题"①。归责依据也就是构成要件，是"法律后果的所有前提条件的总和"②。"行为符合构成要件"则完成归责任务。可以说，构成要件便是法律责任何以具备某种法律功能的内在机理。构成要件的逻辑不独为法律责任所独有，环境税费同样需要构成要件作为判断工具完成"行为"到"效果"的涵射。二者在构成要件上的相通使得二者功能趋同。"一般生活意义上的侵权行为本是一个整体生活事实，将其分解为多个构成要件是为便于进行法律评价与法律适用。"③不仅侵权责任自身会对侵权行为进行分解后评价，税法、行政法、刑法也会通过各自的构成要件对其进行评价。但对于同一行为而言，如果构成要件亦有重复，那么便可能发生对同一行为的重复评价。

从构成要件中的行为要素来看，作为矫正税的环境保护税与法律责任有着共同的行为——环境行为，并且基于同一"环境行为—环境损害"因果关系作出法律评价。矫正税的起源便是环境问题，没有环境问题就绝不会有矫正税的出现。环境保护税的行为要素是"向环境排放应税污染物"，并且矫正税不同于传统税收"普遍分担""不付对价"的特征，其主张的是对税收责任的"特定主体分担"即环境问题肇因者负责。④ 这一事实行为的法律意义是行为人占用了稀缺的环境容量，因而有可能影响他人对环境的享用。向环境排放污染物的行为是环境污染问题的起点，没有排放行为，缴纳环境保护税的给付义务不可能成立，这也是侵权法、行政法、刑法评价的事实基础。从这个角度上说，"侵权行为可以视为环境税的直接诱因与正当性基础"⑤。矫正税与其他法律所赖以评

---

① 石金平：《经济法责任研究——以"国家调节说"为视角》，博士学位论文，中南大学，2010年，第64页。
② 蔡桂生：《构成要件论》，中国人民大学出版社2015年版，第34页。
③ 胡学军：《环境侵权中的因果关系及其证明问题评析》，《中国法学》2013年第5页。
④ 参见叶金育《环境税整体化研究：一种税理、法理与技术整合的视角》，法律出版社2018年版，第86页。
⑤ 叶金育：《环境税整体化研究：一种税理、法理与技术整合的视角》，法律出版社2018年版，第76页。

价的事实基础并非"两个行为"。而且，是否超过排放标准实际上只是立法选择问题，并不影响矫正税所评价的环境行为成为环境污染后果的原因。例如，《俄罗斯联邦税收法典》关于水污染物排放就只针对超量、超标部分征税。① 我国关于噪声排放也只针对超过噪声排放标准部分征税。由于污染物排放标准并不完全根据外部性成本制定，即便达标排放也可能造成环境损害，因此《环境保护税法》第26条才会规定"直接向环境排放应税污染物的企业事业单位和其他生产经营者，除依照本法规定缴纳环境保护税外，应当对所造成的损害依法承担责任"。这从污染当量的概念可以看出。所谓污染当量并不是指污染物数量，而是指"根据污染物或者污染排放活动对环境的有害程度以及处理的技术经济性，衡量不同污染物对环境污染的综合性指标或者计量单位"。污染当量衡量的正是污染程度，同一介质相同污染当量的不同污染物，其污染程度基本相当。可见，环境税的计税依据正是基于排污行为与环境损害之间的联系，其与法律责任的评价对象一致。

环境侵权责任所评价的原因行为便是造成环境损害的行为。也就是说，法律责任中的原因行为虽然起点也是排污或资源利用，但如果未造成侵权责任所规定的损害就不是"原因行为"。原因行为并非对客观举动的完整描述，而是对客观举动以构成要件分解后截取的部分事实。从环境污染或生态破坏的自然发展过程而言，矫正税中的行为位于因果关系链的最始端，而环境损害位于因果关系链的最末端。尽管侵权行为只从损害末端进行法律评价，但绝不意味着矫正税所评价的行为与损害事实没有"贡献"，其对损害结果有着事实上的作用力。由于矫正税所评价的行为与环境侵权原因行为的评价视角不同，矫正税所评价的行为可能与环境侵权原因行为同一。例如，尽管达标排污仍然导致环境损害。总之，是否达标排污或合法利用资源与是否造成环境损害没有必然联系。理由正如前述，环境标准与环境损害并非直接对标。环境损害是一项科学事实，而人只能控制自己的行为，不能完全控制行为的结果。污染物进入环境后的后果非人为标准所能完全预计。因此，矫正税并没有在测量污染物对环境造成的损害后按照损害大小征收相应的税额，而环境损害赔偿则是根据测量结果确定赔偿数额。这并不是因为其不当为，而是基于税收稽征经济原则的考

---

① 参见刘佳慧、黄文芳《国外环保税收制度比较及对中国的启示》，《环境保护》2018年第8期。

量。理论上，依照肇因者负责的归责原则，环境问题肇因者所需要承担的税费义务的确应当与其引起的环境破坏程度成比例。① "环境污染者、生态破坏者、资源耗用者等所需承担的环境外部成本，或说应当缴纳的环境税费应当等于其所带来的环境损害成本或者所引起的环境修复成本。"② 但正如前文所述，基于定价机制的不同，矫正税并不能实际上照此原则设计税收。完整的环境行为中只有一部分属于环境侵权行为。至于环境行政处罚与刑罚，则是从另外一些侧面观察环境行为。例如，行政处罚对"排放污染物"这一行为评价的类型有：超标排污（即超过国家或者地方规定的污染物排放标准，或者超过重点污染物排放总量控制指标排放污染物的）；逃避监管排污（通过暗管、渗井、渗坑、灌注或者篡改、伪造监测数据，或者不正常运行防治污染设施等逃避监管的方式排放污染物）；排放法律、法规规定禁止排放的污染物；违法倾倒危险废物；等等。刑法则是在行政法的基础上进一步升格。环境税则对这些行为方式在所不问。但是，这并不影响矫正税与法律责任共同完成由环境污染事实到肇因者负责的归责任务。

从主观构成要件来看，矫正税不关注行为人的主观心态不代表其没有归责的机理，环境责任的成本分担本质使得二者趋同。归责思想起初强调的是人应为自己的自由意志负责，"不是因果关系上原因与结果之间的联系规定了人类的行为，而是自由的原则决定了人类的行为，只有那些以人的自由意志为根据并且可以按照道德世界的标准进行评价的行为，才是可以归责的"③。人类在观察到客观行为及其引起的后果时，如果得知行为的实施者是没有自由意志的人、动物或者自然界，归责便无从谈起。因此，归责起初强调的是对"过错"的确定。然而，真实的主观意志是不可探求的，主观归责不可避免转向客观归责，对"过错"的判断始终是围绕意志的表象——行为展开的，行为是否"违法"便成了判断行为人是否有主观过错的依据。然而，环境行为的结果受制于自然规律的支配，人只能控制行为而不能完全控制行为导致的结果，排污者能控制的只能是是否排污以及排污数量，至于排污所引起的客观危害是其所无法控制的，

---

① See Youri Mossoux, "Causation in the Polluter Pays Principle", *European Energy & Environmental Law Review*, Vol. 19, No. 6, December 2010, p. 279.

② 叶金育：《环境税整体化研究：一种税理、法理与技术整合的视角》，法律出版社2018年版，第78页。

③ 朱兴：《刑事归责研究》，中国政法大学出版社2018年版，第5页。

因此如果仅仅根据其过错程度来归责，便可能无法为客观危害找到可以为其负责的主体。此外，环境损害因果关系的复杂性也使得恪守传统的过错归责无法实现损害的公平分担。大量污染物质和能量日常性地向环境排放，从而使大量有害物质蓄积于自然界中。这些累积性公害已不是单纯依靠市民法上追究个人责任的原理所能应对的，要解决这些问题，必须有与市民法不同的新法理、新制度，依靠公共手段来实施环境保护，也正是由此形成了现代意义上的环境法。① 可以说，环境责任天然地与传统法律中的过错归责不同。传统侵权责任的过错归责强调的是行为人对损害结果本身的过错，而大量生产经营者并非对环境损害本身及其引起的其他损失有预见，其动机往往只是节省防治成本或获利，即便对损害有预见，对于损害范围也无法预见。加之其他污染者、污染源、消费者乃至执法者自身的作用力无法从中排除，环境损害责任的问题实际上主要是损失分担问题。"所有环境保护方法都是在污染者、政府、纳税人以及其他那些构成公众的团体和个人之间分配经济成本和收益。"② 在环境法上，"许多生态环境损害的造成并非行为人的过错，法律责任甚至不存在对当事人行为否定的意义，而是基于个别正义与整体正义平衡目的而对利益关系进行的调整"③。分配正义是环境法自始所遵循的正义。由分配正义来看，矫正税并非没有归责原则。"原罪"说认为，产业活动不可避免会引起环境不利改变，"任何环境行为都负有妨碍环境的'原罪'，环境侵权是由环境行为引发的对有归属利益的危害。环境侵权行为人只是环境行为人中的一部分，只有他们才成为环境侵权的受控者"④。"这种行为从一开始就注定不可避免地而不是潜在地给环境造成不利影响"，当这些行为造成他人权益损害时，让行为人承担责任便无须再考虑其是否有过错。⑤ 危险责任理论认为，生产经营者创设了环境风险，当这种风险成为现实时，责任人应当对由此发生的损害进行赔偿。在危险责任中，并不涉及责任人的作为和不

---

① 参见［日］原田尚彦《环境法》，于敏译，法律出版社1999年版，第10页。
② ［美］丹尼尔·H. 科尔：《污染与财产权：环境保护的所有权制度比较研究》，严厚福、王社坤译，北京大学出版社2009年版，第15—16页。
③ 吕忠梅、金海统：《关于拓展环境侵权制度的追问》，《中国律师和法学家》2007年第3期，转引自吕忠梅《"生态环境损害赔偿"的法律辨析》，《法学论坛》2017年第3期。
④ 徐祥民、吕霞：《环境责任"原罪"说——关于环境无过错归责原则合理性的再思考》，《法学论坛》2004年第6期。
⑤ 参见徐祥民、吕霞《环境责任"原罪"说——关于环境无过错归责原则合理性的再思考》，《法学论坛》2004年第6期。

作为是否违法或有过错。据此，危险责任归责的理由不在于行为的可谴责性，也不在于行为意思的瑕疵（故意或者过失），而源于我们法律意识中的一个基本观念，即对于所享受的特殊权利所造成的不幸事件，权利人应当承担责任，危险责任寻求的是"对允许从事的危险行为的一种合理的平衡"①。与此相关的危险控制理论认为，环境风险无法预知，"谁能够控制、减少危险，谁承担责任"。不考虑过错与违法性，而以发生损害作为承担责任的条件，有利于强化企业责任，严格控制和积极治理污染，合理利用环境资源，以减少损害的发生，降低经营成本，从而发挥侵权法的预防功能。报偿责任理论或受益者负担理论认为，"获得利益的人负担危险"，即所谓的"利之所得，损之所归"。污染者因其生产、生活或经营行为获得了收益，理应承担其排污行为引发的负外部性。矫正税所评价的环境行为即便没有造成环境损害也造成了环境风险，而上述归责依据实际上正是风险与损失的分配原则。② 矫正税是环境责任的一部分，违法性只是部分法律责任的归责要件，在不存在这一构成要件时，矫正税的任务就是根据其自身的归责机理为环境后果找到负责人。

在法学视阈下，"矫正税的出现使税收与纳税人对社会所造成的损失相关联"，其性质"更偏向于纳税人因损害社会公共利益而被强制要求给予的补偿、赔偿"③，其并非为国民的公共选择，而是"国家通过强制手段对纳税人损害公共利益的惩罚性赔偿"④，在这一方面，税收不仅是纳税人获取政府提供公共产品的对价，而且具有社会公平性的特征。国家可以通过对造成环境污染的企业征收环境保护税，从而令其承担因破坏环境对社会公共利益造成的损失。⑤ 矫正税作为污染者负担原则在税收领域的落实，"确认了一个对污染行为进行补偿的保证人"⑥。"环境税在其使用公共环境资源（空气、水、土壤）的观点而言，也相当于公共社会之对

---

① 参见［德］马克西米利安·福克斯《侵权行为法》（2004年第5版），齐晓琨译，法律出版2006年版，第256页。
② 参见王泽鉴《危险社会、保护国家与损害赔偿法》，《月旦法学家》2005年第2期。
③ 胡小宏：《再论税收的概念》，《安徽大学法律评论》2007年第2期。
④ 何江烨：《特定目的税的历史回溯与理论应用分析》，《西部学刊》2021年第19期。
⑤ 参见财政部财政科学研究所课题组《宏观税负稳定背景下环境税、碳税政策设计和推进》，2014年9月1日，https://www.efchina.org/Attachments/Report/report-lcdp-20140901-zh，2022年2月1日。
⑥ 魏庆坡：《碳交易中的"祖父条款"与污染者付费原则》，《湖北社会科学》2015年第10期。

待给付",但由于环境税必须遵循税收原理,不得以绞杀性租税方式课征,即不得以零税收为目标,环境税不可能全面覆盖环境损害,环境税与环境责任在手段上乃互相补充的关系,但在范围上必然存在交叠。① 环境税对超标排污与达标排污实行税率区别对待也是其具有"惩罚性"的表现。从反面看,民法以侵权法机制应对环境污染就是在对工业污染者"征税",并且其目的都是希望其降低污染水平,而不是完全停止生产。② 因而有学者主张,侵权责任与矫正税在避免损害和激励行为上的功能是相同的,对行为人而言,严格责任也可以理解为一种庇古税,具有将外部伤害内在化的效果,只不过是在损害发生后通过诉讼执行,因此如果征收的矫正税能够将完全成本内部化,就不应该有侵权责任等任何重叠的命令和控制规定来规范同样的行为。③ 更有学者直接指出,税收原本就具有调控社会公共利益的功能,环境税等"寓禁于征"的惩罚性税收是对特定群体纳税人"不正当但非违法行为的戒止和否定",是"国家企图利用特定的税法归责干预不正当经济活动、矫正社会收入分配畸形,维护公共利益的法律表现"。④ 以污染物排放数量、资源消耗数量为税基或费基就是典型表现,⑤ 环境保护税对超标排污与达标排污的差别税率设计则是"惩罚性"的集中体现。⑥ 理想的环境税、资源税的计税依据都应反映环境治理成本。在国家税务总局对环境保护税的解读中,相关部门负责人也

---

① 参见陈清秀《税法总论》(修订九版),元照出版公司2016年版,第90页。
② See John C. Coffee, Jr., "Paradigms Lost: The Blurring of the Criminal and Civil Law Models-and What Can Be Done About It", *Yale Law Journal*, Vol. 101, No. 8, June 1992, p. 1875.
③ See Kyle D. Logue, "Coordinating Sanctions in Torts", *Cardozo Law Review*, Vol. 31, No. 6, June 2010, p. 2313.
④ 参见杨颖《税法的惩罚性规则研究》,法律出版社2014年版,第5—6页。
⑤ 环境经济学经常将环境保护税与集体罚款(collective penalty)比较讨论。在集体罚款制度下,只要总排放量低于或等于一个固定的环境目标,就不发生惩罚。如果废物排放总量超过给定的标准,每家公司将被罚款,不论其对总排放的贡献。因为并不是所有对当局衡量的总排放量有贡献的公司都位于所考虑的区域。因此,这些政策更适合用于调节水污染,而不是控制空气污染。参见周志波《环境税规制农业面源污染研究》,博士学位论文,西南大学,2019年,第80—81页。由于公法不允许在没有犯罪或违法证据的情况下进行起诉,集体惩罚只能基于侵权法实施。如果排放和这些损害之间存在统计上显著的相关性,公司或潜在的污染者将对健康损害承担集体责任。如果侵权人的责任扩展到各种环境损害,也可以采用类似的方法。环境税的原理与此类似,但与集体惩罚相比,税收政策具有更大的灵活性。参见 Georg Meran, Ulrich Schwalbe, "Pollution Control and Collective Penalties", *Journal of Institutional & Theoretical Economics*, Vol. 143, No. 4, December 1987, p. 616。
⑥ 参见杨颖《税法的惩罚性规则研究》,法律出版社2014年版,第193—205页。

明确指出"开征环境保护税,主要目的不是取得财政收入,而是使排污单位承担必要的污染治理与环境损害修复成本"①。在《关于〈重庆市大气污染物和水污染物环境保护税适用税额方案(征求意见稿)〉的说明》中,相关部门明确提及对环境保护税税额的确定乃基于"使企业直接排放污染物的纳税成本高于减少污染物排放的治理成本"的考量,并且"平均治理成本+系数调整"的税额确定方式与用以确定大气、水污染损害的虚拟治理成本法极为相似。② 此外,在前述湖北雄陶陶瓷公司大气污染案中,法院采取虚拟治理成本法且采用环境税税额作为计算依据,更体现出矫正税与损害赔偿的功能重合。"目前所建立的费和基金多是以生态环境的负外部性为补偿内容,例如水土损失补偿费,其即对损坏水土保持措施的主体征收。这也导致其与已有的污染物排放总量控制、排污许可、排污收费、污染损害赔偿等具体法律制度出现重复。"③

二 惩罚性给付与填补性给付贯通

法律责任之间的部门分立是生态环境损害金钱给付义务之间的另一道屏障。按照民事责任、行政责任、刑事责任的分工,除了行政责任与刑事责任有衔接外,刑事责任与民事责任、行政责任与民事责任理论上不会发生冲突,然而围绕三者之间关系的讨论却从未停止。究其原因,民事责任、行政责任、刑事责任作为法律责任之间的下位概念,均是"有责主体因法律义务违反之事实而应当承受的由专门国家相关依法确认并强制或承受的合理的负担"④。民事责任、行政责任和刑事责任尽管以不同的方式发挥着各自的作用,但其实质上具有与法律责任一样的本质,即都是代表统治阶级利益的国家对违反法定义务、超越法定权限或滥用权利的违法

---

① 参见国家税务总局财产和行为税司《环境保护税政策解读》,2020年9月30日,http://www.chinatax.gov.cn/chinatax/n810351/n810906/c5157152/content.html,2022年2月1日。
② 2017年《重庆市大气污染物和水污染物环境保护税适用税额方案(征求意见稿)》中有规定"为了有效约束企业直接排放污染物的行为,应当使企业直接排放污染物的纳税成本高于减少污染物排放的治理成本,即环境保护税税额应高于企业的治污成本,从而激励排污者治理污染","税额测算采用'平均治理成本+系数调整'的方法。即在大气、水污染物平均治理成本的基础上,根据环境承载能力、污染物排放现状和经济社会生态发展目标要求进行系数调整,拟定应税大气、水污染物的具体适用税额"。
③ 毕金平、汪永福:《我国生态补偿税费体系之厘清》,《华东经济管理》2015年第9期。
④ 刘作翔、龚向和:《法律责任的概念分析》,《法学》1997年第10期。

行为所作的法律上否定性评价和谴责,是国家强制违法者做出一定行为或禁止其做出一定行为,从而补救受到侵害的合法权益,恢复被破坏的法律关系和法律秩序的手段。①"两种责任并存对于社会秩序和被害人来说可能没有问题,但对于行为人来说就意味着他对自己的一次错误承担两次后果","当行为人既要为自己的犯罪行为承担民事赔偿责任的同时还要承担罚金、没收财产等刑事责任,就产生了两种责任在适用顺序上的冲突"。② 概言之,对于同一行为而言,行为人是唯一的责任主体,对于行为人而言其承担的各种法律责任都是一种负担,人为划分的部门法责任发自同一目的汇聚于同一责任承受者时,厘清、协调其间关系的需求自然就产生了。从本质上而言,多重责任并立是近现代法律制度区分不同法律部门的结果。在中国古代诸法合体、民刑不分的法律体系中,一般不会产生责任重合的现象。③ 更进一步而言,责任竞合是某一行为同时符合数个责任构成要件、受到多个部门法评价的原因,④ 不同的构成要件使得一个人为其行为所付出的代价产生分化。而由前文可知,对于私益侵权而言,部门法责任分立并不存在问题,其正当性根据就在于行为人不仅给特定主体造成了损害,还对社会上其他人带来了不利影响,行为与被侵害主体是"一对多"的关系。在危害市场经济等秩序犯领域实际上也不存在此问题,因为行为人并未对公益损害同时承担民事责任和行政责任、刑事责任,其承担的民事责任仍然只是对个体利益的侵权责任。而环境行为人则不仅要对私主体承担侵权责任,还有对公益损害同时承担民事责任和行政责任、刑事责任,这是环境法律责任所不同于其他领域法最本质的不同。如果说,部门法责任分立是因为要实现对不同部门法调整对象分别评价的需要,以及应对侵权行为所造成的不同危害后果的需要,⑤ 那么环境公益问题上并不存在"不同的社会关系",也不存在"不同危害后果",生态环境本身就是各种部门法共同的调整对象,生态环境损害本身就是所有危

---

① 参见张文显《法律责任论纲》,《吉林大学社会科学学报》1991年第1期。
② 张旭:《民事责任、行政责任和刑事责任——三者关系的梳理与探究》,《吉林大学社会科学学报》2012年第2期。
③ 参见胡宝珍主编《民法学》,群众出版社2006年版,第446页。
④ 参见王利明、崔建远《合同法新论·总则》,中国政法大学出版社1996年版,第720页。
⑤ 参见王崇敏、李建华《论侵权行为法律责任的重合性及适用规则——兼论我国〈侵权责任法〉第4条规定的完善》,《法学杂志》2011年第12期。

害后果的表现。"对于同质性法益损害所引发的责任认定，能否进行责任转化、如何进行责任转化、责任转化的标准等问题，建立在不同法益基础上的刑民行责任衔接理论不能准确回答。"① 究其原因，这仍然是由生态环境的自然属性决定的，因为整体的生态环境只有一个，它是人的一切活动的载体和"容器"，是具象的公共利益而非抽象的公共秩序。这就决定了环境法律责任之间可以联通。

环境法律责任之间贯通的例证之一是环境刑事附带民事公益诉讼制度。环境民事公益诉讼和刑事诉讼"分而治之"与刑事附带民事公益诉讼的法律效果在责任承担上没有什么不同，但前者并无太大争议，而后者却争议不断，原因就在于刑事附带民事公益诉讼使得原本就具有冲突的两种责任置于同一时空下，使得这一冲突变得更加突出了。依照法律责任的功能分工，刑法是对侵权法的升格，刑事责任是对民事责任的升阶。刑事诉讼本就是一种维护公共利益的手段，它是行政法和民法共同的保障，刑法出现时意味着吸纳了民法、行政法所不能完成的任务，因此对于同类功能采取"合并同类项"来处理，例如罚金与罚款折抵、拘留与自由刑折抵，对于不同功能则并行不悖，例如罚金与私益损害赔偿，刑事附带民事（私益）诉讼本身就是对"合并同类功能""保留不同功能"的制度表达。民事公益诉讼的初衷则是应对受损主体不特定、不法行为又没有达到犯罪制裁的界限时，以民事公益诉讼的方式对该不法行为予以制裁，对于公共利益保护而言，刑事诉讼与民事公益诉讼的目的原本就是竞合的。这也是有学者认为民事公益诉讼的目的与任务被刑事诉讼所吸收和涵盖，无必要在已经提起刑事诉讼的情形下再行提起民事公益诉讼的原因。② 当然，该作者所言"无必要在已经提起刑事诉讼的情形下再行提起民事公益诉讼"只能适用于公共秩序维护领域，对于环境民事公益诉讼而言，其目的不仅在于惩戒，还需要修复受损的生态环境。因此，要考虑的环境刑事诉讼能否实现生态修复以及功能损失补偿，如果可以应当将两种诉讼进行同类功能合并的操作，如果不可以则仍然有必要同时运行两种诉讼。现实中，原本毫不相关的刑事责任与民事责任由于刑事附带民事公益诉讼这一法律程序的"黏合"，学者开始反思刑事附带民事公益诉讼中罚金、

---

① 吴军、滕艳军、胡玉婷：《公益诉讼刑民行责任一体化的理论构想与完善路径》，《中国检察官》2022 年第 1 期。
② 参见程龙《刑事附带民事公益诉讼之否定》，《北方法学》2018 年第 6 期。

赔偿、惩罚性赔偿之间的关系，而朴素的反思依据便是"过罚相当"原则。实践中，"检察机关往往采取二选一的做法：或科以罚金或提出赔偿，而不让被告或者被告人同时承担两种责任"①。但是这种做法既不符合本书题旨，也不符合现实法律。按照现行法律，承担民事责任不影响承担刑事责任，并且按照刑法中的罪刑法定原则以及环境法中的"应赔尽赔"政策原则，罚金与赔偿反而应该并行适用，这也是刑事诉讼与民事公益诉讼"分而治之"格局之下绝大多数环境损害案件的处理方式，无论如何也无法得出罚金、赔偿"二选一"的法律依据。而按照本书对生态环境损害金钱给付义务的梳理，生态环境损害金钱给付义务共同的功能指向应该是外部性矫正即完整的环境损害及其带来的损失的弥补，而非只能机械地在某一种责任形式中选择，从而回到环境公益保护不足的老路。司法实践和学者的矛盾心理或许恰恰折射出环境法律责任部门分立与环境公益保护特质的不兼容，也说明学理和实践都有联通各种环境法律责任的观念和需求。不能因为两种诉讼程序未在同一时空运行就回避同类环境法律责任并行的问题，同样也不能因两种诉讼程序合并就将各种责任形式直接混同，这种仅仅因为司法机关对法律程序运行方式的选择不同就导致法律责任承担的迥异，将可能引发极大的裁判不公。

环境法律责任部门可以贯通的例证之二是生态环境损害赔偿制度自身的变迁。首先，生态环境损害赔偿虽定位于民事责任，但产生于公法责任之后，不同于一般民事权益私法保护确立在先、公法保护确立在后的发展逻辑。这说明环境公益民事责任乃人为建构，本身就不存在公私分立的必然性。其次，《民法典》中规定的生态环境损害赔偿以"违反国家规定"为要件，说明生态环境损害赔偿有制裁的属性，又因其与行政制裁、刑事制裁同样以保护公益为目的，实际上同属于制裁体系。最后，根据《最高人民法院关于审理生态环境损害赔偿案件的若干规定（试行）》，只有"严重影响生态环境"的情形才能提起生态环境赔偿诉讼。② 这似乎表明造成生

---

① 刘艺：《刑事附带民事公益诉讼的协同问题研究》，《中国刑事法杂志》2019年第5期。
② 《最高人民法院关于审理生态环境损害赔偿案件的若干规定（试行）》第1条规定："具有下列情形之一，省级、市地级人民政府及其指定的相关部门、机构，或者受国务院委托行使全民所有自然资源资产所有权的部门，因与造成生态环境损害的自然人、法人或者其他组织经磋商未达成一致或者无法进行磋商的，可以作为原告提起生态环境损害赔偿诉讼：（一）发生较大、重大、特别重大突发环境事件的；（二）在国家和省级主体功能区规划中划定的重点生态功能区、禁止开发区发生环境污染、生态破坏事件的；（三）发生其他严重影响生态环境后果的。"

态环境损害但不严重的情形不需要通过损害赔偿来救济。尽管我国《民法典》未对生态环境损害赔偿规定后果要件，但对生态环境损害进行索赔只是国家规定的机关或者法律规定的组织的权利而非职责。也就是说，损害赔偿并非保护环境公益的必然选择，其他方式也可以实现这一功能，这一功能只能是行政手段。但是，在行政手段中，法律规定的责令恢复、责令限期治理、责令赔偿损失并不能涵盖生态环境损害赔偿中的所有损失和费用，至少期间功能损失是目前行政手段难以涵盖的，并且只有部分法律有此类规定，事实上绝大多数的行政责任承担方式都是罚款。那么，罚款就是不得忽视的因素。按日连续计罚更是很多地方进行环境执法的重要手段。[①] 但是，诸多案例并非《最高人民法院关于审理生态环境损害赔偿案件的若干规定（试行）》中所规定的"严重影响生态环境"之情形。考量各立法之间的逻辑，我们可以得出这一结论：罚款也是政府赖以救济环境损害的手段。事实上，前文所述程序衔接方案也表明，诸多学者都主张"行政救济优先"，"当需要启动生态环境损害赔偿诉讼时候可以将罚款结果作为赔偿金额酌减的因素，处罚所得的资金也可以用来作为生态损害的修复资金"[②]。所谓"行政救济优先"不可能将罚款保护公益的功能排除在外，否则单独依靠行政命令可能永远也不存在"行政救济充足"的情况。

综上所述，各环境法律责任之间由于环境公共利益的特殊性而得以互通的现实需求，又因为罚款、罚金、赔偿的特性而具有贯通的可能性。罚款、罚金在法律责任体系中的特殊性就在于它们的标的是货币，货币的转移具有双向性：对于被剥夺者是利益丧失，对于剥夺者则是收益。这种双向功能是货币转移固有的属性，货币一旦发生转移，这种双向功能就必然同时产生。实际上，刑事责任与行政之间、刑事责任与民事责任之间的联系始终不乏学者探讨，罚款与罚金、罚金与赔偿之间的协调也一直有肯定者，然而行政责任与民事责任之间的联系却鲜有人讨论。其中的主要原因仍然在于环境公益的特殊性。理论上，犯罪本身是"严重的"违法或侵权，刑法是居于法律体系的第二防线的保障法。[③] 对于自然犯而言，犯罪是侵权的升格，刑事责任是民事责任的升阶。对于行政犯而言，犯罪首先

---

① 参见杜群《环境保护法按日计罚制度再审视——以地方性法规为视角》，《现代法学》2018年第6期。

② 杨士群：《生态环境损害赔偿与环境行政处罚的功能协同研究》，硕士学位论文，华东政法大学，2019年，第33页。

③ 参见牛忠志、杜永平《对行政犯三种法律责任的追究》，《刑法论丛》2015年第3期。

是行政违法的升格,刑事责任首先是行政责任的升阶。对于自然犯,民事责任与刑事责任具有完全不同的面向,因而民刑关系并不复杂;对于危害社会秩序的行政犯,行政处罚与刑事处罚虽均面向公益但因为它们又都属于"处罚"因而也不复杂。唯独对于环境公益侵害,既不是自然犯也不是纯粹危害秩序的行政犯,民刑关系、刑行关系都不足以完整描述其涉及的法律责任关系,亟须回答同时面向公益的行政责任与民事责任的关系,尤其是具有同类功能的罚款与赔偿。

至此,不难发现,各种生态环境损害金钱给付义务在一定程度上可以通过法律程序进行"转化"。例如,将基于民事请求权的损害赔偿转换为刑事程序中的损害赔偿命令从而使其具有了刑事属性;或者转换为行政收费从而具有了行政法律义务属性;或者转换为税如生态补偿税从而具有了税的属性。至于排污费,其本身就属于"行政机关或法律、法规授权组织对污染环境或者损害公共利益的公民、法人或其他组织收取的赔偿费",它的目的是"补偿因公民、法人或其他组织污染环境或者损坏公共财产、公共设施等社会公共利益而造成的损失"①,其与损害赔偿责任异曲同工。责令改正和清理污染等行政法律责任可能转换为代履行费用给付义务,而代履行费用也可以转换为环境公益诉讼或生态环境损害赔偿诉讼中的损害赔偿。这在私法中也有据可循,例如,在知识产权法中,使用他人作品应当支付许可费或使用费,如果未经许可或未支付使用费则需承担损害赔偿,并且在实际损失难以确定时损失赔偿标准参照知识产权使用费。② 但是,使用费与损害赔偿并不是并行的关系而是替代的关系。计划生育时代的"超生罚款"改为"社会抚养费",正是特定社会资源环境下基于行为对社会造成负担的"补偿",更折射出第一性义务与第二性义务的内在联系。由于"费"具有"对价"性,③ 这种"转化替代"的关系隐含了法律责任的"对价"性。只不过,这一"对价"不是相对于商品价值而言,而是相对于行为造成的外部成本。并且,从抑制行为发生的角度而言,"损害赔偿费具有惩罚的性质"④。第一性的环境税费义务的原理正是弥补外部成本、抑制不良环境行为的发生,其与第二性的法律责任也具有上述内在联系。

---

① 参见江利红《行政收费法治化研究》,法律出版社 2017 年版,第 107 页。
② 参见《专利法》第 65 条。
③ 参见马志毅《中国行政收费法律制度研究》,中国金融出版社 2014 年版,第 7 页。
④ 参见江利红《行政收费法治化研究》,法律出版社 2017 年版,第 107 页。

第四章　整体化路径下处理生态环境损害金钱给付义务关系的基本原则

在生态环境损害金钱给付义务整体化的理论基础得以证成之后，生态环境损害金钱给付义务必须反过来对实践予以回应，否则理论研究便失去了基本价值。原则是理论进入实践的切入点，"原则的价值在于创造统一的标准，如果毫无原则，则形同随意、恣意并非正当"[①]。法律原则概括体现着法律制度的核心和精髓，对法律制度的体系建构有着不容忽视的价值。若缺乏统一的法律原则指引，生态环境损害金钱给付义务的整体化自难想象。生态环境损害金钱给付之间的关系是生态环境损害金钱给付义务分立的外在表现，因此处理生态环境损害金钱给付义务之间的关系就是整体化需要解决的问题。

第一节　生态环境损害金钱给付义务加总原则的确立

一　加总原则的意涵

生态环境损害金钱给付义务的加总原则是指，各生态环境损害金钱给付义务数额的总和理应相当于环境行为所造成的外部成本，既不应小于也不应大于。此外，鉴于生态修复类的行为责任与生态环境损害赔偿是可替代的等价关系，在适用加总原则时理应在等价范围内同等对待。对加总原则的理解首先需要理解"加总"的由来。顾名思义，"加总"是将两个或两个以上数目合在一起并且得到"总数"的加法运算过程。"加总"也是

[①] 叶金育：《环境税整体化研究：一种税理、法理与技术整合的视角》，法律出版社2018年版，第61页。

经济学中的专业术语，指的是"个别需求"到"市场需求""个别供给"到"市场供给"的过程，它反映的是微观加总汇集到宏观、个体加总汇集到总体的过程。① 数学上的加法只能表达数的概念，因此加数必须是数字并且加总的意义由加数的单位来决定。例如，一个苹果加一个苹果得到的总数是两个苹果，一个苹果加一个橘子得到的总数是两个水果，否则便不能加总。世界上没有完全相同的事物，同类事物的不同个体之间也有差异，如果要比较不同苹果之间的差异并统计同种苹果的数量，还必须找出重量、体积或者含糖量等指标才能进行比较。可见，加总的可加总性首先在于加数之间具有同质性，异质性的个体必须在相同的标准下进行加总。由于数字只是人类用来描述事物的工具而非事物本身，真实世界中的事物之间总是存在异质性，真实世界中的加总很少有直接的数字相加，经济学中的加总法实际上是通过货币把物质形态不同的产品的产量都还原为一定的市场价值即使得不同事物具有同质性从而加总。② 由于不同事物在系统中的影响不同，统计学中的加总不仅要求数据的统计口径相同，并且往往是分类加权后再相加的结果，③ 也就是说，真实世界中的加总或多或少蕴含着价值判断，体现着人们对事物属性的认知。④ 此外，真实世界的"总体"并非进行加数运算的结果。总体和个体、宏观和微观是人们认识世界的两种视角，即便不对个体进行加总也可以直接认识总体，个体之间的相互作用决定了总体并不是个体的简单汇总，总体是个体的均衡。在哲学层面，整体大于部分之和。然而，对整体的认识并不能靠直接观察得到，诸如"社会""市场""法律制度"等概念并不代表直接观察到的实体，而是人们为了解释社会现象而给出的假设，人们唯一可以直接观察的事物仍然是个体。因此，"社会公共利益"并非私人利益的加总，多数人的利

---

① 参见熊秉元《法的经济解释：法律人的倚天屠龙》，东方出版社2017年版，第32页。
② 参见周彬《基于经济学方法论视角的个体与总体》，《经济与管理评论》2013年第3期。
③ 在货币与金融统计中，不良贷款核算就是其中较为经典的例子。按照风险等级程度的由低到高，一般可以将商业银行贷款划分为五类，即正常、关注、次级、可疑、损失。实际中，我们经常将次级、可疑和损失这三类贷款直接相加，来得到不良贷款总额，并进一步利用贷款总额得到不良贷款率。然而，商业银行不良贷款率指标的升高，并不意味着贷款风险就一定会加大，来自结构的变动影响或许会扭曲真实风险。对于不良贷款总量实现而言，更为科学的合成方法应是将三类贷款按照对应风险程度进行加权。参见彭刚《"相加"也许并不那么简单》，《中国统计》2020年第10期。
④ 一些微观经济个体的行为就根本不能直接加总。比如个人的生产经验，技能的熟练程度，是没有办法直接加总的。

益并不一定就是社会利益。① 所谓公共利益损害也并非个体损失的累计，而是指不能还原为私人利益但又真实存在的利益损害。而所谓财产损失本身就是事物货币化后才能统计的损失，即财产损失的统计是货币的统计、数字的相加。但是，利益在未货币化之前不具有同质性因而无法相加，但在进行货币化之后就说明人们以货币形式对其进行了价值表达。生态环境损害金钱给付义务从整体上而言就是为环境公共利益损害所付出的代价的货币化。一些利益损害如精神损害原本是不能货币化的，没有市场的事物损害原本也是不能货币化的，但一旦选择了以货币衡量精神损害就需得遵循货币的逻辑。正如前文所言，货币的逻辑在于，货币作为一般等价物，货币之间具有同质性，被货币化的事物可以货币的形式进行加总。货币具有交换功能，因而金钱给付属于收入，对于接受金钱给付的主体而言是一种利益，从功利性层面而言需得遵循"不得不当得利"的原则。事实上，早已有人注意金钱责任的特殊性，认为不同责任中的金钱责任"只是一种形式上的符号性差别；不同的符号如果并不记载不同的实质内容，那么久而久之这种差别自会在人们心目中的符号系统中淡化和消失，最终势必出现一种不同的语词（罚金和罚款）表达同一的概念（缴纳金钱）的思维逻辑现象"，主张"凡以财产方式能够有效承担的法律责任则应统统划归行政或民事责任范畴"②。

加总原则的"加数"是指各生态环境损害金钱给付义务，与金钱给付等价的行为给付以及具有罚款属性的没收违法所得也与金钱给付同等对待。加总原则的"总数"是指环境行为所造成的所有外部成本。理论上，环境行为人造成的一切负外部性均应由其自己负担，包括执法和司法正本。从污染者负担原则来看，污染者也应负担全部环境费用，包括防治公害费用、环境恢复费用、预防费用和被害者救济费用，不过也有观点认为"把全部环境费用加在生产者身上，会造成污染者负担过重而不利于经济发展，而且在实践中很难行得通。他们主张污染者应承担两项费用，即消除污染费用和损害赔偿费用"③。考虑到污染者负担原则在费用负担上实

---

① 参见刘水林《经济法基本范畴的整体主义解释》，博士学位论文，西南政法大学，2005年，第11页。
② 冯亚东：《罪刑关系的反思与重构——兼谈罚金刑在中国现阶段之适用》，《中国社会科学》2006年第5期。
③ 参见金瑞林主编《环境法学》（第四版），北京大学出版社2016年版，第44—45页。

际上只是在损害赔偿意义上而言，叠加环境税费、罚款、罚金之后实际上可以包纳一切外部成本。从具体外部成本来看，生态环境损害金钱给付义务的可加性主要取决于生态环境损害的可计量性。由前文可知，尽管环境损害是外部性在环境法中的概念投射，但环境损害作为事实无法反映外部性大小，只有"损失"才能度量损害大小，从损害事实到损失的转化就是将环境损害货币化为外部成本的过程。环境行为造成的外部成本包括环境价值损失（生态服务功能损失）和环境损害引起的损失（清除污染和生态修复费用等）。环境外部性计量的难点和关键就在于环境价值损失的计量。因为"由于客观的因果关系链条在空间维度上的复杂性和在时间维度上的持续性，如何确定行为的外部性影响是一个非常棘手的技术性问题"①。对于环境外部性而言，大量无形效果无法直接进行货币计量，"环境效果的无形性质是阻碍人们深刻认识环境问题重要性的因素之一"②，实际上也是阻碍法律衡量环境行为严重性的原因。但是，随着技术的发展，环境外部性的度量并非不可能。生态环境损害的鉴定正是对于环境价值的度量。针对环境污染行为，由于大气和水具有流动性，静态地选取某个点进行测量无法得知损害大小，也无法得知外部性在将来的变化情况，"风险性损害"这种矛盾性概念也无法帮助判断损害大小，③ 对于此类无法准确计量的在未来的可能损害，生态环境损害鉴定技术采用多种方法来度量。对于排放行为事实明确，但损害事实不明确或无法以合理的成本确定的生态环境损害范围、程度和损害数额，虚拟治理成本法通过危害系数、超标系数、功能系数、敏感系数等调整系数来评估这种"风险"或曰"危害""影响"，④ 与外部性的内涵恰相符合。这并非想象的外部性，而是技术手段对于实质外部性的客观评估。针对生态破坏行为，也有诸多价值量化方法用以度量非商品化、非市场化的价值。例如，避免损害成本

---

① 参见张维迎《信息、信任与法律》，生活·读书·新知三联书店2003年版，第286页。
② 厉以宁、章铮：《环境经济学》，中国计划出版社1995年版，第104页。
③ 有学者针对风险社会诸如个人信息泄露等损害不确定的侵权提出"风险性损害"这一矛盾性概念，实际上就是在损害作为过程不断发展变化而具有"不确定性"这一意义上而言的。参见田野《风险作为损害：大数据时代侵权"损害"概念的革新》，《政治与法律》2021年第10期。
④ 根据《生态环境损害鉴定评估技术指南》，调整系数（adjustment coefficient）是用于调整污染治理成本与环境污染造成的损害价值间的差距而确定的系数，反映废水或固体废物对水环境造成的不利影响和不同功能水体的敏感程度，以及大气污染物对于周边人群健康和空气质量的综合影响。

法可用于评估净化的空气和水等非市场商品的价值（指个人为减轻损害或防止环境退化引起的效用损失而需要为市场商品或服务支付的金额）；条件价值评估法特别适用于选择价值占有较大比重的独特景观、文物古迹等服务价值评估（用调查技术直接询问人们的环境偏好，当缺乏真实的市场数据，甚至也无法通过间接的观察市场行为来赋予环境资源价值时，通常采用条件价值评估技术）；效益转移法用于非市场资源价值受时间、空间和费用等条件限制时的度量。① 事实上，对外部性的计量已经成为认知抽象环境利益损害的衡量方法。例如，在中国生物多样性保护与绿色发展基金会诉郑州华瑞紫韵置业有限公司毁坏人文遗迹案中，② 法院认为墓葬属于人文遗迹，系文化生态环境的重要组成部分，具有相应的历史、艺术和科学价值，其承载的环境功能是作为整体人文环境组成部分，丰富了人类物质文明和精神文明的统一整体。本案中，因案涉墓葬已被损毁，其价值无法进行进一步鉴定，客观上亦无法恢复，属于生态环境永久性损害。其环境功能客观上无法恢复到原有状态，故不宜适用恢复原有生态环境功能的责任方式。二审判决已明确将判令赔偿的生态环境服务功能损失款项专门用于郑州市生态环境保护工作。当然，利益货币化的过程中难免存在与真实利益价值的误差，但随着经验的积累，误差幅度会下降，经验法则会发展起来，③ 因此有学者提出如果可以根据未来——而不是今天——对今天外部性的社会成本的估计来征收今天的"庇古税"，那么今

---

① 根据《生态环境损害鉴定评估技术指南》，环境价值量化方法选择遵循下列原则：a) 污染环境或破坏生态行为发生后，为减轻或消除污染或破坏对生态环境的危害而发生的污染清除费用，以实际发生费用为准，并对实际发生费用的必要性和合理性进行判断；b) 当受损生态环境及其服务功能可恢复或部分恢复时，应制定生态环境恢复方案，采用恢复费用法量化生态环境损害价值；c) 当受损生态环境及其服务功能不可恢复、或只能部分恢复、或无法补偿期间损害时，选择适合的其他环境价值评估方法量化未恢复部分的生态环境损害价值；d) 当污染环境或破坏生态行为事实明确，但损害事实不明确或无法以合理的成本确定生态环境损害范围和程度时，采用虚拟治理成本法量化生态环境损害价值，不再计算期间损害。除恢复费用法外，其他常用的环境价值评估方法包括直接市场法、揭示偏好法（内涵资产定价法、避免损害成本法、治理成本法）、陈述偏好法（条件价值法、选择实验模型法）、效益模型法。

② 参见〔2021〕最高法民申 5796 号。

③ 加拿大环境与气候变化部和加拿大公园管理局发表了一份关于环境罚款和量刑制度的讨论文件，就法案中的罚款金额和量刑原则是否推进了所有相关目标（威慑、谴责、污染者付费原则、恢复和恢复）并与公共价值观以及经济和其他相关情况保持一致征求公众意见。参见 Canada Environment and Climate Change Canada issuing body, "A discussion paper regarding the environmental fines and sentencing regime, 10 years later", 10 October 2021, https://publications.gc.ca/site/eng/9.900727/publication.html, 1 February 2022。

天就有可能更有效地分配资源。① 此外，通过引入民主机制也可以使得外部性的度量更加真实、全面。② 多种量化方法已经基本涵盖了所有的环境价值，愈加精确地反映出外部性大小。③ 也可以见得，生态环境损害的鉴定并非一个纯粹科学检测问题，多种量化方法实际上正是运用多种经济学方法来实现对外部性的精确计量，方法本身既蕴含了社会需求、社会共识与价值，也体现了外部性"质"和"量"的双重属性。

虽然环境外部成本理论上可以相对准确地确定，但法律实践中未必以此为标准确定责任范围。环境公益损害赔偿责任属于民事请求权，尽管有"应赔尽赔"的政策呼吁，但在法律上原告可以选择性地确定赔偿范围。而且，生态修复费用和生态服务功能损失的确定实际上也并非静态、封闭的过程，其中蕴含的价值判断使其具有开放性和不确定性。首先是生态服务功能损失与生态修复（费用）是否并处的问题。一般情况下生态环境损害赔偿中的生态服务功能损失与生态修复行为责任或生态修复费用是并处的，但有的案件将损失赔偿直接用于生态修复从而实现二者合一。例如，四川省崇州市人民检察院诉张某等非法捕捞水产品刑事附带民事公益诉讼案，④ 法院判决被告人参与社会实践公益活动并将渔业资源损失费直接用于水域环境治理，替代通常的"增殖放流"修复方式，以促进惩罚犯罪与修复生态效果的统一；有的只承担了生态修复费用，如中国生物多样性保护与绿色发展基金会诉玉江化工公司违法排污案⑤和郑某等非法处

---

① See T. Nicolaus Tideman, Florenz Plassmann, "Pricing Externalities", *European Journal of Political Economy*, Vol. 26, No. 2, June 2010, p. 176.

② 实际上，目前，生态环境损害鉴定已经一定程度上引入了民主机制。根据《生态环境损害鉴定评估技术指南》，生态环境恢复方案实施后，应采用环境监测、生物监测、生态调查、问卷调查等方法，跟踪生态环境恢复方案的执行情况、实施期间二次污染情况、恢复目标达成情况、生态环境恢复效果以及公众对恢复行动的满意度等。当基本恢复或补偿性恢复未达到预期效果时，应进一步量化损害，制定补充性恢复方案；当补充性恢复不可行或无法达到预期效果的，采用适合的环境价值评估方法量化生态环境损失。

③ 深圳率先探索建立 GEP 核算制度体系，给绿水青山"定价"，将无价的生态系统各类功能有价化。GEP 叫作生态系统生产总值，也就是生态系统服务价值，是指生态系统为人类福祉和经济社会可持续发展提供的最终产品与服务价值的总和，包括物质产品价值、调节服务价值和文化服务价值三部分。参见深圳市生态环境局《深圳在全国率先建立 GEP 核算制度体系》，2021年10月18日，http://meeb.sz.gov.cn/xxgk/qt/hbxw/content/post_9264474.html，2022年2月1日。

④ 参见最高人民法院发布长江流域水生态司法保护典型案例（2020年9月25日）。

⑤ 参见〔2016〕皖05民初113号。

置危险废物案①；有的则只承担了生态服务功能损失，如江苏省常州市人民检察院诉被告许某某等非法处置危险废物案。② 这种现象容易导致司法判决结果不一，从而引发司法不公。在叠加其他金钱给付义务之后，这种司法不公则可能被进一步放大。其次是生态服务功能损失如何与非生态服务功能损失相区别。一方面，个人利益的损失（如农用地耕地服务功能、渔业资源损失等）计算入服务功能损失是否合适。例如，铜仁市人民检察院诉湘盛公司固体废物污染案中，③ 法院认为农用耕地用途改变所造成的损失属于生态服务功能损失范畴。在自然之友所诉谢某某等破坏林地案中，④ 法院认为林木价值属于林木所有者，不属于生态服务功能损失。另一方面，经济损失是否属于生态服务功能损失。在中国生物多样性保护与绿色发展基金会诉青川县裕泰石业有限公司破坏林地案中，⑤ 法院认为生态服务功能损失覆盖直接经济损失。这种将生态服务功能损失与非生态服务功能损失混同的原因是生态环境客体同时负载公益与私益、环境利益与经济利益。违法行为人同时对公益和私益承担责任本属应当，但在公益诉讼中将非公益性损失纳入考量则可能造成公益诉讼与私益诉讼并行带来重复追责。归根结底，这是生态环境损害概念及赔偿范围不清晰所致。在本书的推论之下，生态环境损害赔偿范围对标的应当是客观的环境外部成本，不包括非环境外部成本（与环境行为无关的损失或个人损失），但也不应任意选择外部成本的一部分作为诉讼请求。

现实中，各生态环境损害金钱给付义务对外部性反映的程度不同，生态环境损害金钱给付义务的简单加总就并非对外部性的全部反映。本书所说的加总原则实际上是一种"总额控制"并且允许"总额控制"下进行"结构调整"的原则，在这一原则的约束下，各生态环境损害金钱给付义务对标外部成本进行动态调整。也因此，这一加总的过程并不一定是纯粹的加法运算，既可能体现为生态环境损害金钱给付义务的"并科"，也可能体现为基于"总额控制"的折抵。这种"总额控制"的思想与环境污染和自然资源开发的"总量控制"异曲同工。环境污染和自然资源开发

---

① 参见 2021 年度温州法院环境资源审判典型案例。
② 参见〔2015〕常环公民初字第 1 号。
③ 参见〔2016〕黔 03 民初 520 号。
④ 参见〔2015〕闽民终字第 2060 号。
⑤ 参见〔2018〕川 08 民初 88 号。

的"总量控制"反映的是目标导向和整体思维,其本质是经济发展与环境保护之间存在张力,既不能完全禁止个体的环境行为,又不能赋予个体完全的行为自由,因此为实现一定的环境质量目标,而对于具体的开发利用行为适当放松管制,在不超过总量的前提下,允许"污染互补"、污染指标交易等情形。① 对于生态环境损害金钱给付义务而言,之所以将这些不同类型的义务或责任统称为"生态环境损害金钱给付义务",正是因为在终局性意义上,这些义务或责任对行为人而言都是基于同一行为在不同阶段、不同程序中产生的需要其给付金钱(或可转化为金钱给付的行为给付)的一种法律义务。我们在衡量是否"罚当其过"时习惯于着眼于某一部门法责任内部如行政责任或刑事责任,但对同一个污染行为征税后再处以罚款,处以罚款后再处以罚金,处以罚金后再索赔,而每个金钱给付实际上都有反映外部成本的功能,这一功能是对外部性进行货币化后的客观必然,并不因各金钱给付义务的主观目的(如定位于单纯的惩罚目的)而改变。因此,可能单独来看每个生态环境损害金钱给付义务都没有超过外部成本,但其"总额"却超过外部成本,而"总额"控制就是对标环境外部成本调整各生态环境损害金钱给付义务的配比。

以加总原则观测我国目前生态环境损害金钱给付义务的现状,它们可以统一于损害担责的体系之下,但这一原则似乎仅在理念上笼统地统摄各种环境法律义务与责任,其内部由于义务—责任、合法—违法、行为—后果、行政—司法、社会—国家、归属—用途的区分而呈现分裂和断层。并且,损害担责原则也没有发展出责任总和、责任比例的思想。从污染者付费原则的理论基础——外部性矫正来看,环境法对经济学外部性的讨论停留在"质"的层面,没有在其"量"的层面上继续推进。因此,基于威慑逻辑的加总和基于外部性矫正逻辑的加总有着根本不同。前者认为行政犯中刑罚是对行政处罚的升阶,自然犯中刑罚是对侵权责任的升阶,因此是质的加总,即高阶吸收低阶,因而可以折抵;在外部性矫正体系中,罚款、罚金都是对外部性的反映,因此应该与其他金钱给付义务一致对标外部性进行量的加总,其总和等于外部性,其本质是法律手段的选择应以"必要"为限,如果某一手段足以实现特定功能,那么其他手段就无须使用。在外部性矫正逻辑中,由于定价机制的不同,每一种手段都不能反映全部的外

---

① 参见刘长兴《污染物总量控制的法理基础与决策机制》,2012年全国环境资源法学研究会年会论文集,第186—190页。

部成本，但由于货币可以直接计算，其在数额上可以进行加总处理。

二 加总原则的思想渊源

与其说加总原则是本书针对生态环境损害金钱给付义务体系建构提出的原则，倒不如说是边界或曰限度思想在处理生态环境损害金钱给付义务关系中的具体应用。万事万物皆有边界、限度。法学中，表达边界或限度思想的原则所在多有，例如，比例原则、行政处罚中的过罚相当原则、刑法中的罪责均衡原则、法律责任的谦抑性原则等。这些原则为加总原则提供了诸多思想资源，加总原则本身也是对这些原则的发展。其中，比例原则亦称禁止过度原则，源自法治国家理念，最早作为宪法原则出现，后来逐步为包括行政法在内的其他部门法所吸收，[①] 现在一般认为比例原则不仅可以约束行政执法行为和行政审判行为，而且可以约束立法机关的立法行为。[②] 作为法律中的普遍性原则，比例原则强调的是手段与目的之间的"合比例性"以及手段与手段之间的均衡性。[③] 在这个层面上，比例原则是对边界或限度思想的直观反映，与中国古代"中庸"思想不谋而合，罪责均衡原则、过罚相当原则虽与比例原则缘起不同但也可以由比例原则推导出。[④] 可以说，比例原则已经"无部门法差别"，[⑤] 不仅对部门法适用，对于跨部门法的生态环境损害金钱给付义务而言仍然适用。但也正因此，此原则已经不具备自身的独特性而流于"空洞化"，尽管有学者从成本—效益分析的角度试图使普遍性的比例原则精确化，[⑥] 但这实际上属于"法律的经济分析"而非比例原则自身的精确化，并且无法解释成本并未超过收益情况下的比例配置，存在"结果导向性"风险。[⑦] 因此，尽管加总原则符合比例原则，但由比例原则却无法推导出加总原则，比例原则只

---

① 参见陈新民《中国行政法学原理》，中国政法大学出版社 2002 年版，第 42 页。
② 参见王名扬、冯俊波《论比例原则》，《时代法学》2005 年第 4 期；余凌云《论行政法上的比例原则》，《法学家》2002 年第 2 期；李燕《论比例原则》，《行政法学研究》2001 年第 2 期。
③ 参见 [德] 哈特穆特·毛雷尔《行政法学总论》，高家伟译，法律出版社 2000 年版，第 238—239 页。
④ 参见杨登峰、李晴《行政处罚中比例原则与过罚相当原则的关系之辨》，《交大法学》2017 年第 4 期。
⑤ 参见蒋红珍《比例原则适用的范式转型》，《中国社会科学》2021 年第 4 期。
⑥ 参见刘权《比例原则的精确化及其限度——以成本收益分析的引入为视角》，《法商研究》2021 年第 4 期。
⑦ 参见刘权《均衡性原则的具体化》，《法学家》2017 年第 2 期。

是加总原则的法理渊源之一。在比例原则与过罚相当、罪责均衡原则之间还有法律责任的节制性或曰谦抑性原则。该原则认为法律责任只是社会控制手段之一，由于法律责任总是会给责任人带来不利后果，法律责任的严苛程度并不总与法律效果成正比，过度的法律责任可能会带来违法行为的反弹。① 因此在整个社会控制体系中，要尽量少设定法律责任，而在设定法律责任时，要尽量节制法律责任的范围与力度。② "它反对对于法律责任尤其是惩罚性责任的迷信，应当在补偿不足以达到责任的完整目的和功能时，才考虑设定惩罚性的责任"，要求"责任应当与行为损害的具体度量相适应，对不同的违反义务行为应按其性质和程度分别设定不同的责任措施，对同等损害性的行为应设立价值相当的责任量。即行为的差序格局与其相应的差别性责任安排应当是合比例的"③。这就要求责任作为一种负担既要节制，又要使违反义务者不能从违法或违法行为中获得的利益大于守法的利益，这两者的临界点就是适度。所谓适度性，是以侵害行为的自身性质和量度为基础的一种社会评价，而社会评价的诸因素之中，实际也考虑到预防和控制这些违法行为所必要的负担量。可见，法律责任的节制性原则为观察惩罚性责任与补偿性责任的比例关系提供了一个统一视角，进而为罚款、罚金与损害赔偿的可加总性提供了一定依据。但是，这一原则并不排斥惩罚性金钱责任可以大于损害，前文也提及，预防论是这一做法的主要正当性根据，然而在揭示各生态环境损害金钱给付义务均以外部性为共同来源后，简单以预防论回答这一问题则显得不够充分。这就不得不回到惩罚性责任自身的逻辑内探求，即罪责均衡原则、过罚相当原则中所谓的罚金、罚款何以与"罪""过"相当。更重要的是，预防论与外部性矫正理论的关系究竟是什么，这是加总原则可以证立的关键。

对于刑事责任而言，刑罚并非天然地具备超过损害的正当性。在刑法发展初期，刑法学者认为犯罪不仅造成物质损害，还造成社会思想或心理层面的损害。④ 犯罪弱化了民众对法以及国家的尊重，削弱了其神圣感，并诱使人的感官世界向违法的一端靠近，这种智力层面的后果必须通过刑

---

① 参见方印等《环境法律前沿问题研究》，知识产权出版社2018年版，第556页。
② 参见郭道晖《论立法的社会控制限度》，《南京大学法律评论》1997年第1期。
③ 叶传星：《论设定法律责任的一般原则》，《法律科学》1999年第2期。
④ 参见 Vgl. Heinz Muller-Dietz, Vom intellektuellen Verbrechensschaden, in: GA 130 (1983), S.481-496, 转引自陈金林《从等价报应到积极的一般预防——黑格尔刑罚理论的新解读及其启示》，《清华法学》2014年第5期。

罚加以消除。① 可见，刑罚实际上是一种损害赔偿，其与现代民法中的侵权损害赔偿的不同就在于刑罚是对社会的损害赔偿，而现代民法中的侵权损害赔偿是对个体的损害赔偿。这与外部性的概念不谋而合。现代刑罚可以超过损害的理论基础在于预防论，即为了预防的目的，刑罚可以超过某个个体造成的损害。预防论之所以并非天然具备正当性，其原因在于：从社会危害性最初的含义而言，其指的是"已然之罪"即客观损害，② 既然刑罚的正当性在于犯罪具有社会危害性，那么刑罚的轻重就是由犯罪的社会危害的大小所决定的。③ 因此，报应刑乃是因果关系的自然推理，犯罪是因、刑罚是果，犯罪的程度决定了刑罚的程度，刑罚与犯罪对等，其精神源自"以眼还眼""以牙还牙"的朴素认知。"等量报应"或"等害报应"就是一种事实上对犯罪的"回复"，以犯罪的形式确定刑罚的形式，反映的是"以物易物"思想。④ 及至货币发展之时代，以货币为媒介的等价交换取代"以物易物"，犯罪的"量"得以以货币呈现，因而产生"等价报应论"，即按照损害所损及的价值而非特种性状来确定刑罚。⑤ 然而，"等量报应"和"等价报应"都无法应对"未然之罪"。因为在宏观层面，刑罚的目的是预防犯罪的产生，而在微观层面，刑罚面对的是特定个体的犯罪事实，而对单个个体的惩罚往往并不能在整个社会层面预防犯罪的产生，因而产生了将宏观目的加诸个体的需求。⑥ 对此，刑法学界出现两种路径。一种是扩大社会危害性的概念，将犯罪的主观方面、社会心理

---

① 参见 Vgl. Sven Terlinden, Von der Spezial-zur positiven Generalpravention, Verlag Dr. Kovac, 2009, S. 31, 转引自陈金林《从等价报应到积极的一般预防——黑格尔刑罚理论的新解读及其启示》，《清华法学》2014 年第 5 期。

② 参见高铭暄、陈璐《论社会危害性概念的解释》，《刑法论丛》2012 年第 3 期。

③ 参见 [意] 贝卡里亚《论犯罪与刑罚》，黄风译，中国大百科全书出版社 1993 年版，第 63、67 页。

④ 参见甘雨沛《刑法哲学的等量和等质理论的演变和展开》，《社会科学战线》1984 年第 4 期。

⑤ 参见甘雨沛《刑法哲学的等量和等质理论的演变和展开》，《社会科学战线》1984 年第 4 期。

⑥ 例如，贵州省习水县几名公务员和一位教师嫖宿幼女，引起了公众的愤慨，但由于嫖宿幼女罪阻碍了公众实现判处几名被告人无期徒刑或者死刑的"愿望"，公众的愤慨开始转移到嫖宿幼女罪这一立法规定上。实际上，民众的愤慨在根本意义上并不是针对这几位被告人，而是针对幼女合法权益未得到充分保障这种现实。由于针对幼女的性侵事件频繁发生，从一般预防的立场出发，有必要判处严厉的刑罚。但这类犯罪现象的责任，是否应当完全由"习水案"的几名被告人承担则值得探讨。参见陈金林《从等价报应到积极的一般预防——黑格尔刑罚理论的新解读及其启示》，《清华法学》2014 年第 5 期。

损害以及人身危险性乃至规范违反本身纳入社会危害性的范畴中,从而在报应论的层面上实现预防的目的,刑罚超过客观损害从而得以正当。① 另一种是确立预防论自身的价值,正如陈兴良学者所言,"我国现存刑法学所固有的矛盾——在犯罪论中称犯罪的社会危害性是定罪量刑的根据,在刑罚论中又称预防犯罪是用刑施罚的指南","只有从双重罪刑关系(报应关系和功利关系)的对立统一性出发,才能消除这些不合理现象"②。预防论的价值在于保护公共利益、公共秩序的需要,但预防论自始面临将人视为实现目的之手段、牺牲个案公正的道德诘问。③ 对此,有学者提出将宏观层面所有犯罪引发的对法秩序的负面效果的预防任务平均分配至个体,在微观层面,即面对具体的罪犯时,只需考虑预防负担分配的均衡性问题,而不需要直接考虑预防的目的。"这样,就相当于在制度的目的追求和具体的刑罚裁量之间加入了一个隔离层,这一隔离层把目的追求均衡地传达给了具体的罪犯","不是在犯罪与刑罚之间确立各种比例或者阶梯,而是在罪犯与罪犯之间确立同等对待原则"④。也就是说,在同案同判的原则约束下,超过客观损害的刑罚就是正当的。

  超过损害的责任其背后是法律威慑目的的驱使,而在法经济学的威慑视角下,法律责任的边界性更加明显。法律威慑是通过法律责任为违法行为设置后果从而为行为人创造事前妨碍违法行为的激励,⑤ 因此"如果刑

---

① 参见马荣春、韩丽欣《论犯罪社会危害性评价机制的确立》,《中国刑事法杂志》2007年第4期;陈道远《论当代刑法中的等害报应》,硕士学位论文,湘潭大学,2020年,第8页。
② 陈兴良、邱兴隆:《罪刑关系论》,《中国社会科学》1987年第4期。
③ 参见邱兴隆《一般预防论的价值分析》,《法学论坛》2000年第4期。
④ 马荣春、韩丽欣:《论犯罪社会危害性评价机制的确立》,《中国刑事法杂志》2007年第4期。
⑤ 有学者指出,民事责任所寻求的威慑与刑事责任所寻求的威慑是不同的。参见王承堂《论惩罚性赔偿与罚金的司法适用关系》,《法学》2021年第9期。科菲(Coffee)教授认为,民事责任和刑事责任之间的区别在于"定价"和"禁止"。法律制度有时不仅试图迫使行为人将其活动的社会成本予以内部化,而且还试图否认其从该活动中获得的任何好处。在这类案件中,活动的最佳水平被判定为零,因为该活动被认为缺乏任何形式的社会效用(即使它可能为行为人产生效用)。民法通过侵权制度对大多数工业污染者"征税",只是希望其降低污染水平,而不是完全停止生产。相比之下,刑法通常希望完全禁止某些活动,例如盗窃、强奸、谋杀和某些形式的环境污染。这种方法(有学者称为"全面威慑")认为受害者享有不受被告行为影响的道义权利,不管被告或社会能否从中获利或得到更大的好处。See John C. Coffee & Jr. , "Paradigms Lost: The Blurring of the Criminal and Civil Law Models-and What Can Be Done About It", *Yale Law Journal*, Vol. 101, No. 8, June 1992, p. 1875. 希尔顿(Hylton)教授同样指出,刑法文献中的威慑概念是阻止罪犯从事犯罪行为的"全面威慑",而侵权法文献中的威慑概念则是"适当或最优威慑"。See Keith N. Hylton, "Punitive Damages and the Economic Theory of Penalties", *Georgetown Law Journal*, Vol. 87, No. 2, November 1998, p. 421.

罚能够威慑行为人那么赔偿作为总体法律责任后果的另一个组成部分当然也应该具有威慑的功能"①。美国一直存在关于民事赔偿何种情况下构成惩罚的讨论,②其援引的法律依据是美国宪法上的"双重危险条款",对此联邦法院的意见是当立法机构将某一责任定性为民事时,推定其不具有惩罚性,但该推定可以通过两种方式来反驳。其一,如果被告能证明授权追责的法规不能"公平地"服务于任何补救目标;其二,该法规确实为达到补救目标而对某些责任进行了调整,但实际施加的责任在形式或数量上与此目标无关。③但也有法院认为,即使损害赔偿超过实际损害也不必然构成惩罚,因为当事人的真实损害往往不能完全证明。④在威慑工具箱中,为避免"杀鸡焉用牛刀"的诘问,"处理外部性的方式,可以堪称一道光谱。由左到右,并由小到大、由松到紧、由私到公","罚款、拘役、有期徒刑、死刑,惩罚的轻重也正呼应了过错所隐含的外部性大小"。⑤行政罚款与损害赔偿之间的最大差异在于金钱是由哪一方收取,⑥"既然妨害、民事罚款、行政罚款都是法之实施的手段,越重视制裁性机能和抑制性效果,两者的作用就越接近。即公的制裁依死刑、自由刑、罚金、科料、行政罚款这一顺序向民事制裁接近;而损害赔偿依一般实际损害的填补、两倍三倍赔偿、惩罚性损害赔偿、无实际损害的损害赔偿这一顺序逐渐增强其制裁性色彩"⑦。正是在这个意义上,部分学者提出"损害赔偿一元论"的观点,即损害赔偿代替刑罚、行政处罚。⑧当然,正如惩罚的目的不是惩罚本身而是为了威慑行为人的违法行为或不当行为,威慑也并非仅仅为了威慑,而是以保护公共利益、增进社会整体福

---

① 戴昕:《威慑补充与"赔偿减刑"》,《中国社会科学》2010年第3期。
② 英国亦有类似认识,认为"民事诉讼中超过实际损害赔偿的判决同样也是惩罚性的",仅依"是否受惩罚"的标准在英国是难以完全厘清民事侵权同犯罪的界限。参见[英]J.C.史密斯、B.霍根《英国刑法》,李贵方、马清升译,法律出版社2000年版,第20—28页。
③ See United States v. Halper, 490 U.S. 4335 (1989); Hudson v. United States, 118 S. Ct. 4889 (1997).
④ See Nancy J. King, "Portioning Punishment: Constitutional Limits on Successive and Excessive Penalties", *University of Pennsylvania Law Review*, Vol. 144, No. 1, November 1995, p. 106.
⑤ 熊秉元:《正义的效益——一场法学与经济学的思辨之旅》,东方出版社2016年版,第115页。
⑥ 参见[日]田中英夫、竹内昭夫《私人在法实现中的作用》,李薇译,法律出版社2006年版,第160页。
⑦ [日]田中英夫、竹内昭夫:《私人在法实现中的作用》,李薇译,法律出版社2006年版,第160—161页。
⑧ 参见橋本祐子《刑罰制度の廃止と損害賠償一元化論》,《法社会学》2006年卷。

利为目的。因此，有学者从威慑效率即威慑手段的成本效益分析的角度认为，理论上威慑允许超过实际损害，但为了节约制度实施成本，"赔偿减刑"可以在不损伤威慑效果的同时运用。① 同样基于威慑逻辑，早已有学者认识到，尽管在部门法分立格局中，分属三大部门法的损害赔偿、惩罚性赔偿、罚款、罚金、没收财产彼此之间缺乏完整的协调机制，但"在责任威慑理论中具有功能上的相似性，对于风险行为的实施者而言，其总体上的威慑效果可以简单加总"，此即"威慑补充"理论。② "行政法之外的民事赔偿和刑事罚金等责任方式，除了与罚款有量的差异外，并无本质区别。三者都是通过财产责任的设置来预防违法行为的社会风险。故在威慑意义上，违法行为的'价格'可以加总处理。"③ 不过，这种包括非金钱手段在内的威慑手段的"加总"在现实中并不具有可计算性。④ 因为自由刑、资格刑等不具有救济环境公益功能的非金钱给付无法与金钱给付进行加总，威慑逻辑下的"加总"实际上指的是在配置威慑手段时应当考虑损害赔偿这种以损害填补为主导目的但反射性地具有威慑功能的手段，其在司法实践中依赖于法官的自由裁量。

惩罚超过客观损害是针对整个制裁体系而言，包括货币性的罚金和其他财产刑、自由刑乃至死刑。当通过货币实现惩罚，惩罚就不再仅仅具有对责任人施加痛苦的功能，而同时具备了针对被给付人的收入功能。这样，当罚金超过客观损害，被给付人也就要遵循"任何人不得从他人损害中获益"这一法理原则的约束。至于针对责任人"不得从违法中获益"的要求，没收违法所得已经具备此功能。并且，违法所得的范围理论上包括积极收益和消极收益，完全可以满足剥夺违法获益这一需求。针对基于人身危险性、主观恶意等抽象层面的惩罚需求，乃有人身刑、资格刑等非金钱责任堪当此任。此外，正如前文所述，在生态环境领域，环境行为的秩序危害投射于生态环境自身的损害，生态环境的修复与社会秩序乃至社会心理的恢复乃是一体两面、一荣俱荣的关系，即公共利益的"外显"。在抽象标准和具象标准中间，具象标准总是能更好实现公正，也更有利于社会公众认识环境的价值和损害环境所要付出的代价，为行为人提供更稳

---

① 参见戴昕《威慑补充与"赔偿减刑"》，《中国社会科学》2010年第3期。
② 参见宋亚辉《风险控制的部门法思路及其超越》，《中国社会科学》2017年第10期。
③ 谭冰霖：《行政罚款设定的威慑逻辑及其体系化》，《环球法律评论》2021年第2期。
④ 参见李洁《单位主体制裁体系的碎片化缺陷及其修复》，《西南政法大学学报》2017年第2期。

定的法律预期。因此，从对社会危害性的衡量上，罚金不应超过客观损害，而应统摄于加总原则之下。过罚相当亦从此理，此处不再赘述。

三 加总原则的适用边界

"法律方法总是服务于通过法律规范实现的价值，也就是说它与法律秩序的世界观基础相关。"[①] 同时，法律也不可能脱离政治，"政治必然参与法学，所以没有纯粹法学的方法学，因此，方法的决定也就是政治的决定"[②]。对于环境法而言，环境问题总是与经济社会发展乃至国家战略目标交织、关联，法律规则的安排则不同程度体现着对环境保护与其他价值目标的关系。加总原则在适用中必然与各种社会目标或客观因素产生交集乃至冲突，这些目标或因素在特定时空会限制加总原则的适用。加总原则的适用边界主要体现为以下三种情形：

第一，清偿能力不足不适用加总原则。一般来说，环境问题肇因者应当按照加总原则就其带来的生态环境损害承担相当于环境外部成本的金钱给付义务。此种假设的前提是环境问题肇因者具有足够的经济负担能力，但在企业破产、清偿能力不足时则无法适用加总原则。按照现行企业破产立法的规定，当破产主体资不抵债时，应当随时清偿破产费用和共益债务，在此之后才是向各债权人清偿各种公私债务。具体来说，税收具有一定的优先权，这就意味着即便破产主体的清偿能力不足也一般不会损及环境税这一生态环境损害金钱给付义务。然而，必须看到环境税只是众多生态环境损害金钱给付义务的一种，环境税的清偿未必能够完全弥补肇因人带来的全部环境损害。更何况，按照我国既有公私法体系的价值导向，在行为人财产不足以同时清偿各种债务时，罚款、罚金通常处于较为劣后的位置。至于生态环境收费，虽然现行立法并未就其清偿顺序作出衔接规定，但可以肯定的是其顺序极有可能劣后于普通私主体的民事债权。生态环境损害赔偿虽具有一定的民事属性，但由于其也是进入国库，加之并无类似于税收那样的优先权地位，其优先于私主体民事债权的地位同样无从谈起。此外，与金钱给付义务等价的环境修复行为责任虽然也需要金钱支出，但由于不属于破产债权范围更是无法得到保障。当然，劳务代偿也是

---

① [德] 伯恩·魏德士：《法理学》，丁晓春、吴越译，法律出版社2013年版，第239页。
② 顾祝轩：《制造"拉伦茨神话"：德国法学方法论史》，法律出版社2011年版，第259页。

清偿的一种方式。但无论如何，环境问题肇因人一旦走向破产，其财产所能清偿的范围也将因之大大受限，构成对加总原则的偏离。诚然，此种偏离也确系与破产法进行法际对接时的无奈之举，但此等例外也不宜忽视。当然，按照本书的观点，受限于部门法划分的形式主义逻辑，将不同生态环境损害金钱给付义务进行条块分割而非作为一个有机体对待，并由此导致加总原则例外也绝不可取。只是，无论如何，一旦面临清偿能力不足情形，公益与私益的矛盾也势必由此产生，究竟是优先保护公共利益还是私主体利益，这同样需要进行价值权衡。① 一旦站在保护私主体的民事债权的立场，那么生态环境损害金钱给付义务作为公法债权的劣后性也就不可避免，② 这同样会使得加总原则的适用进入"有心无力"的尴尬境地。也因如此，清偿能力受限作为加总原则例外，绝非单向度受制于财产总额本身，还受到立法者或者决策者如何看待公权与私权关系及其优劣次序的深层影响。

　　第二，国家调控领域不适用加总原则。环境法律的实施除了需要遵循自身的逻辑，还会受到国家宏观政策的影响。一国或一地的污染水平与产业结构密切相关，产业结构的不合理本就是环境问题的重要成因。根据《工业和信息化部等十六部门关于利用综合标准依法依规推动落后产能退出的指导意见》（工信部联产业〔2017〕30号）的规定，对于能耗、环保、安全、技术达不到标准和生产不合格产品或淘汰类产能，国家综合运用法律法规、经济手段和必要的行政手段依法依规推动落后产能退出，属于抑制发展性的调控政策，而对于一些国家重点扶持的产业则采取鼓励发展的调控政策。例如，国家划定"两控区"对其加大污染防治力度并将国家重点扶持的贫困县排除在外，③ 就体现了环境法律适用的时空性。产业结构调控的目的是国家的可持续发展，具有公益性的特点。对于抑制性调控，应当允许企业承担超过外部成本的金钱给付义务，对于鼓励性调控则应当允许企业承担不超过外部成本的金钱给付义务。国家调控领域不适用加总原则的理由在于高污染、高风险行业的公共健康福利损失等隐形环

---

① 参见李志、张明《破产程序中环境侵权债权实现之司法进路——以利益衡量为视角》，中国法学会环境资源法学研究会2019年年会论文集（下），第946—953页。
② 参见张钦昱《企业破产中环境债权之保护》，《政治与法律》2016年第2期。
③ 参见涂正革、金典、张文怡《高污染工业企业减排："威逼"还是"利诱"？——基于两控区与二氧化硫排放权交易政策的评估》，《中国地质大学学报》（社会科学版）2021年第3期。

境负外部性极大,①实际中难以准确进行定量分析或计量成本过大。而在鼓励性调控领域,此类产业发展是国家发展的一部分,关乎国家长远发展,单纯的、静态的经济思维或法律思维难以协调多元价值。为了平衡多元社会价值和社会目标,避免严格适用加总原则带来的负面效应,对于国家调控领域允许采取模糊性治理方式即在规则诠释和执行上赋予治理者较大裁量权,②允许其偏离加总原则。从政策与法律的关系来看,二者本就目标一致、功能互补。③ 环境法律原本就具有很强的问题导向和政策属性,环境法律在实施过程中需要获取政策支持、借助政策灵活性优势以增强法律功能,二者应当是协同的关系。④ 对于国家调控而言,环境法律是实现调控目标的手段,灵活适用环境法律是为了在总体上实现法律目的。加总原则作为实现最优水平的外部性矫正效果和威慑功能的方法,其根本目的是实现政治效果、法律效果、社会效果和生态效果的统一。在国家调控领域,对加总原则的突破恰恰是对加总原则所要实现的目标的回归。

第三,特殊客观因素不适用加总原则。这里所说的特殊客观因素是指因企业自身以外的原因导致其无法对某一行为的环境风险产生预期或施加控制,严格贯彻"污染者负担"原则令其承担完全的外部成本并不能达到外部性内部化或威慑目标,主要包括:因立法或法律修订的原因,或社会技术水平限制导致企业"普遍性违法";因政府盲目"上马"特定项目或引进企业乃至与企业合谋等严重失职行为导致生产经营自始带有大量环境风险。这类情形不适用加总原则的原因是,生态环境损害金钱给付义务的任务是矫正外部成本,矫正外部成本的目标除了救济环境利益还包括行为诱导。但企业本身是营利性市场主体,其外部成本的产生往往与生产经营行为相伴而生,成本分配也需要考量因果关系和原因力大小。关于"普遍性违法"的问题,企业不可能对合法或政府允许的行为的外部性有充分的预期,也不可能对技术无法解决的外部性有充分控制,让其承担全部的外部成本既不公平也没有效率,并且环境利用的受益者也不仅限于企

---

① 参见刘焰《中国高污染工业行业环境负外部性计量及其影响因素分析》,《武汉大学学报》(哲学社会科学版) 2018 年第 1 期。
② 参见孙志建《"模糊性治理"的理论系谱及其诠释:一种崭新的公共管理叙事》,《甘肃行政学院学报》2012 年第 3 期。
③ 参见李龙、李慧敏《政策与法律的互补谐变关系探析》,《理论与改革》2017 年第 1 期。
④ 参见郭武、刘聪聪《在环境政策与环境法律之间——反思中国环境保护的制度工具》,《兰州大学学报》(社会科学版) 2016 年第 2 期。

业,社会亦通过其缴纳的税收获得福利。尤其是关系民生保障的国有企业,其自身还需要保护其他社会公共利益,由此,社会责任之间产生竞合。目前,司法实践中不同法院对此意见不一。例如,北京市朝阳区自然之友环境研究所诉安庆皖能中科环保电力有限公司环境公益诉讼中,① 企业已对其超标排放行为承担一定罚款,一审法院以主观过错不大为由驳回追究企业生态环境损害赔偿责任的诉讼请求,而判令其进行"环境教育宣传",二审法院则以环境损害后果客观存在为由撤销一审判决、发回重审。② 本书认为,此类情形既不能完全免除企业的赔偿责任,也不应令其承担完全的外部成本,而应由政府(社会)和企业共同承担。因政府严重失职的情形也应采取分担机制,由政府根据其自身的可责性程度承担相应的金钱责任。③ 这样既符合污染者负担和受益者负担原则,也可以倒逼纳税人提高自身作为环境治理体系共同体一员的监督意识和对环境公共事务的参与意识。

第二节 生态环境损害金钱给付义务加总原则的衍生原则

加总原则并非单一、扁平、僵化的一种计算公式,本质上加总原则展现的乃是处理生态环境损害金钱给付义务的总的理念指导。实践中,生态环境损害金钱给付义务运行样态多种多样,加总原则的使用也需要根据不同的情形进行变换,以处理多元生态环境损害金钱给付义务运行情形。

一 从加法到减法:折抵原则的导出

根据加总原则,生态环境损害金钱给付义务超过外部成本(环境损害及其引起的损失时)应当进行折抵,因此折抵原则是加总原则的自然生成。但是,实践中各金钱给付义务是通过不同法律程序确定的,它们之间有多种排列组合,在后程序与在先程序的金钱给付义务的关系也有大于、小于、相等三种可能。此外,实践中环境公益诉讼和生态环境损害赔偿诉讼也并非必然启动,而环境税费、罚款、罚金往往不以专业的生态环

---

① 参见〔2019〕皖民终 132 号。
② 参见〔2019〕皖民终 132 号。
③ 参见刘倩《论政府生态环境损害赔偿责任的承担》,《中国环境管理》2018 年第 1 期。

境损害鉴定为征收税费、确定罚款、判处罚金的依据,这就导致折抵原则的适用情境多元、样态复杂,因此需要类型化讨论。

目前,罚款与罚金的折抵虽与本书由加总原则导出的折抵原则原理不完全相同,但二者在折抵技术的处理上已经有比较丰富的经验素材,围绕罚款、罚金折抵的学理讨论亦可为整个生态环境损害金钱给付义务的折抵提供借鉴。根据《行政处罚法》第35条第2款的规定,罚款与罚金的折抵具体可以分为如下两种情形:一是行政机关将案件移送司法机关前已经给予当事人罚款的,应当折抵相应罚金;二是行政机关将案件移送司法机关后尚未作出"犯罪不成立"或者免予刑事处罚的决定或者生效裁判前已经给予当事人罚款的,不再给予罚款。因此,人民法院对行政机关已经给予当事人的罚款数额低于罚金数额的环境犯罪行为判处罚金时,对相应罚金予以折抵即可。但是,对于人民法院认为行政机关已经给予当事人的罚款数额高于应该判处的罚金数额时应该如何处理,并无相关规定,这与我国对罚款、罚金的定位有关。通过前文的分析可知,无论是基于威慑逻辑还是外部性矫正的逻辑,罚款与罚金都只有量的区别而无质的区别,但由于分属不同的法律程序而被贴上不同的标签。刑事责任一直被认为是所有法律责任中最为严厉的一种,是所有部门法的"后卫法",其严厉程度与其他法律责任具有质的不同,主要体现于耻辱标签给责任人带来的不利影响是其他法律责任所没有的。因此,刑罚具有最后手段性、谦抑性,在有可能以侵权责任、行政处罚等来代替刑罚时,就不能轻易动用刑罚,如果有可能以各种刑罚替代措施来代替刑罚并取得更好预防犯罪效果,那便不必直接运用刑罚。因此,既然罚金属于刑罚,那么罚金刑的严厉性自然就包纳了罚款的严厉性,即"一事不二罚",因此罚金应当折抵罚款,其中隐含之意或假定前提是罚金必然高于罚款,但实践中由于执法效率等因素,罚金低于罚款的案例却并不鲜见,[①] 导致罚金折抵罚款失去了原初意义,并且折抵的法律规定与刑罚的最高严厉性相矛盾。考察刑罚史可知,这种对刑罚的印象主要源于原初刑罚以自然犯为主且自由刑、死刑等人身责任本身具有耻辱标签功能。罚金作为行政犯的主要刑罚方式是比较晚近的事。然而,行政犯中罚款是最主要的处罚方式,而刑罚中还需要考量罚金与其他刑罚的关系,即罚金刑和自由刑共同作为责任刑时,在并科罚金

---

① 参见徐科雷《罚款与罚金在经济法责任体系中的辨析与整合》,《政治与法律》2015年第3期。

刑时,自由刑要缩减,反之亦然。① 并且,由于罚金本身带有耻辱标签功能,这也减轻了以罚金数额体现制裁严厉性的必要。在一般行政犯中,刑事移送程序中的刑事优先规定可以避免在先罚款数额大于在后罚金数额带来的折抵矛盾,然而,鉴于环境违法案件具有不可逆转性,即一旦造成环境污染,将很难完全恢复,从风险控制前置化的法律特征来看,先行作出行政处罚也有其现实需求。而且,按日连续罚款的时间跨度较大,使得罚款与罚金存在交叉执行的情形且罚款的数额很容易就超过罚金的额度。因此,环境领域在先罚款数额大于在后罚金数额的案件实属常态。由此来看,认为"罚款的数额不应超过罚金的可能最高额"②,"罚金数额的下限不应低于罚款数额的上限","判处罚金后不能再由行政机关处以罚款"等观点③虽然在形式上迎合了刑事犯罪与行政违法的定位,但既无法满足罚款、罚金作为财政资金救济环境的功能,也不符合环境风险前置化的要求,同时也忽略了罚金与其他刑罚的平衡需要。实践中,刑事处罚与行政处罚越来越趋向于"合作模式",即"取消原本存在的权力划分和相互冲突的实体、程序设计,而在环境法律领域中建立多主体、多部门、多维度协作的模式",这也要求传统法律理论作出变革。④ 不过,现有罚款与罚金的折抵仍然忽略的一点是,尽管有罚款、罚金折抵的法律规定,但当损害赔偿诉讼缺位而单独罚款或罚金都无法填补环境外部成本时,罚款与罚金的折抵反而阻碍了环境法律责任功能的实现。

从罚款与罚金的折抵实践来看,拘泥于部门法定位的折抵模式无法适应环境法律责任承担的需求,但罚款与罚金的折抵的日趋灵活也为生态环境损害金钱给付义务的折抵提供了前鉴。根据加总原则的要求,生态环境损害金钱给付义务是否充分或过度的标准取决于是否低于或超过环境外部成本,因此生态环境损害金钱给付义务的折抵亦不能受制于现有法律程序或部门法的定位。根据可能发生的生态环境损害金钱给付义务的多重样态,可分为以下几种类型:(1)如果环境税费不足以弥补外部成本且未

---

① 参见文姬《单位犯罪中罚金刑罪刑均衡立法实证研究》,《中国刑事法杂志》2018年第1期。

② 简筱昊:《环境违法犯罪罚款与罚金的具体衔接》,《广西政法管理干部学院学报》2018年第3期。

③ 参见李婕《刑罚与行政处罚可并合适用》,《检察日报》2017年4月12日第3版。

④ 参见刘飞琴、司雪侠《环境行政罚款和刑事罚金关系处理的模式探析——兼论环境法律责任的承担方式》,《华中科技大学学报》(社会科学版)2021年第4期。

发生损害赔偿诉讼，则可由行政罚款（金）对不足的部分予以补充，并且清除污染、治理环境等可转化为生态修复费用或代履行费用的行政措施不应与罚款（金）叠加。在程序上，由于行政机关或司法机关在确定罚款或罚金时一般不会进行生态环境损害鉴定，此时可赋予当事人救济权，如果其认为行政机关或司法机关判决的罚款或罚金叠加环境税费后超过了外部成本，可申请生态环境损害鉴定，鉴定费用由申请人承担。（2）对于生态环境损害赔偿程序在先、刑事程序在后但当事人已经承担行政罚款的情形，生态环境损害赔偿数额的确定应当以全部的环境外部成本为依据（包括行政机关调查、监测、预先处理环境损害或为防止损害扩大而支出的成本等），环境罚款不应影响生态环境损害赔偿数额的确定，此时损害赔偿数额应当与已经缴纳的环境税费、罚款进行折抵，如果损害赔偿数额低于二者之和，则不应判处损害赔偿，但可以判决行为人承担赔礼道歉、消除危险等责任。至于在后的刑事程序，罚金的判定遵循前述折抵原则，已确定的金钱给付义务超过"总额"的不再判处罚金，但可以判处其他刑罚。（3）对于判决惩罚性赔偿的，原则上应将其与罚款（金）作同样处理。① 但若损害赔偿程序之前已经产生了部分执法成本，这部分也应与其他金钱给付义务一并考虑在金钱给付义务"总额"内，因此如果填补性损害赔偿与惩罚性损害赔偿之和并未超过"总额"，亦不需予以折抵。（4）对于行政处罚中的责令修复、限期治理以及损害赔偿诉讼中的生态修复行为责任，对生态服务功能损失等费用仍以上述原则进行折抵，如果还有结余，则应将行为人因同一行为已承担的所有金钱给付义务都考虑到生态修复中，即若行为人承担的金钱给付义务不足以完成生态修复则另行补交，若超过生态修复所需费用则予以退还。需要说明的是，金钱给付义务也具有威慑功能，因此在所有罚款、罚金与非金钱责任并科的情形中，非金钱责任同时需要考虑金钱责任的威慑功能。

以折抵原则观察"法益恢复"现象带来的原则性矛盾，这一矛盾实际上并不存在。所谓的"法益恢复"使得社会危害性减小实际上是指外部性减小，这在静态的社会危害性概念中无法获得解释，但在动态的外部性概念中则可以得以解释，因为外部性本身就是变化的，而非行为一经实施即固定不变。"法益恢复"现象中的金钱给付义务折抵既是理论要求也

---

① 参见陈海嵩、丰月《生态环境损害惩罚性赔偿金额的解释论分析》，《环境保护》2021年第13期。

有法理依据，既不可在环境外部成本未得到完全内部化时随意折抵，也不应在满足折抵要求时以自由裁量为理由不予折抵。此外，对于技改抵扣、劳务代偿等产生正外部性的情形，亦可在基于外部性矫正的折抵原则中找到依据。这些行为本质上是以增加正外部性的方式抵消已经产生的负外部性从而减小净外部性，所以才能用以抵扣代表负外部性价格的金钱给付义务，与法学中"损益相抵"原则的原理类似。这与民事赔偿作为刑事责任或行政责任的裁量情节并不同，后者只是将履行民事赔偿作为主观因素予以考量。还需强调的是，本书所说的折抵原则必须针对同一行为客体，不是所有与环境有关的金钱给付都是本书所说的生态环境损害金钱给付义务。例如，违反环境信息披露义务、妨碍执行公务等情形，其侵犯的不是同一法益，也可以说，它们并非本书所说的"环境行为"，所带来的后果也并非"环境后果"和"环境外部性"，与环境污染和生态破坏行为本身带来的外部性不属同一层次。① 此外，折抵原则的适用以权力合作及程序衔接为前提，例如税务机关与行政机关的合作，行政机关内部的收费部门与行政处罚部门的合作，以及行政处罚机关与司法机关的合作（否则无从确定损害赔偿诉讼是否需要启动）。

二　从风险到实害：吸收原则的导出

加总原则与折抵原则适用的前提是生态环境损害金钱给付义务所评价的对象属于同一环境行为，这样才能保证所加总的金钱给付义务具有"同质性"，但何为"同一环境行为"有时则难以判断。基于环境法的风险控制前置化，环境行政处罚中有大量行为责任，即一旦有环境破坏风险的行为被实施，相应的法律责任就应当被承担，而无须以生态环境损害鉴定的损害结果为前提。如果在损害赔偿所评价的时间段内只有超标排污一个违法行为，此时行政处罚和损害赔偿在评价对象上保持了完全的统一。但是，如果无证排污、偷设暗管或其他破坏环境法律秩序的行为与环境损害具有因果关系，此时它们与生态环境损害的原因行为是否"同一环境行为"则值得探讨。以贵州玉屏湘盛化工有限公司的案例为例，2018年1月30日该公司因非法处置危险废物，违法排放生产废水，造成土壤污染停止侵害被判决承担生态修复费用230万元（如果逾期未履行修复行为

---

① 参见《最高人民法院、最高人民检察院关于办理环境污染刑事案件适用法律若干问题的解释》（2016）。

责任)、赔偿期间功能损失 127.19 万元等责任。此前,该公司曾因擅自设置排污暗管向外环境直接排放生产废水被罚款 5 万元;因雨污分流不彻底、雨水冲刷生产原料后直接排入外环境被罚款 20 万元;因非法处置危险废物构成污染环境罪被处罚金 20 万元。① 对于违法排污这一事实,行政处罚关注的是未取得排污许可证、违反处置措施等违法行为,而损害赔偿关注的是排污行为造成的损害后果而并不关注违法情形,环境税费关注的则是排污量这一客观事实。各生态环境损害金钱给付义务关注的是排污这一环境行为的不同侧面,并不意味着每一生态环境损害金钱给付义务的评价对象造成了不同的外部性,因为所有违法行为都只能作用于生态环境这一个对象。但是,在当前法律责任体系中,"无证""未采取处置措施"等行为与"损害原因行为"被当作不同的评价对象,因而无加总之可能,继而也无折抵之可能。这主要是行政罚款设定基数不同导致的问题,对于以损失或与损失相关的指标为计算基数的罚款,加总原则和折抵原则之适用似无此突兀。更进一步,行政罚款的定价机制属于事前定价,因而往往不以损害后果为要件,而是对"损害风险"进行定价,损害后果乃作为裁量情节。其他法学领域同样存在此问题,例如以虚开发票的方式逃税同时符合虚开发票这一行为犯和逃税这一结果犯的构成要件,对此究竟采取并罚主义还是成立吸收主义的问题。② 刑法上的吸收犯理论认为,如果数个行为符合数个犯罪构成要件,一行为是另一行为的所经阶段或在犯罪过程中有其他密切关系,则重行为吸收轻行为,实行行为吸收预备行为,主行为吸收从行为,最终仅成立吸收的犯罪行为一个罪名。③ 对于以虚开增值税发票方式逃税行为而言,法律之所以将虚开增值税发票单独处罚乃因

---

① 以上案件信息参见贵州省遵义市中级人民法院〔2016〕黔 03 民初字第 520 号民事判决书、贵州省玉屏侗族自治县人民法院〔2016〕黔 0622 刑初字第 68 号刑事判决书、贵州省铜仁市碧江区人民法院〔2017〕黔 0602 行审字第 6 号行政裁定书。此外,根据《生态环境损害鉴定评估指南》,生态服务功能损失的计算时间理论上为自生态环境损害发生到恢复至基线期间。该案法院认为,"二号区域农用耕地服务功能损失的起算时间应当从强制改变其农用耕地用途时开始计算。该时间虽然应当由相关行政机关确定,本院根据案件审理情况,从计算服务功能损失的便利性出发,认定从本判决生效之日起计算。关于计算年限问题。根据《损害评估报告》推荐,采用化学钝化+植物修复预计修复周期为 4—6 年,取 6 年时限,同时考虑修复的反复试验性和最终修复的不确定性,从确保恢复农用耕地用途后,农产品绝对安全的角度,从惩罚性角度考虑酌定增加 4 年,认定二号区域农用耕地服务功能损失最终年限为 10 年"。

② 参见《税收征管法实施细则》第 96 条、第 98 条。

③ 参见高铭暄、马克昌主编《刑法学》(第三版),北京大学出版社、高等教育出版社 2007 年版,第 214—215 页。

其往往导致国家税款流失，而逃税作为一种客观结果不必然由虚开发票这一种行为导致，其他方式亦可能导致国家税款流失，设立多个构成要件归根结底都是为了保护国家税收利益，发票管理制度是相对于国家税收利益这一"终端法益"的"中间法益",① 对此一般采吸收主义从一重处罚。② 但是，这些讨论只局限于惩罚责任之间（刑法中的不同罪名或行政处罚与刑法之间），而不涉及惩罚与赔偿之间。当然，私益赔偿与公法处罚并不涉及此问题，但同样针对环境公益的惩罚与赔偿则必须面对此问题。对此，结合关于吸收犯的理论成果，本书认为应当对生态环境损害金钱给付义务适用吸收原则，即在同一因果关系链条上，"实害吸收风险""结果责任吸收行为责任""损害赔偿吸收秩序罚"，生态环境损害赔偿评价范围内与损害后果有因果关系的行政处罚或刑事处罚都应计入加总范围内。具体理由如下：

行为与结果是一个整体，罚款（金）也包含了对结果的评价。单独的"无证"而不"排污"没有造成损害的风险，而"损害"亦不可能脱离原因行为而凭空出现。吸收原则处理的问题实质上是行为与结果的关系。首先，需要澄清何为"结果"。在哲学上，"危害结果"的哲学表达是"结果"。任何客观外在的行为都会引起结果，"整个世界是一个互相联系的整体，事物之间以及事物内部各要素之间是相互影响、相互制约的。任何现象都会引起其他现象的产生，任何现象的产生都是由其他现象所引起的。一种事物或现象总会引起另一事物或现象的变化或状态，被引起的事物或现象的变化和状态就是结果"③。一直以来，作为构成要件的危害结果实际上是在两种不同意义上使用的：（1）危害结果是任何行政违法行为对行政法所保护的社会关系或对行政法所确立的行政管理秩序的侵害，《行政处罚法》第3条规定的"违反行政管理秩序"的行为正是这种一般的危害结果；（2）危害结果是指违法行为违反特定行政管理秩序所造成的具体损害后果。所不同的是，在此意义上的危害结果，并不是应受行政处罚行为的必备要件，只在某些特殊情况下，法律也会将一种具体

---

① 参见陈金林《虚开增值税专用发票罪的困境与出路——以法益关联性为切入点》，《中国刑事法杂志》2020年第2期。
② 参见叶永青《因取得虚开增值税发票被认定为偷税应该如何应对？——A企业诉某市稽查局案例评析》，2021年9月6日，https://www.kwm.com/cn/zh/insights/latest-thinking/how-should-we-deal-with-tax-evasion-due-to-obtaining-false-vat-invoices.html，2022年2月1日。
③ 《马克思恩格斯选集》（第四卷），人民出版社1995年版，第370页。

的危害结果作为构成特定行政违法与否的条件。① 实际上，这并不意味着行政违法行为没有危害结果。行为与结果实际上是一体的，无法脱离，没有无行为的结果，也没有无结果的行为。不可能把一个人的主观状态和其行为造成的客观结果分开归责。使一个人对其行为所造成的结果负责，本身就是对其主观意志的否定，行为与结果的无价值性，要么一起被肯定，要么一起被否定，二者是等同的。② 在刑法学中，一般认为结果是对法益的侵害或侵害的危险，亦即危险是包括在结果的概念之中的。这种观点在行政处罚理论中同样可以适用。即便是风险，也是一种结果，而既然我们将它视为风险，并且应当纳入法律规制的风险，其实已经将其作为一种不好的"结果"，本身就是一种对法益的侵害。正如哲学家所言，"可能性是某种存在着的东西，因为现在中有未来的前提"③。罚款之所以要将危害可能性作为责任基准，是因为"相对应于实际的危害结果而言，可能的危害结果虽然并没有发生，但在没有国家公权力介入的情况下，其必将会向实际的危害结果转化"④。民法与刑法理论可能更加追求实际发生的结果，但行政法却更加侧重可能发生的结果。应受行政处罚行为的成立，大部分都只停留在"可能的危害结果"阶段，但"可能的危害结果"也是一种结果，是一种客观存在，并且一旦发生具体损害后果，损害大小便会影响责任范围。行政处罚中的"应受处罚行为"至少有造成损害的风险，否则便不具有惩罚的正当性。

由于每一个行政处罚的构成要件行为都对结果进行了评价，那么对特定危害结果而言，构成要件行为之"多"并未导致外部性之"多"，其与生态环境服务功能损失不应重复计算。首先，前文已经论述，生态环境损害金钱给付义务的利益主体同一，行政处罚的秩序犯并不意味"秩序"或"制度"是单独的利益受损主体，真正的利益受损主体只有社会公众，并且这种利益受损表现为生态环境本身的损害。因此，多种违法行为相对于损害赔偿而言乃"多对一"的关系，而非以违反的法律条款的数量论。其次，根据《生态环境损害鉴定评估指南》，生态服务功能损失的计算时

---

① 参见杨小君《行政处罚研究》，法律出版社 2002 年版，第 164—165 页。
② 参见李瑞杰《论行为与结果的关系——兼评"积极刑法立法观"》，《社会科学动态》2017 年第 5 期。
③ [苏] 维亚凯列夫主编：《客观辩证法》，东方出版社 1986 年版，第 177 页。
④ 熊樟林：《行政违法真的不需要危害结果吗?》，《行政法学研究》2017 年第 3 期。

间理论上为自生态环境损害发生到恢复至基线期间。在此期间，对环境违法行为的处罚（包括按日连续计罚）实际上都从行为的角度对损害或损害风险进行了评价，只不过其对损害的评价与生态环境损害鉴定确定的数额不一定一致。损害赔偿之前的罚款相当于对生态服务功能损失的补偿，因此在损害赔偿诉讼程序中计算生态服务功能时，行政处罚中对损害或风险的评价就被吸收到最终的结果评价中，二者不应当重复计算，而应以生态环境服务功能损失鉴定的量化数额为准。

第五章 生态环境损害金钱给付义务整体化的制度保障

如果只有原则而欠缺具体制度的配套实施，生态环境损害金钱给付义务的整体化注定只能是"空中楼阁"。基于此，在前一章已探明生态环境损害金钱给付义务整体化的原则基准基础上，本章将以这些原则基准为指引，对生态环境损害金钱给付义务整体化这一命题的法律实现作出进一步展望。具体来说，本章先以环境法及其相关法中的金钱给付义务衔接条款为中心对相关法律规则的不足予以剖析，并以生态环境损害金钱给付义务整体化原则基准为指引，对相关法律制度的完善作出思考。当然，这绝非生态环境损害金钱给付义务整体化的终点。环境法作为领域法，生态环境损害金钱给付义务整体化议题绝非环境法可以独自应对，还离不开诸如诉讼法、财税法等关联法域相关制度的完善。亦因如此，本章还将结合生态环境损害金钱给付义务整体化的需要，从配套制度保障维度作出进一步探索，既涉及以环境司法专门化为中心的程序保障，也关涉以环境相关财源专款专用为焦点的财政保障机制。

第一节 生态环境损害金钱给付义务的立法衔接

衔接条款是常见立法技术，因为每部法律都有各自的调整任务，这样法律之间就可能存在空隙，衔接条款就是为了弥合法律规则之间的空隙而设置。生态环境损害金钱给付义务整体化根本上是立法问题，立法衔接条款是整体化的文本依托，也是执法、司法过程中处理生态环境损害金钱给付义务之间关系的直接依据。宏观来看，法律衔接条款包括所有法律条款之间的衔接，主要有目的条款、原则条款、定义条款、权利条款、义务条款、责任条款等。本书讨论的衔接条款涉及义务条款和责任条款,也是法律衔接条款中最为关键的部分,因为其本质是解决同一法律行为引发不同法律后果的问题,关乎当事人的切身利益。"法律文本的规范化、科学化设计固然离不开责任条款的科学设置,但仅靠责任条款的规范设置也是不够的,法律责任条款的设置应当能够与其他条款以及法律责任条款内部实现有效的衔接与协调,如此才能使整个法律文本发挥最大的优势,促进法律的有效实施。"[①] 在既有法律体系结构之下,生态环境损害金钱给付义务分散于各个部门法之中,衔接条款也依托于既有法律规定而主要分布在环境单行法、《民法典》以及环境相关财税立法中。在环境法典编纂背景下,不同部门法下生态环境损害金钱给付义务的衔接条款如何设置是不可回避的问题。在民法典接轨环境法规范的现状下,民法典中的衔接条款也需要重新考量。而作为同样应对外部性的环境税,环境保护税法中的衔接条款同样是重要内容。

一 构筑环境法典中多重生态环境损害金钱给付义务衔接条款

在传统观念下,税费与法律责任是两个不同范畴的话题,前者旨在为国家提供公共产品筹集财源,后者则意在制裁违法行为人以恢复被侵犯了的法益。也因此,《环境保护法》将环境税费与民事赔偿、行政罚款、刑事罚金归入不同章节,《排污费征收使用管理条例》(已废止)规定排污者缴纳排污费不影响其承担环境法律责任。然而,结合前文分析,不难发现,现行环境法律体系并未能体认环境法的特殊性,更未能把握环境税费与金钱责任皆在于矫正环境负外部性,实现环境负外部效应内在化这一共同事物本质。与之相应,既有环境法律制度体系在处理环境税费与金钱责任关系时,也就倾向于采取并立式衔接模式,从而与生态环境损害金钱给付义务整体化这一理念背道而驰。不过,在批判之余,仍有必要追问的是,若环境税费与金钱责任完全是风马牛不相及,那么立法者为何要专门就二者的关系作出衔接规定?这恐怕与立法者颇为纠结的心态不无关系:一方面,环境税费与金钱责任的功能都在于保护环境,都具备弥补环境外部成本的功能;另一方面,环境税费与金钱责任确实分属不同阵营,前者

[①] 汪全胜等:《法的结构规范化研究》,中国政法大学出版社 2015 年版,第 395 页。

不以违法或者有责为前提，后者则须以不法和有责为前置要件。纠葛于形式与实质的二元背离，多元生态环境损害金钱给付义务条款虽颇具雏形，但又未能科学反映彼此有机联系。

撇开环境税费不谈，深入生态环境金钱责任体系内部，同样可以观测到生态环境损害金钱给付义务并立式衔接模式的存在，《海洋环境保护法》便为典型例证。根据该法第90条的规定，造成海洋环境污染事故的单位不仅要依法承担赔偿责任，还应按照其造成的直接损失的一定比例缴纳行政罚款，构成犯罪的则还须承担罚金这一刑事责任。按照传统观点，民事责任、行政责任以及刑事责任因其规制的对象和发挥的功能不尽一致，彼此之间几无重复的可能，加之现行环境法律体系固守特殊行政法的定位，对民事责任与刑事责任的规定大量采用引致立法技术，立法者对环境损害赔偿、环境罚款以及环境罚金的关系也就未能给予足够重视，生态环境金钱责任内部的衔接状况也就不尽理想，客观上呈现出并立式衔接样态。当然，从维持法律体系融贯和统一的角度来看，环境法律体系对三类金钱给付责任作出的衔接规定也不具有终局性，不仅要受到"一事不二罚"法理的制约，还须与《行政处罚法》第35条第2款中的罚款折抵罚金规定相衔接。但无论如何，既有环境法律体系就生态环境金钱责任之间的关系作出的衔接规定都不尽理想，既无视三者在保护生态环境利益上的共通功能，也割裂了三者在实现环境负外部性内在化上的有机联系，更混淆了环境公益与环境私益的本质差别。

希冀以现行环境法律体系对多元生态环境损害金钱给付义务作出的衔接规定来处理民事赔偿、行政罚款以及刑事罚金的关系既与环境法理相悖，也与生态环境多元共治理念相去甚远，更不能为生态环境损害金钱给付义务整体化提供规则支撑。是故，重构环境法律体系中多重生态环境损害金钱给付义务衔接条款也就格外迫切。只是，生态环境损害金钱给付义务关涉多个领域和学科，绝非某一部或某几部环境单行法可以独自应对的。为解决跨领域、跨部门的环境问题，对环境单行法进行整合，制定综合性环境法成为众多国家的选择。[①] 然而，这种方法并没有解决单行环境法的种种弊端，也未能为生态环境损害金钱给付义务之间的有机联系提供衔接规则，典型如《长江保护法》。该法虽然一定程度上打破了各环境单

[①] 参见夏凌《国外环境立法模式的变迁及中国的路径选择》，《南京大学法律评论》2009年第1卷。

行法各自为政的特征，促使环境法律体系呈现整合的特征，①但金钱给付义务整体化问题同样因受制于传统部门法思维影响未能被识别为重要议题。也因如此，在《民法典》出台之后，立法决策部门和学术界都对环境法典的出台寄予了厚望。毕竟，环境法典化不仅是综合性环境法发展到较高阶段的产物，还是环境法律制度体系化的必由之路。②更何况，生态环境损害金钱给付义务整体化仅依靠既有环境法律的修改补充实难完成，只有以环境法典编纂为契机，对现行环境法律体系予以重新整合，多重生态环境损害金钱给付义务衔接难题才可得到根本解决。故而，探讨生态环境损害金钱给付义务衔接条款问题，唯有置于环境法典编纂背景下讨论才有其意义。

按照学界主流认知，我国环境法典在编纂体例上应采取"总则+分则"模式。③只是，生态环境损害金钱给付义务衔接条款究竟应置于总则还是分则仍不无讨论空间。一方面，生态环境损害金钱给付义务衔接条款不等于生态环境金钱责任衔接条款，因其还涉及税费与责任的衔接，若在环境法典法律责任编设专门章节规定，仍不免挂一漏万。另一方面，即便不考虑环境税费，生态环境金钱责任究竟是在总则中设置专门章节规定，还是在分则中附随于环境执法予以规定，又或者是兼在总则和分则中规定同样存在多种选择。就域外环境法典编纂实践来说，瑞典将法律责任在法典分则中独立成编，法国则兼采总—分模式，在第一卷共通规定部分和其他卷特殊规定中都有体现。④不过，也有学者针对瑞典和法国环境法典未规定相应法律责任这一现象给出了否定，认为"环境法典总则应该单设一章规定罚则，明确国家、个人、社会、企业和社会组织等主体的法律责任，采用双罚制，细化为行政责任、刑事责任、民事责任"⑤。当然，也有学者认为，可以将环境法律责任共通规定独立成编置于环境法典分则之中。⑥尽管如此，本书仍然认为，运用提取公因式的方法，在环境法典总则中设专章对环境法律责任问题作出一般规

---

① 参见吕忠梅《〈长江保护法〉适用的基础性问题》，《环境保护》2021年第Z1期。
② 参见孙法柏、高慧璇《环境法律政策内部整合理论探讨》，《时代法学》2014年第4期。
③ 参见竺效《环境法典编纂结构模式之比较研究》，《当代法学》2021年第6期。
④ 参见李艳芳、田时雨《比较法视野中的我国环境法法典化》，《中国人民大学学报》2019年第2期。
⑤ 陈海嵩主编：《中国环境法典编纂的基本理论问题》，法律出版社2021年版，第254页。
⑥ 参见吕忠梅《中国环境法典的编纂条件及基本定位》，《当代法学》2021年第6期。

定并在各分编中作出特别规定，更加契合我国环境法典编纂的指导理念。更何况，若要将环境责任独立成编，从维持法律体系一贯性角度来说，生态环境税费与生态环境金钱责任的衔接条款就无从植入。相反，若将环境责任在环境法典总则中规定，环境税费与之进行衔接的规定便借助"损害担责"理念予以载入。之所以如此，正如前文所述，"损害担责"作为环境法典的基本原则，虽内涵相对确定，但其外延却具有一定开放性，不仅可以用于统辖环境民事、行政以及刑事等法律责任，还可以用来涵射环境税费。

生态环境损害公私二元救济机制引发的重复救济问题已然引起了部分学者的反思与关注。有学者就指出，"《环境保护法》及其单行法应当在修复责任和赔偿责任之外，通过规则设置衔接民事责任和行政责任中的修复责任、衔接民事赔偿和行政罚款、适时增设环境权及其救济规范等"[①]。实际上，正如本书所主张的，不仅行政罚款与民事赔偿具有重复性，民事赔偿与环境税费也具有重复性，在设置衔接条款时，还应将环境税费一并纳入。申言之，环境法典总则应以生态环境利益的救济为导向，以损害担责原则为指引，综合运用税费、赔偿、罚款、罚金等金钱性规制手段，要求行为人为其生态环境损害行为买单。具体来说，环境法典总则可以设"环境损害责任"章，将环境税费、环境民事赔偿、环境行政责任及环境刑事责任中的一般规定加以明确。在此基础上，还应设专门条款对不同生态环境损害金钱给付义务的衔接作出规定，既应结合各生态环境损害金钱给付义务特征就两两关系作出衔接规定，比如环境罚款与环境罚金、环境税费与环境赔偿、环境罚款与环境赔偿，还应根据前文提出的"加总原则"对行为人就同一环境损害承担的环境税费、赔偿、罚款以及罚金的总额做出控制，以有关部门对被损害生态环境评估出的总价值以及因此环境损害遭受的损失为限。

鉴于此，为了避免多元生态环境损害金钱给付义务引发的重复担责问题，未来环境法典总则应当设置"生态环境损害责任"章并安排专门衔接条款处理环境税费、赔偿、罚款以及罚金的关系。这一衔接条款可规定为"行为人因同一污染环境、破坏生态行为，缴纳环境税费的，不影响其承担民事、行政以及刑事法律责任，但其依法承担的环境税费、环境赔

---

① 王莉、邹雄：《生态环境损害公私法二元救济的规则安排》，《南京社会科学》2020年第6期。

偿、环境罚款以及环境罚金总额以有关部门对该行为造成的生态环境损害评估价值为限"。

二 完善《民法典》中的多元责任衔接条款

生态环境损害金钱给付义务的整体化离不开《民法典》的协同保障。众所周知，民法产生于农耕时代，而现代环境问题则产生于工业革命时代，二者产生的时空差异决定了民法不会也不可能将环境利益作为其关注的原生话题。① 但是，这也不等于说民法在应对更为现代的环境问题时毫无助力。一方面，随着环境污染问题日趋严重，私主体的财产权和人身权也难逃其影响，民法既以调整平等主体之间的人身关系与财产关系为己任，自是要对此作出回应，民法与环境问题开始产生交集。② 另一方面，随着资本主义国家由自由资本主义迈入垄断资本主义阶段，近代民法所确立的个人本位观也受到了社会本位观的颇多影响。③ 私有财产虽受国家保护，但财产权也负有社会义务，诸如公序良俗、公共利益皆成为民事权利行使的边界，这也为民法生态化奠定了基础。④ 我国民法规则的变迁某种程度上亦印证了此种逻辑。制定于改革开放之初的《民法通则》第124条就环境私益侵权曾专门规定，"违反国家保护环境防止污染的规定，污染环境造成他人损害的，应当依法承担民事责任"，初步彰显了民法对环境议题的关注。而随着环境问题的日趋严重，在生态文明建设已然成为党政国策的当下，《民法典》不仅颇具创造性地将绿色原则作为我国民法基本原则之一，还在侵权责任编将旨在保护环境公益的生态环境损害赔偿制度与环境私益侵权一并纳入，极大地提升了民法典保护生态环境的作用与功能，不仅为《民法典》深度介入环境议题扫清了障碍，也为《民法典》与环境法的协调奠定了基础。

诚如学者所言，"对环境侵权行为导致的纯粹公益损害，不涉及任何民事主体的权益，不能简单适用侵权责任制度"⑤。然而，我国民法典却

---

① 参见张璐《环境法与生态化民法典的协同》，《现代法学》2021年第2期。
② 参见周珂、张璐《民法与环境法的理念碰撞与融和》，《政法论丛》2008年第1期。
③ 参见何勤华等《法律名词的起源》（上），北京大学出版社2009年版，第270页。
④ 参见吕忠梅《"绿色"民法典的制定——21世纪环境资源法展望》，《郑州大学学报》（哲学社会科学版）2002年第2期。
⑤ 吕忠梅、窦海阳：《民法典"绿色化"与环境法典的调适》，《中外法学》2018年第4期。

并未按照学界所主张那般,而是将环境侵权行为导致的纯公益损害即生态环境损害赔偿也一并纳入了侵权责任范畴。也因此,按照《民法典》第187条"民事主体因同一行为应当承担民事责任、行政责任和刑事责任的,承担行政责任或者刑事责任不影响承担民事责任"的规定,生态环境问题肇因者即便已经依据公法承担了行政罚款和刑事罚金责任,也仍然需要承担生态环境损害赔偿这一民事责任。实事求是地说,运用市场化手段将生态环境公益予以经济价值计量确实可以在很大程度上克服政府运用管制方式应对环境问题的失灵,这也是立法者将生态环境损害赔偿纳入《民法典》的可能原因。但是,在设定责任竞合衔接条款时,无视生态环境损害赔偿的特殊性要求生态环境问题肇因者同时承担民事责任、行政责任以及刑事责任却绝不可取。究其根源,传统民事责任旨在救济被侵害了的私益,而行政责任与刑事责任则意在恢复被破坏了的公共秩序或公共利益,既然私法与公法保护的法益不同,承担民事责任自然也就不影响承担行政责任与刑事责任。然而,随着环境公共利益逐渐外化,其已非抽象的环境保护秩序所能概括,而是借助市场机制呈现出"准物权"乃至"准人格权"的外观并得以借助民事法律予以救济。① 私法与公法保护的法益并无本质差别,只是借助的手段有所区别而已。若将环境公益损害作为侵权责任,则环境侵权和环境犯罪都是对国家和社会的侵害,民事责任、行政责任、刑事责任之间的鸿沟也就不复存在,多重责任并行则有重复评价问题。② 更何况,正如前文所述,各种金钱责任之间不仅根据同源而且利益归属相同,若仍要求侵权人同时承担生态环境损害赔偿、行政罚款和刑事罚金,既缺乏起码的逻辑前提,也不符合立法者要求多元责任同时承担的初衷。有鉴于此,《民法典》第187条所确立的多元责任衔接条款必须加以修正。

除了法理层面的原因,维持法秩序统一性也在客观上要求对《民法典》中的多元责任衔接条款加以完善。在处理民事责任与行政责任竞合问题上,《民法典》认为承担环境行政罚款不影响承担生态环境损害赔偿责任。然而,我国《行政处罚法》却采取了不尽一致的价值判断,否认了生态环境损害赔偿与环境行政罚款并存的可能。具体来说,该法第8条

---

① 参见杨朝霞《论环境权的性质》,《中国法学》2020年第2期。
② 参见张苏《环境案件刑民行制裁并科中的双重危险探究》,《人民法院报》2018年11月21日第6版。

第 1 款规定，"公民、法人或者其他组织因违法行为受到行政处罚，其违法行为对他人造成损害的，应当依法承担民事责任"，虽承认行政处罚与承担民事责任并行不悖，却也旗帜鲜明指出违法行为人只有给"他人"造成损害时才需要同时承担民事责任，若造成的损害难以或无法归属于"他人"，就不必同时承担民事责任。无论是基于文义解释还是体系解释，《行政处罚法》中的"他人"都不可能包括国家这一公权主体之内，能且只能是国家与行政相对人以外的其他私主体。得此认知也绝非毫无依据，有学者就曾对《民法典》侵权责任编中的"被侵权人"的内涵作出系统考察，认为其能且只能涵盖那些私益遭受损失的民事主体，不应也不能包括作为公益代表人的国家机关及相关公益组织。[①] 无独有偶，《最高人民法院关于审理生态环境侵权纠纷案件适用惩罚性赔偿的解释》（法释〔2022〕1 号）亦肯认了此种认知，其第 12 条就明确将"国家规定的机关或者法律规定的组织"作为"被侵权人代表"而非"被侵权人"即为例证。

既然《民法典》中多元责任衔接条款无法满足法体系的要求，那么当务之急就应该对其做出调整和完善。在大的方向上，该条款的完善既要尊重多元法律责任并行不悖这一法律原则，也要顾及生态环境损害赔偿的特殊性。只是，在具体细节上该条款该如何完善仍存在讨论空间。具体来说，在保持《民法典》第 187 条的基本架构基础上，既可采但书方式将生态环境损害赔偿明确排除适用，也可用除外规定方式将包括生态环境损害赔偿在内的类问题交由专业法去规定。然而，相较于但书方式，笔者更倾向于采取除外规定方式。究其原因，但书形式固然也可以起到将生态环境损害赔偿排除出条款适用范围的效果，但是随着诸如生态环境利益这种公共利益越来越多地进入民法调整范畴，但书规定挂一漏万的问题也就无法避免。若非如此，但书内容将不得不频繁调整，既不利于维持民法典律的稳定，也无助于发挥司法机关在发展民法规范中的能动性。相比之下，以"除法律另有规定外"为代表的除外条款不仅可以维护《民法典》规范的稳定，还可以避免《民法典》过多涉入其他领域法从而过度扰乱《民法典》的主导价值定位，更可为立法者借助民事手段保护生态环境利益以外的其他公共利益预留空间。当然，

[①] 参见徐以祥《〈民法典〉中生态环境损害责任的规范解释》，《法学评论》2021 年第 2 期。

若采用除外规定方式的话，以环境法为代表的各专业领域的基本法律就必须直面多元金钱给付义务重叠这一问题，否则，除外规定将毫无实益。也正因如此，前文所讨论的构筑环境法典中多重生态环境损害金钱给付义务衔接条款才格外必要。

鉴于此，在前文已经从环境法典层面对多重生态环境损害金钱给付义务衔接条款作出讨论的基础上，《民法典》第187条所确立的多元责任衔接条款应修正为"民事主体因同一行为应当承担民事责任、行政责任和刑事责任的，除法律另有规定外，承担行政责任或者刑事责任不影响承担民事责任"。

三 优化环境税费立法中税费与责任的衔接条款

一般来说，税收是国家为公共产品或者准公共产品融资的工具，而责任则是国家对违法行为人的制裁工具，既属不同阵营，立法者自然不会将二者联系在一起。当然，这并不是说纳税义务与法律责任在法律文本中不能并存，更不等于说二者没有任何联系，我国既有税收单行法中不乏法律责任条款便是例证。但是，此种语境下的税收义务与法律责任终究还是两种不同事物，彼此之间仍存在着巨大鸿沟，只有在税收义务未被依法履行的情况下才会产生法律责任问题，税收本身并不具有责任的属性。不过，环境税费不只是筹集财政收入的工具，其规制惩戒功能日益突出，税收的责任属性前文也已论证。税法中也开始出现税责衔接条款，《环境保护税法》第26条即为例证。诚然，该条明定纳税人直接排污造成损害的在缴纳环境保护税的基础上还要依法承担法律责任，看似是将环境保护税与法律责任作为不同事物对待，但立法者作出该等衔接规定的原因却尤为值得思考。在笔者看来，立法者之所以作出该等规定，恰恰是因为环境保护税也是对环境损害承担的一种责任。一方面，结合环境保护税制度变迁史来看，该税既然由排污费过渡而来，而排污费所贯彻的理念是"污染者负担，损害者担责"，自然也可以说环境保护税是"污染者负担，损害者担责"的一种表现，只不过这种担责不是对环境私益损害的担责而是对环境公益损害的担责。另一方面，前文已经说明，环境保护税是对环境治理与环境修复成本的反映。

环境保护税固然具有较强的责任属性，可是又该如何理解《环境保护税法》第26条中的"应当对所造成的损害依法承担责任"？运用法律解释方法，兼顾文义解释与体系解释，有鉴于《民法典》中的"损害"既可指对他人的人身、财产带来的损害，也可以指代生态环境自身的服务功能的下降，此处的"损害"既可能指向的是环境私益，也可能指向环境公益。至于"责任"，则既可指民事责任，也可指行政责任或者刑事责任。故而，若仅从该条规定来看，环境保护税与环境损害赔偿、环境罚款以及环境罚金确实不冲突。但正如前文所述，环境保护税本身就是对环境公益损害的一种补偿。如果不对《环境保护税法》第 26 条规定作出调适或者优化，纳税人除了通过缴纳环境保护税承担环境治理成本外，还须为生态环境损害的弥补继续承担民事赔偿、行政罚款以及刑事罚金等金钱给付义务。此种重复担责的制度设计固然可以通过增加污染者的经济负担进而促进生态文明建设，但若处理不当也会过于加重污染者的经济负担，进而与比例原则相抵牾，弱化多元金钱给付义务的正当性。当然，这也不意味着就要删除该条。若果真如此的话，纳税人极有可能会认为自身已就环境损害缴纳了环境税，因而不必再承担其他损害责任，从而导致他人合法权益难以得到救济。

不容否认的是，环境保护税与生态环境损害赔偿虽存在一定的交集，但二者并非完全重合。一方面，环境保护税主要处理的是污染问题，其反映的外部成本也主要是污染治理成本，至于污染给生态环境造成的期间服务功能损失则未能涵盖在内；另一方面，基于税收的调控目的，确定环境保护税税额所考虑的因素除了环境治理成本外，还会有经济社会目的的介入，从而使得环境保护税税额无法与生态环境损害画等号。也因如此，有学者才指出，"纵观我国现行的生态损害赔偿的法律制度，基于'污染者付费、受益者补偿'原则的环境资源税费等经济激励制度并未涵盖生态价值"[①]。基于此，《环境保护税法》第 26 条税责衔接条款的优化，既要避免与生态环境损害赔偿制度重复从而对公益构成过度救济，也要与生态环境损害赔偿制度协同运行，充分保障生态环境公益，还要与责任制度有序衔接以切实保障他人的环境私益。

结合前文所述，针对《环境保护税法》中的税责衔接条款，笔者认为可以运用引致条款作出优化，将二者的衔接关系交由环境法典来处理，从而使环境保护税与环境法律责任的关系由相对确定变为相对灵活，既避

---

① 蒋亚娟：《中美生态损害赔偿制度之比较》，《暨南学报》（哲学社会科学版）2015 年第 3 期。

免因过度确定而使纳税人重复承担环境治理成本，也避免因缺乏衔接条款而使税责关系不明进而导致生态环境损害无法获得足够补偿，还可为环境保护税这一生态环境损害金钱给付义务进入环境法典并与关联环境金钱法律责任有机衔接预留空间。具体来说，可以将该法第 26 条中的"应当对所造成的损害依法承担责任"修改为"应当对所造成的损害依环境法典的规定承担责任"。之所以要对"依法"作出修改，是因为"依法"既可能指向《民法典》，从而使得纳税人缴纳环境税后，还要承担生态环境损害赔偿责任、环境罚款、环境罚金；也可能指向《行政处罚法》的规定，在缴纳环境税后，被行政罚款的，仅就对他人私益的侵权承担法律责任，不再对环境的生态服务功能损失赔偿。"依法"指向不同，其结果自然有别。这显然并不符合法律明确性的要求，也无助于厘清相关主体所要承担的法律责任类型。相比之下，"依环境法典的规定"则极为明确，不仅可以提醒纳税人缴纳环境税不影响其承担环境损害法律责任，还可避免法律适用者要求纳税人重复承担环境治理成本这一尴尬。只不过，此种处理模式对环境法典的要求会更加突出，若环境法典的衔接规则不尽合理，引致条款的作用也势必大打折扣。

在环境税费立法中，环境保护税与生态环境金钱责任的衔接固然重要，环境收费与生态环境金钱责任的衔接也不容忽视。尽管受到落实税收法定原则的影响，我国税收法治状况明显好于非税收入法治状况，迄今为止，行政收费还呈现出政策主导而法律稀缺的局面，严格意义上的行政收费法还付之阙如，① 但实质意义上的环境收费立法同样存在，《森林植被恢复费征收使用管理暂行办法》（财综〔2002〕73 号）、《关于同意收取草原植被恢复费有关问题的通知》（财综〔2010〕29 号）皆为实例。相较于环境税，环境收费立法并未能顾及与环境法律责任的衔接，这也是导致前文所提及的司法实践中的"缴纳了全额植被恢复费……应当视为其已经按照法律规定弥补了生态损害"于法无据的根本原因。实际上，不管是森林植被恢复费还是草原植被恢复费，决策者在确定税额标准时都已考虑到了植被破坏所引发的生态环境恢复成本。对于合法用地者，缴费人自然不必承担生态环境损害赔偿以及环境罚款、环境罚金。但是对于违法行为人，依据政策规定，尽管其不必缴纳该等环境收费，但其需要承担生

---

① 参见江利红《行政收费法治化研究》，法律出版社 2017 年版，第 16—17 页。

态环境损害赔偿、环境罚款、环境罚金。在一般意义上,违法行为人固然应承担更多的环境成本,但是从保护生态利益的角度来说,不管是合法使用森林、草原还是违法使用,二者对生态环境的损害都是客观且不以人的意志为转移的,并不会因违法与否而产生本质差别。故而,笔者认为,即便是合法使用林地、草地,其恢复生态环境的成本也应与违法行为人承担的法律责任相一致。实际上,从相关政策文本中可知,决策者也认为森林植被恢复费、草原植被恢复费本身具有很强的法律责任属性。以《关于同意收取草原植被恢复费有关问题的通知》(财综〔2010〕29号)为例,该通知第1条第2款"临时占用草原且未履行恢复义务的单位和个人,应向县级以上地方草原行政主管部门或其委托的草原监理站(所)缴纳草原植被恢复费"的规定便体现了草原植被恢复费的责任属性。鉴于此,未来在环境收费立法中可以考虑设置诸如"有关单位或者个人拒不恢复植被的,县级以上人民政府有关主管部门依法组织代为履行的,代为履行所需费用由违法者承担并参照本办法的标准执行"的条款,从而嫁接起环境收费与生态环境法律责任的有机联系。在此基础上,考虑到环境收费与其他金钱给付义务的关系,还可以参考前文所提及的环境保护税与环境责任的衔接条款设置方式,设置如此"占用森林(草原)的单位或个人,除依照本办法规定缴纳植被恢复费的,还应当对所造成的损害依环境法典规定承担法律责任"的规定。

总之,与传统领域的税费不同,不仅环境领域的税与费的差异逐渐缩小,而且税费的规制目的日趋突出,与责任的联系也愈加紧密。这些都要求在环境税费立法中以引致环境法典的方式设置与相关生态环境责任的衔接条款,在实现税费征收目的同时,也避免税费与责任的过度重叠,切实彰显税费作为损害担责制度的重要角色。

第二节 生态环境损害金钱给付义务整体化的程序保障

生态环境损害金钱给付义务的整体化运行依赖于各权力机关的协作和法律程序之间的协调。目前的程序衔接和权力合作仍然立足于部门法分立格局。尤其是在行政责任与民事责任的关系上,行政机关在进行行政处罚时无从考察是否需要提起环境损害赔偿诉讼,即便进入行政诉讼程序,在分散审理的模式下也无法明确行政诉讼是否涉及民事纠纷,即便明确行政属性涉及民事纠纷,也因程序规则限制不能进行并案审查。加总原则以及衍生的折抵原则、吸收原则实际上呈现为对不同时空下的生态环境损害金钱给付义务进行统筹安排。这固然不失为解决责任分立问题的办法,但仍然不可避免地存在效率低以及浪费司法资源的问题。相较而言,司法专门化则可以解决时空分散导致的金钱给付义务分立问题。当然,司法专门化在部门法分立格局下不可能在根本上实现金钱给付义务的"整体化",因此有必要突破部门法分立格局对环境司法专门化发展的桎梏,从而为生态环境损害金钱给付义务整体化提供程序保障。

一 整体化对环境司法专门化的要求

司法专门化是领域法在司法程序上的共同指向,知识产权司法专门化、[①] 税务司法专门化、[②] 家事司法专门化、[③] 金融司法专门化[④]以及环境司法专门化等命题层出不穷。所谓专门化,乃是针对传统司法体系而言,主要指管辖上的行政区域划分和审判上的民事、行政、刑事分立。而专门化的出现一方面是因为"新兴领域的纠纷处理兼具法律技术和领域知识的专业性",需要专门法院"破解事实认定和法律适用的双重难题";[⑤] 另一方面是因为领域法法律责任的综合性特征,法律责任过于分散导致程序复杂化,进而影响执法、司法效率乃至司法公正。于环境法而言,环境司法专门化也是为了回应环境法律实践在管辖和审判机制上的需求。[⑥] 环境问题的系统性、整体性特征决定了按照行政区划确定管辖法院难以融通,跨行政区划管辖成为流域等大尺度生态环境问题的刚性需求。生态环境具有人类生态利益、经济利益、精神利益、文化利益等诸利益的载体,使得环境利益具有复合性,私益与公益混合,秩序与利益同一,进而导致民事、行政、刑事三种法律责任的同时出现。在本书的语境下,

---

① 参见吴汉东《论知识产权一体化的国家治理体系——关于立法模式、管理体制与司法体系的研究》,《知识产权》2017年第6期。
② 参见李大庆、侯卓《我国税务司法专门化之路径取向——兼论税务法院之设立》,《云南社会科学》2015年第3期。
③ 参见冯源《家事司法专门化的路径与选择》,《学术论坛》2018年第4期。
④ 参见丁冬《金融司法的逻辑——中国金融司法专门化的组织构建与未来走向》,博士学位论文,华东政法大学,2019年。
⑤ 参见侯卓《领域法思维与国家治理的路径拓补》,《法学论坛》2018年第4期。
⑥ 参见王树义《论生态文明建设与环境司法改革》,《中国法学》2014年第3期。

环境税费也可能进入环境司法领域。环境司法专门化是随着环境法诞生共同出现的问题，早在环境问题司法化时就有学者提出"对传统三大诉讼机制的分立适用，这根本上难以契合环境权益纠纷解决的内在法律机制需求。环境纠纷解决要求有因应其特殊性的专门环境诉讼机制体系"①。"按照我国现行民事、行政诉讼程序操作，需要按不同程序处理同一经济违法外部性行为。这样，必然将一个纠纷人为地肢解为民事、行政、刑事性质，分别起诉。"② 环境问题的特性要求在审理程序、责任形式和救济方式上进行专门对待。刑事附带民事或行政附带民事诉讼虽在表面上体现了不同部门法的混合，但它们并不能说明刑事责任与民事责任可以融合或转化。理由正如前文所言，法律程序与法律责任没有严格的对应关系，部门法本体与法律责任也没有严格的对应关系，某种法律责任并不专属于某一部门法。③ 之所以在有附带诉讼制度的条件下仍然要推动建立环境司法专门化，根本上是因为附带诉讼仍然没有实现诉讼程序的整合。

当前，诉讼程序的整合模式主要体现在审判机制的革新方面，各地有民事诉讼、行政诉讼"二合一"模式，亦有民事诉讼、行政诉讼、刑事诉讼"三合一"模式，④ 部分地区还探索实现三大诉讼程序与执行程序的"四合一"模式，负责案件生效后的执行，从审判模式功能来说，"三审合一"与"四审合一"并无本质差异。⑤ 其中，"三审合一"是最为普遍的做法，也是各地创新审判机制的方向。⑥ 所谓"三审合一"，通常认为是指人民法院在探索环境司法专门化的实践过程中，将涉环境类案件不再按照现有民事、行政、刑事的类型由三个不同的审判庭分别进行审理，而是交由独立建制的环保法庭进行统一审理，以期对环境资源形成全方位、综合性的立体司法保护的案件审理模式。"三审合一"模式的功能在于"聚集专业法官审理环境案件，在同一个时间段完成案件法律关

---

① 蔡学恩：《专门环境诉讼研究》，博士学位论文，武汉大学，2015年，第1页。
② 胡元聪：《外部性问题解决的经济法进路研究》，博士学位论文，西南政法大学，2009年，第239页。
③ 参见王志祥《民事赔偿与刑事责任》，中国政法大学出版社2021年版，第21页。
④ 参见吕忠梅、刘长兴《环境司法专门化与专业化创新发展：2017—2018年度观察》，《中国应用法学》2019年第2期。
⑤ 参见杜谦《环境司法专门化的困境与破解》，《人民法院报》2014年9月17日第8版。
⑥ 参见王立新、杜家明《环境司法"三审合一"的运行考察与完善进路》，《河北法学》2019年第11期。

系的研判"①，统一裁判尺度，使得环境审判的结果更能实现个案正义。有必要说明的是，环境司法专门化或专门法院并不必然走向"三审合一"或"四审合一"。例如，美国佛蒙特州环境法院作为国际上较早建设的专门环境法院，也是美国目前唯一的专门环境法院，受理的案件基本上是与行政决定、行政执法和行政许可有关的环境行政案件，并没有采用综合的审判模式（"三审合一"或"四审合一"），②其主要目的是加强环境执法，之所以没有采用综合审判模式是由它们的审判制度决定。③ 不过，"三审合一"审判机制也并不必然改变了传统的分散模式。从实践来看，民事、行政、刑事的归口审理很大程度上停留在形式上的"混合"，④ 多数案件仍是按照传统规则和程序进行审理，"环保法庭在多数情况下只是将涉环境类案件进行简单合并，并没有达到环境问题的学科交叉性特点所要求的诉讼程序实质整合"⑤。归根结底，当前的环境司法专门化审判仍然是以还原主义的思维在运行。还原主义又称还原论、化约论，其核心要义是认为复杂的系统、事物、现象可以通过将其化解为各部分之组合的方法，加以理解和描述，⑥ 即"把问题分解为各个部分，然后再按逻辑顺序进行安排"⑦。还原论本身是人的理性思维的体现，将复杂问题层层分解至简单化、低层次问题也是人类解决复杂问题的本能。⑧ 正是这种理性思维使得法学得以按照自然科学的范式来重组法学知识，从而使法律科学成为社会科学的重要一部分。⑨ 同一环境行为导致同一环境损害却触发不同法律程序和法律责任本身就是还原主义司法观的体现。⑩ 这种还原主义的

---

① 汪明亮、李灿：《环境案件"三审合一"模式的实践考察与完善进路》，《河北法学》2022年第3期。
② 参见李挚萍《美国佛蒙特州环境法院的发展及对中国的启示》，《中国政法大学学报》2010年第1期。
③ 参见康京涛《环境审判模式的理论逻辑及实践检视——兼论环境案件"三审合一"的构建》，《生态经济》2015年第8期。
④ 参见张宝《环境司法专门化的建构路径》，《郑州大学学报》（哲学社会科学版）2014年第6期。
⑤ 陈海嵩：《环境司法"三审合一"的检视与完善》，《中州学刊》2016年第4期。
⑥ 参见张永安、李晨光《复杂适应系统应用领域研究展望》，《管理评论》2010年第5期。
⑦ 邬焜、李佩琼：《科学革命：科学世界图景和科学思维方式的变革》，《中国人民大学学报》2008年第3期。
⑧ 参见[法]笛卡尔《谈谈方法》，王太庆译，商务印书馆2000年版，第16页。
⑨ 参见舒国滢《论近代自然科学对法学的影响——以17、18世纪理性主义法学作为考察重点》，《法学评论》2014年第5期。
⑩ 参见张宝《超越还原主义环境司法观》，《政法论丛》2020年第3期。

思维进入"三审合一"机制中的效果就是仍然遵循民归民、行归行、刑归刑的逻辑，唯一的不同是诉讼场域的共享、审判空间的共用，即审判资源的共享，其创新只在于把既有司法机关中各业务庭审理的行为或者结果中与环境有关的刑事案件、民事案件、行政案件和公益诉讼案件都纳入环保法庭的受案范围，其适用的程序和规则也分别是刑事诉讼机制、民事诉讼机制和行政诉讼机制，其内核还是适用传统的诉讼机制而没有适用专门的环境诉讼机制。① 也就是说，即便是民事诉讼、行政诉讼、刑事诉讼由同一审判队伍审理，也仍然是将案件分解为民事、行政、刑事后再分别审理，"虽然确立了'三审合一'或审执行合一模式，但是并未实现真正的并案审查"。② 除了节约司法资源的可能性，这种审判机制并未改变原先的诉讼格局，也无法实现民事责任、行政责任、刑事责任的统筹运用。经济审判庭的设立与撤销就是前鉴。经济法作为领域法，天然面临法律责任综合性带来的纠纷审理复杂化难题，并且经济法还是独立的法律部门，成立专门经济审判庭成为人们潜意识中的当然之举。然而，经济审判庭成立后，由于没有专门的经济法诉讼程序作为支撑，经济审判庭在审理案件中还继续适用民事诉讼程序，最终独立的经济审判庭被撤销，并入民事审判庭。③ 可见，诉讼程序整合是环境司法的核心与内涵所在，专门审判组织仅是这种内涵的外化和载体。④

此外，当前的诉讼程序整合的方向与环境法律责任的统筹适用并不统一。按照最高人民法院在《关于充分发挥审判职能作用为推进生态文明建设与绿色发展提供司法服务和保障的意见》中的提法，"落实以生态环境修复为中心的损害救济制度，统筹适用刑事、民事、行政责任，最大限度修复生态环境"。此处的行政责任应当是相对于环境行为人而言的行政处罚责任。但是，目前"三审合一"审判机制中的行政诉讼只涉及行政处罚相对人提起诉讼的情形，在审判与执行"四合一"机制中，还包括环境保护行政机关（包括政府、环保部门、水利部门、海洋渔业部门

---

① 参见刘超《反思环保法庭的制度逻辑——以贵阳市环保审判庭和清镇市环保法庭为考察对象》，《法学评论》2010 年第 1 期。
② 参见吕忠梅等《环境司法专门化：现状调查与制度重构》，法律出版社 2017 年版，第 7 页；张忠民《一元到多元：生态诉讼的实证研究》，法律出版社 2016 年版，第 1 页。
③ 参见张丹《再议经济审判庭的撤销与重设》，《知识经济》2014 年第 3 期。
④ 参见杨凯《关于建构"三审合一"审判模式的法理学思考》，《环境保护》2014 年第 16 期。

等）为制止污染、破坏环境作出行政行为，行政相对人在法定期限内既不申请行政复议或者提起行政诉讼、又不履行行政决定的，环境保护行政机关向人民法院申请强制执行的案件。① 但是，对于一般的行政处罚案件则无法在诉讼程序中进行协调，只能在诉讼外构建行政与司法协作机制。从司法主体方面而言，司法专门化不仅对司法队伍建设产生影响，对于责任人的影响实际上是更主要的一方面。"三审合一"审判机制最终的落脚点在于法律责任的确定，而法律责任的确定也是通过环境司法专门化保护环境公益的保障。目前，行政与司法衔接主要是通过案件移送实现管辖、立案方面的衔接，② 行政处罚与刑事责任、民事责任的衔接并无规定。根据前文的论述，"最大限度修复生态环境"必须统筹安排各生态环境损害金钱给付义务，最常见的行政罚款和损害赔偿若不能植入环境司法专门化机制中，"统筹适用刑事、民事、行政责任"难免遭遇传统司法难题。

二 司法专门化下生态环境损害金钱给付义务的判定

环境司法专门化与生态环境损害金钱给付义务的整体化恰相契合，"三审合一"乃至"四审合一"有助于生态环境损害金钱给付义务加总原则的落实。尽管目前环境司法专门化的"专门"程度不足、诉讼程序的整合不够、法律责任的统筹有待加强，但这并非对环境司法专门化以及"三审合一"价值的否定。在生态环境损害金钱给付义务整体化的命题下，"三审合一"审判机制需要尊重法律责任的独立性，遵循生态环境损害金钱给付义务形成的外部性矫正体系之运行逻辑。

"环境司法专门化命题的成立，有赖于构建专门的法理基础。"③ 环境司法化命题的成立体现了整体系统观下对环境问题以及环境法治的重新认识。整体系统观是"在哲学上是一种具有吸引力的认识论，蕴含了从分解、析出到统合、融构的哲学深意"，是"将还原主义包含在内的一种递进"，是应对大尺度而非点状的环境问题的理论基础。④ "三审合一"审判

---

① 参见 2013 年 12 月江苏省高级法院发布的《关于开展资源"三审合一"集中审判的若干意见》（苏高法〔2013〕300 号）。
② 2017 年 1 月最高检与环境部、公安部联合出台《环境保护行政执法与刑事司法衔接工作办法》，确保不同性质的环境案件办理相互衔接、各相关部门有效合作。
③ 张璐：《环境司法专门化中的利益识别与利益衡量》，《环球法律评论》2018 年第 5 期。
④ 参见秦天宝《整体系统观下实现碳达峰碳中和目标的法治保障》，《法律科学》2022 年第 2 期。

模式试图打破还原主义司法观下民事、行政与刑事诉讼的传统划分,归口审理后主要体现为环境刑事附带民事公益诉讼、环境行政附带民事公益诉讼,以及环境公私益诉讼合并审理等形式,"附带审理"与"合并审理"本质上均属于"诉的合并"的范畴。① 合并规则强调完整解决整个争议而非着眼于狭隘地逐个解决,"将因'同一事件'引起的诸多诉讼请求、涉及的诸多当事人并入一个案件中集中审理。以'事件'为视角的请求,包括基于引发诉讼的事件或一系列关联事件的全部权利或救济"②。由此视角而言,环境司法专门化之所以没有摆脱还原主义司法观的桎梏,乃因其固守于诉的部分合并,而未认识到法律责任的整体性,因而在审判之落脚点——法律责任方面仍然呈现分散化、碎片化特征。正如吕忠梅教授在考察环境司法专门化时呼吁,要"完善刑事处罚与行政执法、民事诉讼的衔接规则。完善行政执法中对犯罪线索的移送规则,在刑事处罚特别是罚金的适用上协调与行政处罚、损害赔偿的关系,建立起责任划分明确、相互协调配合的责任体系"③。

　　建立责任体系的前提是认识法律责任作为独立体系的地位。前文已述,民事责任、行政责任和刑事责任的区分依附于公私法对立、部门法划分,但从责任承担主体而言,这些部门法责任对于特定主体只有人身责任、财产责任、行为责任的区别。任何违法犯罪行为主体承担的法律责任无外乎在人身责任、财产责任和行为责任之间进行选择。④ 在人身责任类型中,企业法人主要承担主体资格责任,如取消主体的某种经济活动资格,限制主体某种经济活动资格,甚至在人格上消灭该主体等;行政主体主要承担主体荣誉和地位方面的责任,如警告、批评、训诫、记过,以及降级、降职、撤职、罢免、开除等;自然人主要承担身体责任,如拘留、管制、拘役等。在行为责任类型中,企业法人和自然人主要承担补偿性行为责任,如停止侵害行为、排除妨碍、消除影响、恢复原状等;行政主体主要承担规范性行为责任,如修改、撤销不合法的规则、改变非法的决议、决定等。在财产责任类型中,基于财产的特性,自然人、法人和行政

---

① 参见何江《环境公益诉讼程序协调论》,博士学位论文,重庆大学,2019年,第1页。
② 张旭东:《环境民事公私益诉讼并行审理的困境与出路》,《中国法学》2018年第5期。
③ 吕忠梅、刘长兴:《环境司法专门化与专业化创新发展:2017—2018年度观察》,《中国应用法学》2019年第2期。
④ 参见刘少军《法边际均衡论——经济法哲学》,博士学位论文,中国政法大学,2005年,第119页。

主体都有承担各种财产责任的能力,如罚金、罚款、损害赔偿、没收财产、没收非法所得等。并且,补偿性财产责任与补偿性行为责任二者可以互相替代,此即为本书所言行为给付与金钱给付的可转换性。司法在行使判断权时,对于特定事件的特定主体应当承担何种责任的判断不是以部门法划分为思维起点,而是取决于责任的目的。手段从来都是为目的服务的,不同的目的决定了不同的责任形式。对于环境法而言,环境司法的目标是服务与保障国家环境保护的基本战略,环境公益诉讼和生态环境损害赔偿制度改革的推进也反映了公益诉讼"国家化"的特征。① 尽管"损害担责"并非完全是费用负担问题,但生态修复的关键却在于环境治理资金的到位,无论是责任人自行修复模式,还是由政府组织修复、责任人缴纳修复费用的模式,都说明环境民事诉讼不同于传统民事诉讼的"不告不理"。公共利益的保护不可放弃,在行政执法缺位或不足时通过司法程序进行环境治理成本的索赔是政府不可懈怠的职责,"应赔尽赔"不仅要求在环境公益诉讼中实现完全赔偿,还要求赔偿诉讼的启动以环境治理必要性为基准。这就是环境公益诉讼的"非讼性"特点,② 法院在环境民事公益诉讼中"并非消极的居中裁判者,而是积极的程序管理者和推进者,带有一定的能动司法甚至可以说是行政管理的色彩"③。对此,不应从传统行政权与司法权的关系来理解,认为环境司法的能动是对行政权的僭越。在一般公共利益保护领域,公共利益保护主要表现为公共秩序的维护,并不需要通过民事诉讼对违法行为造成的外部成本进行索赔。在环境保护领域,行政执法固然可以通过行政命令、行政罚款一定程度上实现环境损害救济,然而完全的环境外部成本需要通过专业的损害鉴定方能确定具体数额,由环境执法承担此任务将大大影响环境执法效率,反而不利于环境损害救济。因此,对于尚未得到补偿的环境外部成本就有必要通过司法程序进行索赔,此时司法程序与行政程序的关系乃是为共同保护环境公益的协作、互补关系,这就必然要求司法程序对行政程序的处理结果予以统筹考虑,以防公共利益保护不足或者过度。无论是环境执法还是环境司法,其背后都非单纯的个体惩罚或点状式的纠纷解决,而是共同服务于生态文明建设的法律工具,"环境司法专门化的本质属性在于回应针对环境

---

① 参见陈杭平、周晗隽《公益诉讼"国家化"的反思》,《北方法学》2019 年第 6 期。
② 参见吴俊《民事公益诉讼的实体性分析》,《国家检察官学院学报》2023 年第 3 期。
③ 段厚省:《环境民事公益诉讼基本理论思考》,《中外法学》2016 年第 4 期。

问题的生态利益诉求"①,"环境司法与环境纠纷处理的制度化、法律化、合一化已成为必然趋势"②。

因此,环境法"三审合一"在处理法律责任时,不应预设特定主体应当承担何种民事责任、行政责任或刑事责任,而应从特定主体需要承担何种人身责任、财产责任或行为责任出发,避免同一性质的事物被形式割裂。"由于法责任的多重性,将许多种责任进行一次性确认也有利于提高责任确认的正确性和及时性。"③ 其中,生态环境损害金钱给付义务中的金钱责任是财产责任中的特殊类型,其与生态环境损害金钱给付义务中的环境税费共同构成生态环境治理与修复的资金来源,是支撑生态文明建设的物质基础,是通过司法推动公共政策形成的具体实践。具体而言,在"三审合一"中应当将生态环境损害金钱给付义务作为整体来看待,即首先结合损害鉴定和科学意见确定环境行为造成的外部成本大小,对审判时已经承担的外部成本抵扣之后,以剩余尚未追索的外部成本为限额确定特定主体应当承担的金钱责任数额,并最终体现在损害赔偿数额中。若无法对民事诉讼、行政诉讼、刑事诉讼同时审理,则根据生态环境损害金钱给付义务的加总原则及其衍生的折抵原则、吸收原则进行处理。

三 司法专门化下生态环境损害金钱给付义务的执行

法谚云,"强制执行乃法律之终局及果实",是"社会正义最后一道防线的最后一个环节"。如果说法律责任是对法律利益的保障,那么执行则是对法律责任的保障,同时也是实现司法程序整合的目的的保障。环境司法实践中大量案件沦为"空判"的原因就在于"执行难"。在执行标的方面,人身责任、财产责任和行为责任的执行难度依次升高。这是因为财产责任的强制执行受限于责任人财产数量以及强制执行主体对责任财产尤其是金钱的控制,行为责任则完全依赖于行为人的自觉履行,因而往往通过代履行机制实现,而代履行费用的追索最终又转化为金钱债务的强制执行。因此,法律责任的执行难点和关键点就在于金钱给付的执行。在此过

---

① 张璐:《中国环境司法专门化的功能定位与路径选择》,《中州学刊》2020年第2期。
② 黄秀蓉、钭晓东:《论环境司法的"三审合一"模式》,《法制与社会发展》2016年第4期。
③ 刘少军:《法边际均衡论——经济法哲学》,博士学位论文,中国政法大学,2005年,第33页。

程中，由于生态环境修复具有周期性，涉及修复方案和修复费用的调整、使用和监督，需要发挥执行程序的"行政机能"。从中也可以看出"强制执行中往往实体问题与程序问题交叉缠绕，诉讼事件与非诉讼事件交替更迭，不同法律部门风云际会，各种利益矛盾对立冲突"①。对于法人而言，财产尤其是金钱是其最重要的利益所在，在资源有限的情况下，生态环境损害金钱给付义务在执行阶段必须面对利益衡量问题。

正如前文所言，生态环境本身是抽象公共利益的外化或具象化，任何法律责任的执行都无法忽视生态环境本身的利益恢复。环境司法的当务之急是消除环境负外部性，在此基础上追求人与人之间外部关系的消除。② 惩罚是针对外部关系而言，修复则是针对环境效应而言。传统民事、行政、刑事案件的执行首先关注的是外部关系的消除，其表现是认为随着损害赔偿款的执行以及罚款、罚金的收取，乃至环境税费的征收，利益自然会随之得到平衡。然而，这只从被执行人一端而言，随着执行程序的终结，惩罚效果也达到预设目标。然而，对于环境公益保护而言，环境效应并不会随着外部关系的消解而消除，相反，外部关系反而会随着环境效应的消除而消解。实际上，没有环境公益诉讼，环境司法就没有专门化的必要，环境司法专门化的内涵本身蕴含着环境公益实现的要求。③ 在传统执行模式下，行政处罚机关与执行机关分离，作出行政处罚的环保机关没有强制执行权，导致环境利益不能得到及时维护，"审执合一"模式从而成为加强行政机关执行力度的选择。④ 不过，从我国目前实行"四合一"模式的地区来看，⑤ 执行程序并未体现出环境法的"专门化"。这首先是因为"四合一"模式无法对当事人既不复议，也不诉讼的行政处罚案件进行审查，也与环境法律执行自身的问题有关。环境资源类案件的执行应更多地强调环境或生态的恢复和治理。基于行为给付与金钱给

---

① 江必新主编：《强制执行法理论与实务》，中国法制出版社 2014 年版，前言。
② 参见金书秦《流域水污染防治政策设计：外部性理论创新和应用》，冶金工业出版社 2011 年版，第 85 页。
③ 参见宋宗宇、郭金虎《环境司法专门化的构成要素与实现路径》，《法学杂志》2017 年第 7 期。
④ 参见严厚福《环境行政处罚执行难中的司法因素：基于实证的分析》，《中国地质大学学报》（社会科学版）2011 年第 6 期。
⑤ 贵阳、昆明、无锡都采取了"四审合一"的审判模式。贵阳设两级环保法庭，在全国率先进行了环境保护类别案件三类审判执行合一、集中专属管辖的尝试。昆明设置了环境保护审判庭对涉及环境保护的刑事、民事、行政、执行案件实行"四审合一"的审判执行模式。

付的可转换性,判决生态修复行为责任的,在执行过程中如果发生不能继续进行生态修复或修复未达到保护生态环境社会公共利益标准的,应当及时转换为相应的修复费用给付义务,或者转换为代履行费用,通过代履行机制实现金钱给付利益的偿付。相反,如果判决生态修复费用给付责任,在执行过程中无法继续履行的,应当及时转换为相应的行为义务。但应当注意的是,是否转换应当以生态修复的进展状况和必要性为判断标准,并且对于部分履行、部分转换的情况,转换部分的"量"与已履行的"量"应当遵从加总原则,即等于环境外部成本。此外,金钱给付转换为行为给付的,当事人未必具有生态修复的能力,此时应当允许当事人以劳务代偿、技改抵扣等增加正外部性的方式清偿债务。同时也应当注意,此种方式的代价是将生态修复义务转由政府承担,最终的实际承担者是全体纳税人,而且一旦以此为由终结执行程序则可能导致生态利益受损,因此不应轻易实施此种转换。对于可通过破产重整或其他方式能够在后期恢复给付能力的,可允许延期给付或分期给付,这也要求环境法与破产法进行有效衔接,尽量保证企业不轻易进入破产程序从而导致生态利益落空。也因此,环境法律执行程序的终结应当区别于普通诉讼程序的终结,环境诉讼被执行人如果没有可供执行财产时,法院可作出阶段性、特定程序的终结而非整个执行程序的终结。① 这也是生态修复周期性的要求,裁判确定的生态修复费用未必是实际的环境修复成本,因此需要为修复费用的补充给付再次启动执行程序。当然,在清偿能力不足、国家调控领域、特殊客观因素这些加总原则例外情形中,生态环境损害金钱给付义务在执行程序中也需要作出相应回应。一方面,执行程序可以作为调适加总原则适用限度的"最后一道防线"。如果执行程序中发现金钱给付义务的各项判决在归总执行时符合加总原则例外情形,则执行机关依然可以根据公共利益保护的需要对生态环境损害金钱给付义务关系的处理作出变通执行。另一方面,在加总原则例外情形中,生态环境损害金钱给付义务的执行往往涉及行政机关,例如政府与企业共同承担生态修复损害赔偿责任的情形,此时需要执行机关与行政机关做好权力合作和程序衔接,包括建立上级机关统筹协调的工作机制,执行机关或检察院则需

---

① 参见王慧《环境民事公益诉讼案件执行程序专门化之探讨》,《甘肃政法学院学报》2018年第1期。

要履行监督职责。

有必要说明的是，本书所说的生态环境损害金钱给付义务的执行不仅仅包括生态环境损害赔偿，环境税费、罚款、罚金均包含其中。除此之外，与金钱给付义务等价的行为给付（环境公益诉讼中的生态修复行为责任、限期治理等行政命令）在执行程序中均应与金钱给付义务做好协调，在同等范围内不应叠加执行。不过，当前金钱给付资金流向不同制约了其环境利益救济功能。尽管我国《民法典》和《刑法》都规定财产不足以全部支付情况下民事赔偿优先执行，但生态修复责任毕竟与私益损害赔偿不同，环境损害赔偿并非当然适用此规定，现行民刑、民行执行竞合理论不能径行套用。① 即便适用此规定，也并非课予当事人超过环境外部成本的金钱给付义务之正当理由。而且，对于当事人已经缴纳环境税费、行政罚款后无能力履行生态修复费用给付义务的问题，民事赔偿优先执行的规定也无法回应，更何况行政执行与民事执行还有执行顺位的争议。② 对此亟须从财政的高度统筹生态环境损害金钱给付义务，以实现其环境利益救济功能。

第三节　生态环境损害金钱给付义务整体化的财政保障

"资源定价看起来是一个纯市场问题，由于自然资源的所有权人是国家，其权利由政府代表它行使，其交易价格并非完全由市场决定，而是受到政府财政政策和程序的影响，因此，这种价格机制与财政决策也是息息相关。"③ 无论是环境税费，还是生态环境损害赔偿，又或者是环境罚款、罚金，其功能虽不完全一样，在本质上却是一样的，即都是由国家借助财政（经济）手段将市场主体给环境带来的负外部性予以内部化。也如前文所述，这几种金钱给付义务的归属主体皆为生态环境利益的代表者——国家，这就使得环境问题的解决离不开配套的财政保障机制。究其根源，财税作为国家治理的基石与重要支柱，生态文明建设作为国家治理的重要组成部分，自然离不开财税的支持与保障。从宏观角度来说，财税不仅是

---

① 参见江必新主编《强制执行法理论与实务》，中国法制出版社2014年版，第737—742页。
② 参见杨解君《论利益权衡下的行政执行与民事执行衔接》，《中国法学》2007年第1期。
③ 熊伟：《法治、财税与国家治理》，法律出版社2015年版，第182—183页。

国家赖以存续的物质基础,还是生态文明建设的物质基础,从环境治理资金的筹集到使用皆离不开配套财税制度的建设。从微观层面而言,财税作为一种经济利益分配工具,尤其要考虑生态环境治理成本应该在环境利益相关者之间如何分配,比如环境税费该以何种原则征收,再如环境罚款的设定基准。不过,有鉴于"污染者负担,损害者担责"理念已成共识,加之本书预设的立场便是环境问题肇因者就其造成的生态环境损害承担与之相对应的治理成本,本节所要讨论的财政保障机制主要是就宏观层面而言,至于微观层面的配套财政制度建设则不再涉及。具体来说,本节既要讨论生态环境领域的各财政收入(即环境税费、生态环境损害赔偿、环境罚款及罚金)收支联动问题,旨在强化各生态环境损害金钱给付义务的正当性,夯实生态环境保护的物质基础;也要讨论建立生态环境治理基金制度相关问题,旨在整合生态环境治理财政资金,强化资金的独立性和可持续性。

一 强化收支联动

从公共财政视角观测,各生态环境损害金钱给付义务皆为国家获取财政收入的形式,既有环境税为代表的税收收入,也有森林植被恢复费为代表的政府性基金收入,还有草原植被恢复费为代表的行政收费收入,环境罚款/罚金为代表的罚没收入,更有生态环境损害赔偿为代表的其他非税收入。出于提高财政支出效率的目的,收支分离、统收统支理应成为财政资金使用的主导原则,它不仅可以减少不同领域财政资金分配冷热不均的现象,还可增强各级政府根据国民经济社会发展需要统筹使用财政资金的动力,《国务院关于印发推进财政资金统筹使用方案的通知》(国发〔2015〕35号)明确要求"新出台的税收收入或非税收入政策,一般不得规定以收定支、专款专用"便是例证。进言之,虽然各生态环境损害金钱给付义务都是损害者担责的结果,但这并不影响国家如何使用这些弥补生态环境损害的补偿款项,正如被侵权人从侵权人处获得的损害赔偿并不必须用于恢复被侵害的权利,而是可以按照被侵权人的意志任意处分。而从环境法角度观测,这几种金钱给付皆为政府治理环境的政策工具,都是给付人为恢复生态环境而付出的代价,与之相应的资金自应被用于恢复生态环境,若非如此,被损害了的生态环境将会因政府的消极不作为而迟迟无法得到修复,从而背离立法者设立各生态环境损害金钱给付义务的初衷，给付人承担生态环境损害金钱给付义务的正当性亦不复存在。诚如学者所言，"环境侵害行政补偿制度目标的实现，必须解决赔偿资金不足、资金来源单一等实际问题"①。生态环境损害金钱给付义务不会只受财政法律制度的拘束，同样也不可能只受环境法律制度的影响，而是兼受财政法与环境法的制约。相应地，给付资金该如何使用也就不宜只采取某种单一立场，而应兼顾财政资金使用效率与生态环境治理两种不尽一致的价值目标。

审视我国生态环境损害金钱给付收入的使用，将其用于生态环境治理的有之，比如生态环境损害赔偿、森林植被恢复费以及草原植被恢复费，但将其统筹使用于各种公共产品提供的亦有之，如环境税和环境罚没收入。由此以观，我国对生态环境损害金钱给付资金的收支关系并无明晰的思路，而是兼受财税法与环境法双重思维的影响。一方面，环境税虽然与排污费并无本质区别，但是既然以税之名义相称，就应该受税理的拘束，从而与普通财政目的税一样被纳入一般公共预算并且不限使用方向，环境罚款、罚金虽与环境外部性内部化亦有密切关联，但是由于一般罚没收入亦是纳入一般公共预算统筹使用而非专款专用，加之立法者并未认识到环境罚款罚金较之于一般罚款、罚金的特殊价值，环境罚款罚金自然不可能被要求专款专用于生态环境治理；另一方面，由于生态环境损害赔偿以及生态环境类政府性基金等项目借由环境法律制度创设而非专门的财税法创设，其收支管理也就更多地受到环境法律制度的塑造，专款专用也就成为该类财政收入形式的主导特征。然而，仅以金钱给付形式来决定受何种法律体系的影响既不科学，也无助于体现生态环境损害金钱给付的环境特质。生态环境损害金钱给付资金的使用固然要兼受环境法理念与财税法理念的形塑，但不应该走向形式化，而应从事物本质角度去思考。申言之，生态环境损害金钱给付既不能简单按照公共财政的思维统收统支，割裂收入与支出的关系，也不应单纯按照环境治理的思维将专款专用走向极端，过于强调收入与支出的对应关系，而是应该选择一种折中路径，即强调生态环境损害金钱给付的专款专用的同时，也不否认此种专款专用是在整个生态环境领域的统筹使用。

诚然，理想情况下，实行"专款专用，定向投入"的财政制度对于

---

① 黄中显：《论环境侵害行政补偿制度：性质、功能和路径》，《理论月刊》2014年第12期。

环境治理最为有效,[①] 但受制于生态环境治理的内在规律,此种理想状态的达致并不容易实现,这也是强化生态环境损害金钱给付专款专用属性的同时,还应一定程度上吸纳统收统支理念的根本原因。一方面,生态环境具有一定程度的不可逆性,一旦被破坏,便很难被完全修复,国家固然可以用损害人承担的各种金钱给付对生态环境进行一定程度的修复,但生态服务期间功能损失无论如何都难以得到弥补,与之相应的金钱给付也就只能被统筹用于其他领域;另一方面,某些情况下,修复生态环境也可能是不现实或不必要的,而给付人的生态环境损害金钱给付义务却不会因之被豁免,国家只能将此等金钱统筹使用于其他领域。当然,这绝不等于说将生态环境损害金钱给付统筹用于任何领域都是正当和可被接受的。实际上,对于承担多重生态环境损害金钱给付义务的给付人来说,若其对所要承担的金钱给付用途一无所知,这不仅会严重影响给付人履行金钱给付义务的遵从意识,也会导致国家以保护生态环境为名变相向给付人摊派,进而加剧给付人的生产经营成本。更为重要的是,若将生态环境损害金钱给付统筹用于其他领域而与生态环境无涉,对于拥有环境权的国民来说,他们既未能因损害者担责而感受到任何福利的增加,久而久之便会对国家开征的各种环境税费、作出的各种环境罚款、罚金缺乏认同并对一国环境法律体制丧失信心。相反,将有关款项统筹用于环境领域不仅符合生态环境治理理念,还可从整体上起到保障国民环境权的客观效果,对于提升给付人对各种金钱给付义务的遵从意识亦是不容忽视。实际上,我国环境法律体系中确立的替代性修复法律责任、森林植被恢复费以及草原植被恢复费便已经具有了生态环境损害金钱给付统筹用于生态环境领域的雏形,只不过,环境罚款、罚金以及环境税等生态环境损害金钱给付的收支联动问题还须做出更加深入的探索。

环顾域外法治实践,生态环境损害金钱给付的收支同样呈现出颇为紧密的关系,不仅生态环境损害金钱给付的产生缘于实现环境负外部效应的内部化,生态环境损害金钱给付的支出同样具有很强的环境保护色彩。例

[①] See Marron D. B., Morris A. C., "How To Use Carbon Tax Revenues", 23 February 2016, https://www.brookings.edu/research/how-to-use-carbon-tax-revenues/, 1 February 2022; Bostan I., Onofrei M., Elena-Doina Dascălu, et al., "Impact of Sustainable Environmental Expenditures Policy on Air Pollution Reduction, During European Integration Framework", *Amfiteatru Economic*, Vol. 18, No. 42, May 2016, p. 286.

如,《意大利环境法典》"水污染防治编"明确规定"行政处罚产生的全部收入应归入大区财政,根据水体修复作业和减少污染作业的计划统一再分配。各大区负责对划拨资金总额进行分配用于实施预防措施和修复措施"[①]。除此之外,《德国环境法典(专家委员会草案)》亦就环境税收入的用途作出规定,将之限于环境教育、环境治理等领域。这些例证不仅足以说明生态环境损害金钱给付较之于一般金钱给付所特有的环境因子,还彰显出各生态环境损害金钱给付共通的事物属性,更表明强化生态环境损害金钱给付的收支联系兼具理论基础与实践依据。故而,我国在坚持生态环境损害赔偿、森林植被恢复费及草原植被恢复费的专款专用基础上,还应不断优化税收收入以及罚款罚没收入的用途,打破统收统支的观念局限,允许环境领域的税收、罚款罚金收入专项用于生态环境治理。需格外说明的是,在评估专款专用的标准时,既要格外重视收支关系,也要避免财政资金的低效浪费,还要恪守环境保护这一底线。例如,国家从排污企业水污染行为中获取的罚款罚金应该优先用于其所造成的水污染防治,如不可行,则可将该等资金用于替代性水污染修复。只有当用于水污染治理的资金存在剩余,才可将之统筹用于整个生态环境的保护,如环境教育、环境技术的改进、环境执法能力提升等。与此同时,立法者也应启动专门程序重新评估设定的罚款罚金标准乃至环境税费标准是否科学合理,避免生态环境损害金钱给付与生态环境保护脱钩从而沦为政府敛财而非生态环境治理的工具。

鉴于此,强化收支联动理应成为环境领域财政收支制度变革的基本方向,由财政效率观主导的资金统筹使用逻辑只能居于辅助地位。

二 完善环境基金制度

增进环境财政收入的环境专用性固然可以使生态环境损害金钱给付义务由分立走向整体化,但如果不能将这些资金在预算上纳入特定基金账户,生态环境治理专项资金被挪用于其他领域的风险同样无法消除。恰如欧洲环境法协会所建议的那样,"最明显的解决方案是根据环境的所有损失来计算损害赔偿,并将损害赔偿投入到信托基金中。这种做法可以保证

[①] 《意大利环境法典》,李钧、李修谅、蔡洁译/校,法律出版社2021年版,第157页。

这笔钱只能用于针对原来污染所进行的持续的修复工程中"①。就信托基金而言，其与公共财政可谓是公共信托理论的两种不同演绎形式。该理论起源于古罗马法，"认为全体社会成员对水源、空气、海洋等公共资源拥有共同的权利，但由于个人的局限，这些自然资源无法实现社会公众的自行管理和高效利用"②。由此之故，政府得以公共利益受托人的角色自居，从征税到收费再到罚款罚金无不是公共利益作用的结果。若就此而言，似乎政府将生态环境治理资金纳入一般公共预算亦无不可，更何况按照《生态环境损害赔偿资金管理办法（试行）》（财资环〔2020〕6 号）的规定，纳入一般公共预算的资金也绝非统筹使用于各个领域，而是统筹用于在损害结果发生地开展的生态环境修复相关工作。只是，"具有严格区划与层级设置特征的行政机关作为生态环境损害赔偿资金管理主体仍然存在一些难以逾越的障碍"③。实践中，各地生态环境公益诉讼损害赔偿资金管理模式更是形形色色，既有财政部门主导的财政管理模式，也有司法机关主导的司法管理模式，还有生态环境等业务管理部门负责的行政管理模式，更有委托基金会或信托公司管理的模式。④ 由此可见，政府垄断生态环境损害治理资金既不必要，更不现实。一方面，生态环境损害治理资金并非对政府提供公共产品本身的融资，而是对生态环境损害的弥补，从而与一般财政资金有着本质差别。另一方面，生态环境损害治理资金一旦被纳入政府公共预算，即便是专款专用，也会面临政府财政支出政策调整而不再专项用于生态环境治理，从而导致专项资金被挪作他用。基于此，纳入一般公共预算绝非管理生态环境损害治理资金的最佳模式。

梳理我国生态环境损害治理资金的管理模式，除了生态环境损害公益诉讼赔偿外，一般公共预算管理模式可谓占据绝对主导地位，有区别的是环境保护税、环境罚款罚金被纳入一般公共预算管理并统收统支，而生态环境损害赔偿、森林植被恢复费、草原植被恢复费则在被纳入一般公共预

---

① ［英］马克·韦尔德：《环境损害的民事责任：欧洲和美国法律与政策比较》，张一心、吴婧译，商务印书馆2017年版，第320页。
② 楚道文、李申：《生态环境损害赔偿资金管理的主体制度》，《福州大学学报》（哲学社会科学版）2020年第6期。
③ 楚道文、李申：《生态环境损害赔偿资金管理的主体制度》，《福州大学学报》（哲学社会科学版）2020年第6期。
④ 参见张红霞、张晶《生态环境损害赔偿资金管理的实证研究》，《中国检察官》2021年第19期。

算基础上实行专款专用。此种模式下，除了前述生态环境治理资金可能被挪作他用外，还可能会产生专项资金不足而需其他一般公共预算驰援的情况。对于前者来说，只要行政部门严格按照财政预算进行财政支出，问题并不突出。但是，对于后者而言，生态环境问题肇因人既可能因为经济负担能力有限而不足以就其造成的生态环境损害进行完整补偿，也可能因为各生态环境损害金钱给付义务法律体系所恪守的传统价值理念与环境外部性弥补存在偏差进而导致给付人缴纳的金钱并不足以弥补其对生态环境的损害。例如，环境保护税虽以污染治理成本为基准进行税率设定，但由于环境保护税也属于税之家族成员，对于符合立法者期待的行为亦设定有诸如减半征收之类的税收优惠，导致排污少的纳税人缴纳的税款或难弥补其所排放污染的治理成本。还如，基于不可抗力引发的环境污染，无论是行政法还是刑法都不会对其课以金钱给付法律责任，但生态环境损害却不会因此而减少，与之相应的生态环境治理资金同样不可或缺。只是，如此一来，一般公共预算驰援生态环境治理将不可避免，而其又主要建基于纳税人所缴纳的各种税收，损害者担责原则异化为财政买单，不仅易引发纳税人的不满，还会危及其他公共产品的提供。相比之下，如果将生态环境损害金钱给付纳入政府性基金管理，虽然可以起到以收定支的效果，避免一般公共预算对生态环境问题肇因人买单，但是生态环境却并不会因生态环境损害者的经济负担能力差而不需要治理便可自行恢复，生态环境治理资金短缺问题仍然无法从根本上得到解决。是故，无论是纳入一般公共预算管理还是纳入政府性基金管理，在面对生态环境治理资金结构性短缺问题时都会显得力不从心。

不同于纳入一般公共预算和政府性基金预算，在维持生态环境治理资金的充裕性与可持续性上，专项基金模式显示出了较强的兼容性。考察域外实践，专项基金管理模式同样受到颇多青睐。我国台湾地区为应对水污染、空气污染、土壤污染、森林生态保护等生态环境议题，分别设置了水污染防治基金、空气污染防治基金、土壤及地下水污染整治基金及造林基金。与之类似，加拿大联邦则设有环境损害赔偿基金，因实施违法行为而受到的所有处罚均应记入环境损害赔偿基金，该基金是加拿大账户中的一个账户，并用于与保护、养护或恢复环境或管理该基金有关的目的。[1] 该

---

[1] See Canadian Environmental Violations Administrative Monetary Penalties Act（S.C. 2009, c.14, s.126）27（3）.

基金的来源"主要包括按照联邦环境立法规定的由女王对环境污染责任人提起公诉获胜之后的罚金,以及由联邦政府提起的民事诉讼或者由调解的方式让责任人承担的损害赔偿金以及接受来自国内外个人和其他基金的捐赠等"①。我国已有地方立法实践在逐步进行探索。根据《泰州市环境公益诉讼资金管理暂行办法》第3条规定,用于提起环境公益诉讼涉及的调查取证、鉴定评估、环境修复等合理费用支出的资金来源包括"各级人民法院生效裁判、调解确定的无特定受益人的环境损害赔偿金;环境污染刑事案件被告人被判处罚金或没收的财产;侵害环境的行为人自愿支付的环境损害赔偿金;其他合法来源"。实际上这种模式亦有学者呼吁。② 该模式之所以备受青睐,根本而言是基金所要应对的生态环境问题具有较强的历时性,即便此时资金充裕,但随着时间的推移,不仅会产生资金贬值的问题,还可能会存在资金入不敷出的问题,而专项基金模式恰好可以解决这两类问题。具体来说,一方面,专项基金模式尤为重视基金收支的长期平衡而非年度平衡,因而在资金运营上更为灵活,通过借助专家力量将相关资金保值增值,可在很大程度上对冲资金贬值的风险;另一方面,专项基金不仅可以将环境税费、生态环境损害赔偿、环境罚款罚金等囊括进去以充分贯彻损害者担责的理念,还可以吸收社会力量的公益捐赠,拓展基金的来源,从而缓解生态环境治理资金结构性短缺问题。无独有偶,为应对人口老龄化引发的财政收支失衡问题,我国在社会保险基金预算外单独创设的社会保障储备基金同样采取了专门基金模式,不仅实现了社会保障储备资金的保值增值,还通过拓宽资金来源渠道减少了政府公共财政驰援的压力。借鉴国内外实践经验,为应对我国生态环境治理资金贬值及结构性失衡问题,同样可以考虑以公法财团法人的模式设立生态环境治理专项基金,并将环境税费、财政拨款、社会捐赠、赔偿义务人所缴纳的生态环境损害赔偿金、环境民事公益诉讼中法院判决的生态环境损害赔偿金以及环境刑事罚金和环境行政罚款等生态环境损害金钱给付皆纳入其中。

生态环境治理资金采取专项基金模式自是无疑,但是否要进一步细分

---

① 尧羽珍:《我国生态环境损害赔偿基金法律制度的构建——以加拿大联邦环境损害赔偿基金为视角》,《广西政法管理干部学院学报》2017年第4期。
② 参见朱作鑫《我国海洋石油开发污染损害赔偿基金制度研究》,博士学位论文,大连海事大学,2019年;姚宋伟《我国环境修复基金法律制度实证研究》,硕士学位论文,郑州大学,2018年。

为多个子基金却并不明朗，仍值进一步思索。照理来说，生态系统具有整体性，山水林田湖草沙既为一体，那么生态环境治理资金就不宜人为划分为多个子基金，否则容易产生诸如水土保持补偿费究竟是纳入森林保护专项基金还是草原保护专项基金以及地下水污染罚款究竟是纳入水污染防治基金还是土壤污染治理基金等分类难题。可是，从实践情况来看，水污染、噪声污染、大气污染、森林保护、草原保护等似乎属于不同领域的生态环境问题，若将生态环境治理资金笼统归入一个大基金而不再细分，确实又会出现分类过于宽泛，进而导致设立专项基金难以达致其初衷——修复特定生态环境。针对这一两难问题，笔者认为可以在继受既有经验的基础上，作出适当调适。根据《中央生态环保转移支付资金项目储备制度管理暂行办法》（财资环〔2021〕91号），我国现行生态环境治理专项资金主要包括水污染防治资金、大气污染防治资金、土壤污染防治资金、农村环境整治资金、海洋生态保护修复资金、重点生态保护修复治理资金、林业草原生态保护恢复资金和林业改革发展资金、自然灾害防治体系建设补助资金等，这一分类较具参考价值。只是，其分类标准仍不尽科学，比如农村环境整治资金既可能用于农村水污染防治，也可能用于农村土壤污染防治，甚至还可能用于农村大气污染治理，况且该办法所谓的生态环保在用语上也颇为广泛，甚至还将自然灾害防治也纳入其中，与生态环保的核心意涵已然偏离。因而，这一分类虽具参考意义但应作出一定调整。基于此，可以将之进一步简化并调整为水污染防治、大气污染防治、土壤污染防治、海洋生态保护修复、林业生态保护恢复、草原生态保护恢复六项专项资金。当然，若确有交叉的，可以考虑采用诸如因素法等方法将之分别划入各相关专项资金。

总之，较之于政府主导的预算模式，由生态环境损害金钱给付义务产生的生态环境治理资金更应采取专项基金管理模式，而结合环境要素之间的联系与差异，还应将生态环境治理资金进一步划分为若干子基金，既要尽可能避免重叠，也要避免过于宽泛致使资金专用性大打折扣。

结　　论

　　基于金钱、金钱给付以及生态环境损害金钱给付的事物属性，各生态环境损害金钱给付义务"同质不同量"，这主要是因为其"定价机制"不同。量度外部性要么从最终结果上直接计量，要么基于外部性的行为方式对其可能造成的外部性大小进行预估。环境税费、罚款、罚金主要是事前定价，是一种"预置责任"，环境损害赔偿和以损害为计算基数的罚款、罚金则属于事后定价。生态环境损害金钱给付义务的定价机制之所以有区别并非法律有意为之，而是受制于时间落差这一自然规律的制约、执法落差因素的考量、所属部门法自身理念的规定、威慑逻辑的影响。其中，威慑逻辑使得生态环境损害金钱给付义务同时处于两个体系：威慑体系和外部性矫正体系，同时受到两种定价机制的影响。当这两种逻辑的定价机制产生竞合，就必须在整个外部性矫正手段和威慑手段中进行整体化考量。如果非金钱制裁不足以实现威慑，罚款（金）就要承担威慑功能。但是，由于外部性矫正的逻辑并不排除其威慑功能，在衡量威慑必要性考虑的应当是包括所有金钱给付义务与非金钱法律责任在内的所有威慑手段，而不仅仅是罚款（金）。此外，事前与事后的事物一体性、将执法落差作为加重特定当事人理由的不正当性以及环境领域执法落差的降低乃至消除也要求生态环境损害金钱给付义务以外部性矫正为中心。

　　生态环境损害金钱给付义务的财政收入功能是客观的，生态环境领域国家利益与社会公共利益的统一也决定了收入归属具有同一性，一旦以金钱手段实现威慑就必须遵循外部性矫正体系的原则与规则。生态环境损害金钱给付义务加总原则表达的是各生态环境损害金钱给付义务数额的总和不应超过环境行为所造成的外部成本。可能单独来看每个生态环境损害金钱给付义务都没有超过外部成本，但其"总额"却超过外部成本，而

"总额"控制就是在不超过"总额"的情况下允许各生态环境损害金钱给付义务按照各自的逻辑运行。因此本书所说的加总原则实际上是一种"总额控制"并且允许"总额控制"下进行"结构调整"的原则。根据加总原则，生态环境损害金钱给付义务应当以弥补外部成本为基准，各种金钱给付义务不受公法责任或私法责任的限制而可以并行适用，而超过外部成本（环境损害及其引起的损失时）的部分则应当进行折抵。当同一环境损害之上存在多种构成要件行为，则遵循吸收原则，即"实害吸收风险""结果责任吸收行为责任"，对与生态环境损害具有因果关系的违法行为的行政处罚或刑事处罚都应计入加总范围内。

基于此，在立法方面，为了避免多元生态环境损害金钱给付义务引发的重复担责问题，未来环境法典总则应当设置"生态环境损害责任"章并安排专门衔接条款处理环境税费、赔偿、罚款以及罚金的关系。这一衔接条款可规定为"行为人因同一污染环境、破坏生态行为，缴纳环境税费的，不影响其承担民事、行政以及刑事法律责任，但其依法承担的环境税费、环境赔偿、环境罚款以及环境罚金总额以有关部门对该行为造成的生态环境损害评估价值为限"。《民法典》第187条所确立的多元责任衔接条款应修正为"民事主体因同一行为应当承担民事责任、行政责任和刑事责任的，除法律另有规定外，承担行政责任或者刑事责任不影响承担民事责任"。《环境保护税法》第26条中的"应当对所造成的损害依法承担责任"修改为"应当对所造成的损害依《环境法典》的规定承担责任"。未来在环境收费立法中可以考虑设置诸如"有关单位或者个人拒不恢复植被的，县级以上人民政府有关主管部门依法组织代为履行的，代为履行所需费用由违法者承担并参照本办法的标准执行"的条款，从而嫁接起环境收费与生态环境法律责任的有机联系。在此基础上，考虑到环境收费与其他金钱给付义务的关系，还可以参考前文所提及的环境保护税与环境责任的衔接条款设置方式，设置如此"占用森林（草原）的单位或个人，除依照本办法规定缴纳植被恢复费的，还应当对所造成的损害依《环境法典》规定承担法律责任"的规定。

在司法方面，司法专门化则可以解决时空分散导致的金钱给付义务分立问题，但是司法专门化在部门法分立格局下不可能在根本上实现金钱给付义务的整体化命题，因此有必要突破部门法分立格局对环境司法专门化发展的桎梏，从而为生态环境损害金钱给付义务整体化提供程序保障，需要"三审合一"的实质整合。在"三审合一"中应当将生态环境损害金钱给付义务作为整体来看待,即首先结合损害鉴定和科学意见确定环境行为造成的外部成本大小,对审判时已经承担的外部成本抵扣之后,以剩余尚未追索的外部成本为限额确定特定主体应当承担的金钱责任数额,并最终体现在损害赔偿数额中。若无法对民事诉讼、行政诉讼、刑事诉讼同时审理,则根据生态环境损害金钱给付义务的加总原则及其衍生的折抵原则、吸收原则进行处理。在执行方面,基于行为给付与金钱给付的可转换性,判决生态修复行为责任的,在执行过程中如果发生不能继续进行生态修复或修复未达到保护生态环境社会公共利益标准的,应当及时转换为相应的修复费用给付义务,或者转换为代履行费用,通过代履行机制实现金钱给付利益的偿付。相反,如果判决生态修复费用给付责任,在执行过程中无法继续履行的,应当及时转换为相应的行为义务。但应当注意的是,是否转换应当以生态修复的进展状况和必要性为判断标准,并且对于部分履行、部分转换的情况,转换部分的"量"与已履行的"量"应当遵从加总原则,即生态环境损害金钱给付义务的数额应当等于环境外部成本。

在财政方面,生态环境损害金钱给付义务不会只受财政法律制度的拘束,也不可能只受环境法律制度的影响,而是兼受财政法与环境法的制约。相应地,给付资金该如何使用也就不宜只采取某种单一立场,而应兼顾财政资金使用效率与生态环境治理两种不尽一致的价值目标。环境法上的金钱给付既不能简单按照公共财政的思维统收统支,割裂收入与支出的关系,也不应单纯按照环境治理的思维将专款专用走向极端,过于强调收入与支出的对应关系,而是应该选择一种折中路径,即强调生态环境损害金钱给付资金专款专用的同时,也不否认此种专款专用是在整个生态环境领域的统筹使用。强化收支联动理应成为环境领域财政收支制度变革的基本方向,由财政效率观主导的资金统筹使用逻辑只能居于辅助地位。在维持生态环境治理资金的充裕性与可持续性上,应将生态环境治理资金进一步划分为若干子基金,既要尽可能避免重叠,又要避免过于宽泛致使资金专用性大打折扣。

参考文献

一 中文著作

蔡桂生：《构成要件论》，中国人民大学出版社 2015 年版。

蔡守秋主编：《环境资源法论》，武汉大学出版社 1996 年版。

蔡守秋主编：《新编环境资源法学》，北京师范大学出版社 2017 年版。

陈聪富：《侵权归责原则与损害赔偿》，北京大学出版社 2005 年版。

陈海嵩主编：《中国环境法典编纂的基本理论问题》，法律出版社 2021 年版。

陈航：《民刑关系基础理论研究》，商务印书馆 2020 年版。

陈清秀：《法理学》（修订二版），元照出版公司 2018 年版。

陈清秀：《税法总论》（修订九版），元照出版公司 2016 年版。

陈清秀：《行政罚法》，法律出版社 2016 年版。

陈新民：《中国行政法学原理》，中国政法大学出版社 2002 年版。

陈兴良：《本体刑法学》（第三版），中国人民大学出版社 2017 年版。

辞海编辑委员会编：《辞海》（中），上海辞书出版社 1989 年版。

崔吉子：《债权法学》（第二版），北京大学出版社 2016 年版。

邓保生主编：《环境税开征立法问题研究》，中国税务出版社 2014 年版。

邓衍森、陈清秀、张嘉尹、李春福主编：《法理学》，元照出版公司 2020 年版。

杜群：《环境法融合论：环境·资源·生态法律保护一体化》，科学出版社 2003 年版。

樊勇明、杜莉编著：《公共经济学》，复旦大学出版社 2001 年版。

方印等：《环境法律前沿问题研究》，知识产权出版社2018年版。

付小容：《"赔钱减刑"价值研究》，人民出版社2018年版。

付子堂主编：《法理学初阶》（第六版），法律出版社2021年版。

高铭暄、马克昌主编：《刑法学》（第三版），北京大学出版社、高等教育出版社2007年版。

葛克昌：《行政程序与纳税人基本权》，北京大学出版社2005年版。

公丕祥主编：《法理学》（第二版），复旦大学出版社2008年版。

龚祥瑞：《比较宪法与行政法》，法律出版社2003年版。

顾祝轩：《体系概念史：欧陆民法典编纂何以可能》，法律出版社2019年版。

顾祝轩：《制造"拉伦茨神话"：德国法学方法论史》，法律出版社2011年版。

韩德培主编：《环境保护法教程》（第八版），法律出版社2018年版。

何勤华等：《法律名词的起源》（上），北京大学出版社2009年版。

胡宝珍主编：《民法学》，群众出版社2006年版。

胡静：《环境法的正当性与制度选择》，知识产权出版社2009年版。

胡元聪：《外部性问题解决的经济法进路研究》，法律出版社2010年版。

黄茂荣：《法学方法与现代民法》，中国政法大学出版社2001年版。

黄锡生、李希昆主编：《环境与资源保护法学》，重庆大学出版社2002年版。

黄恒学主编：《公共经济学》，北京大学出版社2002年版。

季卫东：《法律程序的意义——对中国法制建设的另一种思考》（增订版），中国法制出版社2012年版。

江必新主编：《〈中华人民共和国行政强制法〉条文理解与适用》，人民法院出版社2011年版。

江必新主编：《强制执行法理论与实务》，中国法制出版社2014年版。

江利红：《行政收费法治化研究》，法律出版社2017年版。

焦海博：《法律信仰的神话：美国工具主义法律观研究》，清华大学出版社2017年版。

金瑞林主编：《环境法学》（第四版），北京大学出版社2016年版。

金书秦：《流域水污染防治政策设计：外部性理论创新和应用》，冶金工业出版社 2011 年版。

柯格钟：《环境公课》（第一册），元照出版公司 2020 年版。

劳东燕：《功能主义的刑法解释》，中国人民大学出版社 2020 年版。

黎其武：《量刑公正论》，法律出版社 2011 年版。

李建明主编：《企业违法行为论》，中国检察出版社 2002 年版。

李克国编著：《环境经济学》，科学技术文献出版社 1993 年版。

李明华、夏少敏主编：《环境法学》，法律出版社 2013 年版。

李永军主编：《债权法》，北京大学出版社 2016 年版。

李志敏：《中国古代民法》，法律出版社 1988 年版。

厉以宁、章铮：《环境经济学》，中国计划出版社 1995 年版。

刘莉：《竞技足球犯罪中的被害人研究》，知识产权出版社 2018 年版。

刘少军：《法边际均衡论——经济法哲学》（修订版），中国政法大学出版社 2017 年版。

刘作翔：《法理学视野中的司法问题》，上海人民出版社 2003 年版。

龙卫球：《民法基础与超越》，北京大学出版社 2010 年版。

吕忠梅主编：《环境法导论》（第二版），北京大学出版社 2010 年版。

吕忠梅等：《环境司法专门化：现状调查与制度重构》，法律出版社 2017 年版。

罗宏、陈煌、杨占红编著：《环境保护税与中国实践》，中国环境出版集团 2019 年版。

麻昌华：《侵权行为法地位研究》，中国政法大学出版社 2004 年版。

马志毅：《中国行政收费法律制度研究》，中国金融出版社 2014 年版。

彭本荣、郑冬梅、洪荣标、杨薇、饶欢欢编著：《海洋环境经济政策：理论与实践》，海洋出版社 2015 年版。

彭万林主编：《民法学》（第六版），中国政法大学出版社 2007 年版。

《世界税制现状与趋势》课题组编著：《世界税制现状与趋势（2017）》，中国税务出版社 2018 年版。

舒国滢主编：《法理学导论》（第三版），北京大学出版社 2019 年版。

宋亚辉：《社会性规制的路径选择：行政规制、司法控制抑或合作规制》，法律出版社 2017 年版。

孙正聿：《哲学：思想的前提批判》，中国社会科学出版社 2016 年版。

唐绍均：《环境义务的行政代履行制度研究》，中国社会科学出版社 2019 年版。

田开友：《政府性基金课征法治化研究》，中国政法大学出版社 2017 年版。

佟柔主编：《民法原理》（修订本），法律出版社 1987 年版。

汪劲：《环境法学》（第四版），北京大学出版社 2018 年版。

汪全胜等：《法的结构规范化研究》，中国政法大学出版社 2015 年版。

王金南：《排污收费理论学》，中国环境科学出版社 1997 年版。

王立峰：《惩罚的哲理》（第二版），清华大学出版社 2013 年版。

王利明、崔建远：《合同法新论·总则》，中国政法大学出版社 1996 年版。

王利明、周友军、高圣平：《中国侵权责任法教程》，人民法院出版社 2010 年版。

王利明：《法学方法论》，中国人民大学出版社 2011 年版。

王利明：《侵权行为法归责原则研究》，中国政法大学出版社 1992 年版。

王利明：《侵权责任法研究》（上卷），中国人民大学出版社 2010 年版。

王利明：《债法总则研究》（第二版），中国人民大学出版社 2018 年版。

王卫国：《过错责任原则：第三次勃兴》，中国法制出版社 2000 年版。

王新生：《市民社会论》，广西人民出版社 2003 年版。

王元化：《读黑格尔》，上海书店出版社 2019 年版。

王泽鉴：《损害赔偿》，北京大学出版社 2017 年版。

王志祥：《民事赔偿与刑事责任》，中国政法大学出版社 2021 年版。

吴从周：《概念法学、利益法学与价值法学：探索一部民法方法论的演变史》，中国法制出版社 2011 年版。

谢晖、陈金钊:《法理学》,高等教育出版社 2005 年版。

熊秉元:《法的经济解释:法律的倚天屠龙》,东方出版社 2017 年版。

熊秉元:《正义的效益:一场经济学与法学的思辨之旅》,东方出版社 2016 年版。

熊伟:《财政法基本问题》,北京大学出版社 2012 年版。

熊伟:《法治、财税与国家治理》,法律出版社 2015 年版。

徐祥民主编:《环境法学》,北京大学出版社 2005 年版。

许章润主编:《犯罪学》(第二版),法律出版社 2004 年版。

薛黎明、李翠平编著:《资源与环境经济学》,冶金工业出版社 2017 年版。

晏山嵘:《行政处罚实务与判例释解》,法律出版社 2016 年版。

杨立新:《简明侵权责任法》,中国法制出版社 2015 年版。

杨立新:《民法六讲》,中国人民大学出版社 2017 年版。

杨小君:《行政处罚研究》,法律出版社 2002 年版。

杨颖:《税法的惩罚性规则研究》,法律出版社 2014 年版。

叶金育:《环境税整体化研究:一种税理、法理与技术整合的视角》,法律出版社 2018 年版。

曾世雄:《损害赔偿法原理》,中国政法大学出版社 2001 年版。

张明楷:《法益初论》,中国政法大学出版社 2000 年版。

张明楷编著:《外国刑法纲要》(第二版),清华大学出版社 2007 年版。

张明楷:《刑法原理》,商务印书馆 2011 年版。

张守文:《经济法理论的重构》,人民出版社 2004 年版。

张维迎:《信息、信任与法律》,生活·读书·新知三联书店 2003 年版。

张文显主编:《法理学》,高等教育出版社、北京大学出版社 1999 年版。

张新宝:《侵权责任构成要件研究》,法律出版社 2007 年版。

张新宝:《中华人民共和国民法典侵权责任编理解与适用》,中国法制出版社 2020 年版。

张忠民:《一元到多元:生态诉讼的实证研究》,法律出版社 2016

年版。

张梓太主编:《自然资源法学》,北京大学出版社 2007 年版。

赵春玉:《刑法中的法律拟制》,清华大学出版社 2018 年版。

郑也夫:《代价论》,中信出版集团 2015 年版。

郑云虹:《生产者责任延伸(EPR):理论、政策与实践》,中国经济出版社 2018 年版。

《马克思恩格斯选集》(第四卷),人民出版社 1995 年版。

中共中央马克思、恩格斯、列宁、斯大林著作编译局编译:《马克思古代社会史笔记》,人民出版社 1996 年版。

周珂、莫菲、徐雅、林潇潇主编:《环境法》(第六版),中国人民大学出版社 2021 年版。

周枏:《罗马法原论》(上册),商务印书馆 1994 年版。

朱兴:《刑事归责研究》,中国政法大学出版社 2018 年版。

《瑞典环境法典》,竺效等译,法律出版社 2018 年版。

《意大利环境法典》,李钧、李修琼、蔡洁译/校,法律出版社 2021 年版。

二 中文译著

[奥] 凯尔森:《法与国家的一般理论》,沈宗灵译,中国大百科全书出版社 1996 年版。

[澳] 彼得·凯恩:《侵权法解剖》,汪志刚译,北京大学出版社 2010 年版。

[比] 吉恩·希瑞克斯、[英] 加雷思·D. 迈尔斯:《公共经济学》(第二版),张晏等译,格致出版社、上海三联书店、上海人民出版社 2020 年版。

[德] 恩格斯:《家庭、私有制和国家的起源》,中共中央马克思、恩格斯、列宁、斯大林著作编译,人民出版社 2018 年版。

[德] 菲利普·黑克:《利益法学》,傅广宇译,商务印书馆 2016 年版。

[德] 格哈德·瓦格纳:《损害赔偿法的未来——商业化、惩罚性赔偿、集体性损害》,王程芳译,中国法制出版社 2012 年版。

[德] 哈特穆特·毛雷尔:《行政法学总论》,高家伟译,法律出版

社 2000 年版。

[德] 黑格尔:《法哲学原理》, 范扬、张企泰译, 商务印书馆 2017 年版。

[德] 卡尔·拉伦茨:《法学方法论》(全本·第六版), 黄家镇译, 商务印书馆 2020 年版。

[德] 卡尔·拉伦茨:《法学方法论》, 陈爱娥译, 商务印书馆 2003 年版。

欧洲民法典研究组、欧盟现行私法研究组编著, [德] 克里斯蒂安·冯·巴尔、[英] 埃里克·克莱夫主编:《欧洲私法的原则、定义与示范规则: 欧洲示范民法典草案》(全译本)(第五、六、七卷), 王文胜等译, 法律出版社 2014 年版。

[德] 拉德布鲁赫:《法学导论》, 米健译, 商务印书馆 2013 年版。

[德] 拉德布鲁赫:《法哲学》, 王朴译, 法律出版社 2005 年版。

[德] 马克西米利安·福克斯:《侵权行为法》(2004 年第 5 版), 齐晓琨译, 法律出版 2006 年版。

[德] 伯恩·魏德士:《法理学》, 丁晓春、吴越译, 法律出版社 2003 年版。

[法] 笛卡尔:《谈谈方法》, 王太庆译, 商务印书馆 2000 年版。

[法] 卢梭:《社会契约论》, 何兆武译, 商务印书馆 2003 年版。

[法] 米歇尔·福柯《规训与惩罚: 监狱的诞生》(修订译本), 刘北成、杨远婴译, 生活·读书·新知三联书店 2012 年版。

[美] A. 爱伦·斯密德:《财产、权力和公共选择: 对法和经济学的进一步思考》, 黄祖辉、蒋文华、郭红东、宝贡敏译, 上海三联书店、上海人民出版社 1999 年版。

[美] 罗斯科·庞德:《普通法的精神》, 唐前宏、廖湘文、高雪原译, 法律出版社 2001 年版。

[美] 保罗·萨缪尔森、[美] 威廉·诺德豪斯:《经济学》(上册)(第十九版), 萧琛等译, 商务印书馆 2012 年版。

[美] 埃德加·博登海默:《法理学: 法律哲学与法律方法》, 邓正来译, 中国政法大学出版社 1999 年版。

[美] 丹尼尔·H. 科尔:《污染与财产权: 环境保护的所有权制度比较研究》, 严厚福、王社坤译, 北京大学出版社 2009 年版。

［美］大卫·D. 弗里德曼：《经济学语境下的法律规则》，杨欣欣译，法律出版社 2004 年版。

［美］莱斯特·M. 萨拉蒙：《政府工具：新治理指南》，肖娜等译，北京大学出版社 2016 年版。

［美］劳伦斯·M. 弗里德曼：《法律制度——从社会科学角度观察》，李琼英、林欣译，中国政法大学出版社 2004 年版。

［美］理查德·A. 波斯纳：《法理学问题》，苏力译，中国政法大学出版社 2002 年版。

［美］罗伯特·S. 萨默斯：《美国实用工具主义法学》，柯华庆译，中国法制出版社 2010 年版。

［美］孟罗·斯密：《欧陆法律发达史》，姚梅镇译，中国政法大学出版社 1999 年版。

［美］米尔伊安·R. 达玛什卡：《司法和国家权力的多种面孔——比较视野中的法律程序》，郑戈译，中国政法大学出版社 2015 年版。

［美］罗斯科·庞德：《通过法律的社会控制》，沈宗灵译，商务印书馆 1984 年版。

［美］约瑟夫·J. 塞尼卡、［美］迈克尔·K. 陶西格：《环境经济学》，熊必俊、王炎庠、程福祜译，广西人民出版社 1986 年版。

［美］斯科特·夏皮罗：《合法性》，郑玉双、刘叶深译，中国法制出版社 2016 年版。

［美］约翰·亨利·梅利曼：《大陆法系》（第二版），顾培东、禄正平译，法律出版社 2004 年版。

［美］戴维·G. 欧文主编：《侵权法的哲学基础》，张金海、谢九华、刘金瑞、张铁薇译，北京大学出版社 2016 年版。

［日］高桥则夫：《规范论和刑法解释论》，戴波、李世阳译，中国人民大学出版社 2011 年版。

［日］美浓部达吉：《公法与私法》，黄冯明译，中国政法大学出版社 2003 年版。

［日］美浓部达吉：《宪法学原理》，欧宗祐等译，中国政法大学出版社 2003 年版。

［日］田中英夫、竹内昭夫：《私人在法实现中的作用》，李薇译，法律出版社 2006 年版。

[日] 原田尚彦：《环境法》，于敏译，法律出版社 1999 年版。

[日] 佐伯仁志：《制裁论》，丁胜明译，北京大学出版社 2018 年版。

[苏] Φ·Φ·维亚凯列夫主编：《客观辩证法》，刘晖星等译，东方出版社 1986 年版。

[意] 贝卡里亚：《论犯罪与刑罚》，黄风译，中国大百科全书出版社 1993 年版。

[意] 彼德罗·彭梵得：《罗马法教科书》，黄风译，中国政法大学出版社 1992 年版。

[英] J.C. 史密斯、B. 霍根：《英国刑法》，李贵方、马清升译，法律出版社 2000 年版。

[英] 埃辛·奥赫绪、[意] 戴维·奈尔肯编：《比较法新论》，马剑银等译，清华大学出版社 2012 年版。

[英] 约翰·奥斯丁：《法理学的范围》，刘星译，中国法制出版社 2002 年版。

[英] 哈特：《法律的概念》（第三版），许家馨、李冠宜译，法律出版社 2018 年版。

[英] 马克·韦尔德：《环境损害的民事责任：欧洲和美国法律与政策比较》，张一心、吴婧译，商务印书馆 2017 年版。

[英] 马歇尔：《经济学原理》（上卷），朱志泰译，商务印书馆 2011 年版。

[英] 米尔恩：《人的权利与人的多样性：人权哲学》，夏勇、张志铭译，中国大百科全书出版社 1995 年版。

三　中文论文

埃米利·希尔弗曼：《美国的刑事赔偿制度》（下），刘孝敏译，《刑法论丛》2007 年第 1 期。

艾佳慧：《法律经济学的新古典范式——理论框架与应用局限》，《现代法学》2020 年第 6 期。

白立强：《究竟是"社会国家化"还是"国家社会化"？——从马克思"国家—社会"结构理论看当代中国"政治国家"与"市民社会"的关系》，《理论探讨》2007 年第 2 期。

毕金平、汪永福：《我国生态补偿税费体系之厘清》，《华东经济管理》2015 年第 9 期。

蔡守秋：《环境公益是环境公益诉讼发展的核心》，《环境法评论》2018 年卷。

陈纯柱、樊锐：《"先民后刑"模式的正当性与量刑研究》，《中国政法大学学报》2012 年第 2 期。

陈聪富：《美国法上惩罚性赔偿金制度》，《台大法学论集》2002 年第 5 期。

陈海嵩：《环境司法"三审合一"的检视与完善》，《中州学刊》2016 年第 4 期。

陈海嵩：《生态环境治理现代化中的国家权力分工——宪法解释的视角》，《政法论丛》2021 年第 5 期。

陈海嵩：《雾霾应急的中国实践与环境法理》，《法学研究》2016 年第 4 期。

陈海嵩：《中国环境法治中的政党、国家与社会》，《法学研究》2018 年第 3 期。

陈海嵩：《中国生态文明法治转型中的政策与法律关系》，《吉林大学社会科学学报》2020 年第 2 期。

陈海嵩、丰月：《生态环境损害惩罚性赔偿金额的解释论分析》，《环境保护》2021 年第 13 期。

陈杭平、周晗隽：《公益诉讼"国家化"的反思》，《北方法学》2019 年第 6 期。

陈昊：《替代与剥夺：罚金刑制度理念反思——一个基于数字经济时代的观察》，《犯罪研究》2021 年第 4 期。

陈金林：《从等价报应到积极的一般预防——黑格尔刑罚理论的新解读及其启示》，《清华法学》2014 年第 5 期。

陈金林：《虚开增值税专用发票罪的困境与出路——以法益关联性为切入点》，《中国刑事法杂志》2020 年第 2 期。

陈太清、徐泽萍：《行政处罚功能定位之检讨》，《中南大学学报》（社会科学版）2015 年第 4 期。

陈太清：《行政罚款与环境损害救济——基于环境法律保障乏力的反思》，《行政法学研究》2012 年第 3 期。

陈伟：《侵权责任法惩罚功能之证伪》，《沈阳工业大学学报》（社会科学版）2017 年第 1 期。

陈兴良、邱兴隆：《罪刑关系论》，《中国社会科学》1987 年第 4 期。

陈云良：《反垄断民事公益诉讼：消费者遭受垄断损害的救济之路》，《现代法学》2018 年第 5 期。

程龙：《刑事附带民事公益诉讼之否定》，《北方法学》2018 年第 6 期。

程啸、王丹：《损害赔偿的方法》，《法学研究》2013 年第 3 期。

程雪阳：《中国宪法上国家所有的规范含义》，《法学研究》2015 年第 4 期。

楚道文、李申：《生态环境损害赔偿资金管理的主体制度》，《福州大学学报》（哲学社会科学版）2020 年第 6 期。

崔建远：《论归责原则与侵权责任方式的关系》，《中国法学》2010 年第 2 期。

戴昕：《威慑补充与"赔偿减刑"》，《中国社会科学》2010 年第 3 期。

邓可祝：《重罚主义背景下的合作型环境法：模式、机制与实效》，《法学评论》2018 年第 2 期。

邓峰：《公法与私法：传统法学的根本立足点》，《资源与人居环境》2007 年第 2 期。

邓纲：《争议与困惑：经济法中的法律责任研究述评》，《现代法学》2012 年第 1 期。

邓子滨：《法律制裁的历史回归》，《法学研究》2005 年第 6 期。

丁敏：《"环境违法成本低"问题之应对——从当前环境法律责任立法缺失谈起》，《法学评论》2009 年第 4 期。

杜称华：《惩罚性赔偿适用中的责任竞合问题研究》，《河南财经政法大学学报》2012 年第 2 期。

杜群：《环境保护法按日计罚制度再审视——以地方性法规为视角》，《现代法学》2018 年第 6 期。

杜雁、梁芷彤、赵茜：《本体与机理——场域理论的建构、演变与应用》，《国际城市规划》2022 年第 3 期。

杜宇：《报应、预防与恢复——刑事责任目的之反思与重构》，《刑事法评论》2012 年第 1 期。

段厚省:《环境民事公益诉讼基本理论思考》,《中外法学》2016年第4期。

冯亚东:《罪刑关系的反思与重构——兼谈罚金刑在中国现阶段之适用》,《中国社会科学》2006年第5期。

冯源:《家事司法专门化的路径与选择》,《学术论坛》2018年第4期。

甘雨沛:《刑法哲学的等量和等质理论的演变和展开》,《社会科学战线》1984年第4期。

高铭暄、陈璐:《论社会危害性概念的解释》,《刑法论丛》2012年第3期。

高铭暄、孙晓:《宽严相济刑事政策与罚金刑改革》,《法学论坛》2009年第2期。

高铭暄、张海梅:《论赔偿损失对刑事责任的影响》,《现代法学》2014年第4期。

高志宏:《公共利益法律关系的主体论及其功能实现》,《南京社会科学》2017年第6期。

龚学德:《论公法制裁后环境民事公益诉讼中的重复责任》,《行政法学研究》2019年第5期。

巩固:《环境民事公益诉讼性质定位省思》,《法学研究》2019年第3期。

巩固:《美国环境公民诉讼之起诉限制及其启示》,《法商研究》2017年第5期。

桂洋、李媛辉:《我国环境行政执法中罚款制度的问题及其对策》,《环境保护》2015年第16期。

郭道晖:《论立法的社会控制限度》,《南京大学法律评论》1997年第1期。

郭武、刘聪聪:《在环境政策与环境法律之间——反思中国环境保护的制度工具》,《兰州大学学报》(社会科学版)2016年第2期。

郭武:《层次性重叠,抑或领域性交叉?——环境法与其他部门法关系省思》,《社会科学》2019年第12期。

韩东屏:《国家起源问题研究》,《华中师范大学学报》(人文社会科学版)2014年第4期。

郝欣欣：《生态环境损害赔偿制度发展研究——以生态环境损害赔偿与环境行政处罚关系为视角》，《自然资源情报》2022 年第 1 期。

何江：《环境法律责任的法典化比较研究》，《南京工业大学学报》（社会科学版）2023 年第 3 期。

何国强：《风险社会下侵权法的功能变迁与制度建构》，《政治与法律》2019 年第 7 期。

何江烨：《特定目的税的历史回溯与理论应用分析》，《西部学刊》2021 年第 19 期。

贺思源、李春：《论环境侵害的行政补偿责任——以重金属污染危害人群健康为切入点》，《生态经济》2012 年第 12 期。

洪浩、程光：《生态环境保护修复责任制度体系化研究——以建立刑事制裁、民事赔偿与生态补偿衔接机制为视角》，《人民检察》2020 年第 21 期。

侯利文：《国家与社会：缘起、纷争与整合——兼论肖瑛〈从"国家与社会"到"制度与生活"〉》，《社会学评论》2018 年第 2 期。

侯卓：《"债务关系说"的批判性反思——兼论〈税收征管法〉修改如何对待债法性规范》，《法学》2019 年第 9 期。

侯卓：《领域法思维与国家治理的路径拓补》，《法学论坛》2018 年第 4 期。

胡建淼：《"其他行政处罚"若干问题研究》，《法学研究》2005 年第 1 期。

胡建淼：《论"行政处罚"概念的法律定位——兼评〈行政处罚法〉关于"行政处罚"的定义》，《中外法学》2021 年第 4 期。

胡君：《"事物本质"作为法官造法边界之批判》，《社会科学家》2009 年第 5 期。

胡小宏：《再论税收的概念》，《安徽大学法律评论》2007 年第 2 期。

胡学军：《环境侵权中的因果关系及其证明问题评析》，《中国法学》2013 年第 5 期。

黄秀蓉、钭晓东：《论环境司法的"三审合一"模式》，《法制与社会发展》2016 年第 4 期。

黄中显：《论环境侵害行政补偿制度：性质、功能和路径》，《理论月刊》2014 年第 12 期。

黄忠顺：《环境公益诉讼制度扩张解释论》，《中国人民大学学报》2016年第2期。

黄忠顺：《论公益诉讼与私益诉讼的融合——兼论中国特色团体诉讼制度的构建》，《法学家》2015年第1期。

简筱昊：《环境违法犯罪罚款与罚金的具体衔接》，《广西政法管理干部学院学报》2018年第3期。

姜涛：《刑法中的犯罪合作模式及其适用范围》，《政治与法律》2018年第2期。

蒋舸：《著作权法与专利法中"惩罚性赔偿"之非惩罚性》，《法学研究》2015年第6期。

蒋红珍：《比例原则适用的范式转型》，《中国社会科学》2021年第4期。

蒋兰香：《生态修复的刑事判决样态研究》，《政治与法律》2018年第5期。

蒋亚娟：《中美生态损害赔偿制度之比较》，《暨南学报》（哲学社会科学版）2015年第3期。

康京涛：《环境审判模式的理论逻辑及实践检视——兼论环境案件"三审合一"的构建》，《生态经济》2015年第8期。

赖早兴、董丽君：《论行政犯立法中的行政前置》，《法学杂志》2021年第4期。

［美］罗伯特·L.卡内罗：《国家起源的理论》，陈虹、陈洪波译，《南方文物》2007年第1期。

李晨光：《生态环境损害救济模式探析——游走在公法与私法之间》，《南京大学法律评论》2017年第1期。

李大庆、侯卓：《我国税务司法专门化之路径取向——兼论税务法院之设立》，《云南社会科学》2015年第3期。

李昊：《论生态损害的侵权责任构造——以损害拟制条款为进路》，《南京大学学报》（哲学·人文科学·社会科学版）2019年第1期。

李昊：《损害概念的变迁及类型建构——以民法典侵权责任编的编纂为视角》，《法学》2019年第2期。

李华琪、潘云志：《环境民事公益诉讼中惩罚性赔偿的适用问题研究》，《法律适用》2020年第23期。

李洁：《单位主体制裁体系的碎片化缺陷及其修复》，《西南政法大学学报》2017年第2期。

李洁：《论中国罚金刑的改革方向》，《吉林大学社会科学学报》1997年第1期。

李琳：《法国生态损害之民法构造及其启示——以损害概念之扩张为进路》，《法治研究》2020年第2期。

李琳：《立法"绿色化"背景下生态法益独立性的批判性考察》，《中国刑事法杂志》2020年第6期。

李龙、李慧敏：《政策与法律的互补谐变关系探析》，《理论与改革》2017年第1期。

李瑞昌：《新公共管理视野中的外部性问题》，《社会科学动态》1999年第11期。

李瑞杰：《论行为与结果的关系——兼评"积极刑法立法观"》，《社会科学动态》2017年第5期。

李孝猛：《责令改正的法律属性及其适用》，《法学》2005年第2期。

李兴宇：《生态环境损害赔偿诉讼的类型重塑——以所有权与监管权的区分为视角》，《行政法学研究》2021年第2期。

卢义颖：《生态环境资源犯罪属性自然犯化研究》，《昆明理工大学学报》（社会科学版）2022年第1期。

李艳芳、田时雨：《比较法视野中的我国环境法法典化》，《中国人民大学学报》2019年第2期。

李燕：《论比例原则》，《行政法学研究》2001年第2期。

李挚萍：《美国佛蒙特州环境法院的发展及对中国的启示》，《中国政法大学学报》2010年第1期。

李挚萍：《生态环境修复责任法律性质辨析》，《中国地质大学学报》（社会科学版）2018年第2期。

李忠夏：《宪法上的"国家所有权"：一场美丽的误会》，《清华法学》2015年第5期。

梁文永：《一场静悄悄的革命：从部门法学到领域法学》，《政法论丛》2017年第1期。

梁迎修：《方法论视野中的法律体系与体系思维》，《政法论坛》2008年第1期。

刘超：《反思环保法庭的制度逻辑——以贵阳市环保审判庭和清镇市环保法庭为考察对象》，《法学评论》2010 年第 1 期。

刘超：《环境修复审视下我国环境法律责任形式之利弊检讨——基于条文解析与判例研读》，《中国地质大学学报》（社会科学版）2016 年第 2 期。

刘诚：《部门法理论批判》，《河北法学》2003 年第 3 页。

刘东根：《刑事责任与民事责任功能的融合——以刑事损害赔偿为视角》，《中国人民公安大学学报》（社会科学版）2009 年第 6 期。

刘飞琴、司雪侠：《环境行政罚款和刑事罚金关系处理的模式探析——兼论环境法律责任的承担方式》，《华中科技大学学报》（社会科学版）2021 年第 4 期。

刘飞琴：《我国环境没收违法所得制度之重构》，《中国地质大学学报》（社会科学版）2021 年第 6 期。

刘光华、张广浩：《祛魅公共利益：基于"价值—工具"法律利益分类范式》，《兰州大学学报》（社会科学版）2018 年第 4 期。

刘佳慧、黄文芳：《国外环保税收制度比较及对中国的启示》，《环境保护》2018 年第 8 期。

刘静：《论生态损害救济的模式选择》，《中国法学》2019 年第 5 期。

刘科：《"法益恢复现象"：适用范围、法理依据与体系地位辨析》，《法学家》2021 年第 4 期。

刘倩：《论政府生态环境损害赔偿责任的承担》，《中国环境管理》2018 年第 1 期。

刘权：《比例原则的精确化及其限度——以成本收益分析的引入为视角》，《法商研究》2021 年第 4 期。

刘权：《均衡性原则的具体化》，《法学家》2017 年第 2 期。

刘焰：《中国高污染工业行业环境负外部性计量及其影响因素分析》，《武汉大学学报》（哲学社会科学版）2018 年第 1 期。

刘耀辉：《国家义务的可诉性》，《法学论坛》2010 年第 5 期。

刘艺：《刑事附带民事公益诉讼的协同问题研究》，《中国刑事法杂志》2019 年第 5 期。

刘长兴：《超越惩罚：环境法律责任的体系重整》，《现代法学》2021 年第 1 期。

刘长兴：《论行政罚款的补偿性——基于环境违法事件的视角》，《行政法学研究》2020 年第 2 期。

刘志坚：《"损害担责原则"面向问题的识别与损害担责中义务和责任的耦合》，《法治论坛》2019 年第 1 期。

刘志坚：《环境保护税创制：功能主义和规范主义之辩——以超标排污行为可税性问题为中心》，《甘肃政法学院学报》2018 年第 5 期。

刘志坚：《环境法损害担责原则法理基础的经济与社会论证》，《法学评论》2022 年第 2 期。

刘作翔、龚向和：《法律责任的概念分析》，《法学》1997 年第 10 期。

柳砚涛：《行政相对人违法行为的经济学分析及预防对策》，《理论探索》2013 年第 4 期。

吕梦醒：《生态环境损害多元救济机制之衔接研究》，《比较法研究》2021 年第 1 期。

吕忠梅、窦海阳：《民法典"绿色化"与环境法典的调适》，《中外法学》2018 年第 4 期。

吕忠梅、窦海阳：《修复生态环境责任的实证解析》，《法学研究》2017 年第 3 期

吕忠梅、刘长兴：《环境司法专门化与专业化创新发展：2017—2018 年度观察》，《中国应用法学》2019 年第 2 期。

吕忠梅、张忠民：《环境司法专门化与环境案件类型化的现状》，《中国应用法学》2017 年第 6 期。

吕忠梅：《"绿色"民法典的制定——21 世纪环境资源法展望》，《郑州大学学报》（哲学社会科学版）2002 年第 2 期。

吕忠梅：《"生态环境损害赔偿"的法律辨析》，《法学论坛》2017 年第 3 期。

吕忠梅：《〈长江保护法〉适用的基础性问题》，《环境保护》2021 年第 Z1 期。

吕忠梅：《中国环境法典的编纂条件及基本定位》，《当代法学》2021 年第 6 期。

马荣春、韩丽欣：《论犯罪社会危害性评价机制的确立》，《中国刑事法杂志》2007 年第 4 期。

马新彦、邓冰宁：《论惩罚性赔偿的损害填补功能——以美国侵权法惩罚性赔偿制度为启示的研究》，《吉林大学社会科学学报》2012年第3期。

马迅：《我国按日计罚制度的功能重塑与法治进阶——以环境行政为中心》，《宁夏社会科学》2020年第4期。

宁清同、南靖杰：《生态修复责任之多元法律性质探析》，《广西社会科学》2019年第12期。

牛忠志、杜永平：《对行政犯三种法律责任的追究》，《刑法论丛》2015年第3期。

庞伟伟：《认真对待英烈保护——从〈民法总则〉第185条的解释论展开》，《新疆社会科学》2018年第6期。

彭刚：《"相加"也许并不那么简单》，《中国统计》2020年第10期。

彭中遥：《生态环境损害救济机制的体系化构建——以公私法协动为视角》，《北京社会科学》2021年第9期。

钱大军：《身分与法律义务、法律义务冲突》，《法制与社会发展》2006年第2期。

秦天宝：《整体系统观下实现碳达峰碳中和目标的法治保障》，《法律科学》2022年第2期。

邱兴隆：《一般预防论的价值分析》，《法学论坛》2000年第4期。

沈宗灵：《论法律责任与法律制裁》，《北京大学学报》（哲学社会科学版）1994年第1期。

史晋川、吴晓露：《法经济学：法学和经济学半个世纪的学科交叉和融合发展》，《财经研究》2016年第10期。

舒国滢：《论近代自然科学对法学的影响——以17、18世纪理性主义法学作为考察重点》，《法学评论》2014年第5期。

舒国滢：《战后德国法哲学的发展路向》，《比较法研究》1995年第4期。

宋亚辉：《风险控制的部门法思路及其超越》，《中国社会科学》2017年第10期。

宋亚辉：《社会基础变迁与部门法分立格局的现代发展》，《法学家》2021年第1期。

宋宗宇、郭金虎：《环境司法专门化的构成要素与实现路径》，《法学杂志》2017 年第 7 期。

苏和生、沈定成：《刑事附带民事公益诉讼的本质厘清、功能定位与障碍消除》，《学术探索》2020 年第 9 期。

孙法柏、高慧璇：《环境法律政策内部整合理论探讨》，《时代法学》2014 年第 4 期。

孙笑侠：《公、私法责任分析——论功利性补偿与道义性惩罚》，《法学研究》1994 年第 6 期。

孙志建：《"模糊性治理"的理论系谱及其诠释：一种崭新的公共管理叙事》，《甘肃行政学院学报》2012 年第 3 期。

谭冰霖：《行政罚款设定的威慑逻辑及其体系化》，《环球法律评论》2021 年第 2 期。

唐瑭：《环境损害救济的逻辑重构——从"权利救济"到"法益救济"的嬗变》，《法学评论》2018 年第 5 期。

田野：《风险作为损害：大数据时代侵权"损害"概念的革新》，《政治与法律》2021 年第 10 期。

涂正革、金典、张文怡：《高污染工业企业减排："威逼"还是"利诱"？——基于两控区与二氧化硫排放权交易政策的评估》，《中国地质大学学报》（社会科学版）2021 年第 3 期。

汪永福：《我国环境税的体系化进路及其展开》，《政法论坛》2023 年第 5 期。

汪劲、马海桓：《生态环境损害民刑诉讼衔接的顺位规则研究》，《南京工业大学学报》（社会科学版）2019 年第 1 期。

汪明亮、李灿：《环境案件"三审合一"模式的实践考察与完善进路》，《河北法学》2022 年第 3 期。

王冲：《〈民法典〉环境侵权惩罚性赔偿制度之审视与规则》，《重庆大学学报》（社会科学版）2023 年第 5 期。

王晨光：《法律的可诉性：现代法治国家中法律的特征之一》，《法学》1998 年第 8 期。

王承堂：《论惩罚性赔偿与罚金的司法适用关系》，《法学》2021 年第 9 期。

王崇敏、李建华：《论侵权行为法律责任的重合性及适用规则——兼论我国〈侵权责任法〉第 4 条规定的完善》，《法学杂志》2011 年第

12 期。

王春业、聂佳龙：《外部不经济理论视角下的权利冲突分析》，《湖南师范大学社会科学学报》2012 年第 1 期。

王洪亮：《给付》，《中德私法研究》2011 年卷。

王慧：《环境民事公益诉讼案件执行程序专门化之探讨》，《甘肃政法学院学报》2018 年第 1 期。

王建生：《西方国家与社会关系理论流变》，《河南大学学报》（社会科学版）2010 年第 6 期。

王锴：《论行政收费的理由和标准》，《行政法学研究》2019 年第 3 期。

王立新、杜家明：《环境司法"三审合一"的运行考察与完善进路》，《河北法学》2019 年第 11 期。

王利明：《〈民法典〉中环境污染和生态破坏责任的亮点》，《广东社会科学》2021 年第 1 期。

王莉、邹雄：《生态环境损害公私法二元救济的规则安排》，《南京社会科学》2020 年第 6 期。

王名扬、冯俊波：《论比例原则》，《时代法学》2005 年第 4 期。

王奇才、高戚昕峣：《中国法学的苏联渊源——以中国法学的学科性质和知识来源为主要考察对象》，《法制与社会发展》2012 年第 5 期。

王青斌：《行政法中的没收违法所得》，《法学评论》2019 年第 6 期。

王树义：《论生态文明建设与环境司法改革》，《中国法学》2014 年第 3 期。

王云海：《日本的刑事责任、民事责任、行政责任界限》，《人民检察》2017 年第 8 期。

王泽鉴：《危险社会、保护国家与损害赔偿法》，《月旦法学家》2005 年第 2 期。

魏东：《刑法解释学的功能主义范式与学科定位》，《现代法学》2021 年第 5 期。

魏汉涛：《刑事制裁与生态环境修复有机衔接的路径》，《广西大学学报》（哲学社会科学版）2020 年第 5 期

魏建、黄少安：《经济外部性与法律》，《中国经济问题》1998 年第 4 期。

魏庆坡：《碳交易中的"祖父条款"与污染者付费原则》，《湖北社会科学》2015 年第 10 期。

文姬：《单位犯罪中罚金刑罪刑均衡立法实证研究》，《中国刑事法杂志》2018 年第 1 期。

邬焜、李佩琼：《科学革命：科学世界图景和科学思维方式的变革》，《中国人民大学学报》2008 年第 3 期。

吴汉东：《论知识产权一体化的国家治理体系——关于立法模式、管理体制与司法体系的研究》，《知识产权》2017 年第 6 期。

吴军、滕艳军、胡玉婷：《公益诉讼刑民行责任一体化的理论构想与完善路径》，《中国检察官》2022 年第 1 期。

吴惟予：《生态环境损害赔偿中的利益代表机制研究——以社会公共利益与国家利益为分析工具》，《河北法学》2019 年第 3 期。

吴用：《外国惩罚性损害赔偿判决的承认与执行——以大陆法系国家司法实践为考察对象》，《国际法研究》2021 年第 6 期。

吴俊：《民事公益诉讼的实体性分析》，《国家检察官学院学报》2023 年第 3 期。

肖建国：《利益交错中的环境公益诉讼原理》，《中国人民大学学报》2016 年第 2 期。

谢海定：《中国法治经济建设的逻辑》，《法学研究》2017 年第 6 期。

谢晖：《法治的道路选择：经验还是建构？》，《山东社会科学》2001 年第 1 期。

邢会强：《基于激励原理的环境税立法设计》，《税务研究》2013 年第 7 期。

夏凌：《国外环境立法模式的变迁及中国的路径选择》，《南京大学法律评论》2009 年第 1 卷。

熊樟林：《行政处罚的概念构造——新〈行政处罚法〉第 2 条解释》，《中外法学》2021 年第 5 期。

熊樟林：《行政处罚的目的》，《国家检察官学院学报》2020 年第 5 期。

熊樟林：《行政违法真的不需要危害结果吗？》，《行政法学研究》2017 年第 3 期。

徐科雷：《罚款与罚金在经济法责任体系中的辨析与整合》，《政治与法律》2015 年第 3 期。

徐祥民、吕霞：《环境责任"原罪"说——关于环境无过错归责原则合理性的再思考》，《法学论坛》2004 年第 6 期。

徐以祥、梁忠：《论环境罚款数额的确定》，《法学评论》2014 年第 6 期。

徐以祥：《论我国环境法律的体系化》，《现代法学》2019 年第 3 期。

徐以祥、刘海波：《生态文明与我国环境法律责任立法的完善》，《法学杂志》2014 年第 7 期。

徐以祥：《〈民法典〉中生态环境损害责任的规范解释》，《法学评论》2021 年第 2 期。

徐以祥：《论生态环境损害的行政命令救济》，《政治与法律》2019 年第 9 期。

许传玺：《行政罚款的确定标准：寻求一种新的思路》，《中国法学》2003 年第 4 期。

严厚福：《环境行政处罚执行难中的司法因素：基于实证的分析》，《中国地质大学学报》（社会科学版）2011 年第 6 期。

杨朝霞：《论环境权的性质》，《中国法学》2020 年第 2 期。

杨登峰、李晴：《行政处罚中比例原则与过罚相当原则的关系之辨》，《交大法学》2017 年第 4 期。

杨桂华：《社会控制理论的三大历史阶段》，《北京社会科学》1998 年第 3 期。

杨红梅、涂永前：《环境恢复性司法：模式借鉴与本土改造》，《国外社会科学》2021 年第 3 期。

杨会新：《去公共利益化与案件类型化——公共利益救济的另一条路径》，《现代法学》2014 年第 4 期。

杨解君：《论利益权衡下的行政执行与民事执行衔接》，《中国法学》2007 年第 1 期。

杨凯：《关于建构"三审合一"审判模式的法理学思考》，《环境保护》2014 年第 16 期。

杨柳青：《确定生态环境惩罚性赔偿数额应当考量可责难性等三个要素》，《中国生态文明》2021 年第 1 期。

杨铁军：《论英美法系民事立法体系化观念及对当代中国民事立法的

影响》,《外国法制史研究》2016 年卷。

杨亚非:《公法与私法划分历史的启示》,《吉林大学社会科学学报》1995 年第 3 期。

杨忠民:《刑事责任与民事责任不可转换——对一项司法解释的质疑》,《法学研究》2002 年第 4 期。

尧羽珍:《我国生态环境损害赔偿基金法律制度的构建——以加拿大联邦环境损害赔偿基金为视角》,《广西政法管理干部学院学报》2017 年第 4 期。

姚建宗:《中国语境中的法律实践概念》,《中国社会科学》2014 年第 6 期。

叶必丰:《论部门法的划分》,《法学评论》1996 年第 3 期。

叶传星:《论设定法律责任的一般原则》,《法律科学》1999 年第 2 期。

叶金育:《生态环境损害责任的法际协同——以〈环境保护税法〉第 26 条为中心》,《政法论丛》2022 年第 3 期。

叶平、陈昌雄:《行政处罚中的违法所得研究》,《中国法学》2006 年第 1 期。

尹志强:《侵权行为法的社会功能》,《政法论坛》2007 年第 5 期。

应飞虎:《为什么"需要"干预?》,《法律科学》2005 年第 2 期。

应飞虎:《信息如何影响法律——对法律基于信息视角的阐释》,《法学》2002 年第 6 期。

余凌云:《论行政法上的比例原则》,《法学家》2002 年第 2 期。

曾娜、吴满昌:《生态环境损害赔偿中的多重责任之比例审查探讨》,《武汉理工大学学报》(社会科学版) 2019 年第 1 期。

张宝:《超越还原主义环境司法观》,《政法论丛》2020 年第 3 期。

张宝:《环境司法专门化的建构路径》,《郑州大学学报》(哲学社会科学版) 2014 年第 6 期。

张丹:《再议经济审判庭的撤销与重设》,《知识经济》2014 年第 3 期。

张谷:《作为救济法的侵权法,也是自由保障法——对〈中华人民共和国侵权责任法(草案)〉的几点意见》,《暨南学报》(哲学社会科学版) 2009 年第 2 期。

张红：《行政罚款设定方式研究》，《中国法学》2020 年第 5 期。

张红：《中国七编制〈民法典〉中统一损害概念之证成》，《上海政法学院学报》（法治论丛）2021 年第 1 期。

张红霞、张晶：《生态环境损害赔偿资金管理的实证研究》，《中国检察官》2021 年第 19 期。

张辉：《环境行政权与司法权的协调与衔接——基于责任承担方式的视角》，《法学论坛》2019 年第 4 期。

张辉：《论生态环境损害赔偿义务人"认赔"的刑事法律效用》，《现代法学》2021 年第 6 期。

张璐：《环境法与生态化民法典的协同》，《现代法学》2021 年第 2 期。

张璐：《环境司法专门化中的利益识别与利益衡量》，《环球法律评论》2018 年第 5 期。

张璐：《中国环境司法专门化的功能定位与路径选择》，《中州学刊》2020 年第 2 期。

张钦昱：《企业破产中环境债权之保护》，《政治与法律》2016 年第 2 期。

张守文：《经济法新型责任形态的理论拓掘》，《法商研究》2022 年第 3 期。

张天柱：《区域水污染物排放总量控制系统的理论模式》，《环境科学动态》1990 年第 1 期。

张文显：《法律责任论纲》，《吉林大学社会科学学报》1991 年第 1 期。

张祥伟：《环境法研究的未来指向：环境行为——以本位之争为视角》，《现代法学》2014 年第 3 期。

张新宝：《侵权责任法立法：功能定位、利益平衡与制度构建》，《中国人民大学学报》2009 年第 3 期。

张旭：《民事责任、行政责任和刑事责任——三者关系的梳理与探究》，《吉林大学社会科学学报》2012 年第 2 期。

张旭东：《环境民事公私益诉讼并行审理的困境与出路》，《中国法学》2018 年第 5 期。

张燕：《苏联法学理论在中国的传播及对我国法理学的影响》，《山东社会科学》2021年第11期。

张永安、李晨光：《复杂适应系统应用领域研究展望》，《管理评论》2010年第5期。

赵秉志、袁彬：《刑法与相关部门法关系的调适》，《法学》2013年第9期。

赵鹏：《惩罚性赔偿的行政法反思》，《法学研究》2019年第1期。

赵彦波、杨悦：《论民事制裁的依据及适用范围》，《学术交流》2012年第4期。

郑晓剑：《损害赔偿的功能与完全赔偿原则的存废——利益平衡视角下之反思》，《河南社会科学》2018年第2期。

郑泽宇：《环境行政应急处置费用的法律性质辨析》，《大连理工大学学报》（社会科学版）2021年第5期。

周彬：《基于经济学方法论视角的个体与总体》，《经济与管理评论》2013年第3期。

周峨春、吕靖文：《〈民法典〉中环境污染和生态破坏责任的内部逻辑与外部衔接》，《中州学刊》2021年第12期。

周珂、张璐：《民法与环境法的理念碰撞与融和》，《政法论丛》2008年第1期。

周骁然：《论环境罚款数额确定规则的完善》，《中南大学学报》（社会科学版）2017年第2期。

周勇飞、高利红：《多元程序进路下环境公共利益司法体系的整合与型构》，《郑州大学学报》（哲学社会科学版）2020年第5期。

周志波、张卫国：《环境税规制农业面源污染研究综述》，《重庆大学学报》（社会科学版）2017年第4期。

朱炳成、于文轩：《生态损害赔偿与行政处罚的衔接》，《中华环境》2018年第6期。

朱蔚青：《德国、荷兰和俄罗斯水污染税收制度实践及经验借鉴》，《世界农业》2017年第5期。

朱志权、邓可祝：《环境风险的规制模式——规范主义、功能主义抑或综合模式》，《中国地质大学学报》（社会科学版）2021年第6期。

竺效：《环境法典编纂结构模式之比较研究》，《当代法学》2021年第6期。

庄绪龙:《"法益恢复"刑法评价的模式比较》,《环球法律评论》2021年第5期。

庄绪龙:《论经济犯罪的"条件性出罪机制"——以犯罪的重新分类为视角》,《政治与法律》2011年第1期。

周悦霖、Daniel Carpenter-Gold:《自然资源损害救济体系:美国经验及对中国的启示》,《中国环境法治》2014年第2期。

邹先德:《论经济外部性的法律特征》,《西安石油学院学报》(社会科学版)1999年第1期。

邹奕:《行政处罚之惩罚性的界定》,《行政法学研究》2022年第2期。

李志、张明:《破产程序中环境侵权债权实现之司法进路——以利益衡量为视角》,中国法学会环境资源法学研究会2019年年会论文集(下)。

刘长兴:《污染物总量控制的法理基础与决策机制》,2012年全国环境资源法学研究会(年会)论文集。

四 学位论文

蔡学恩:《专门环境诉讼研究》,博士学位论文,武汉大学,2015年。

陈道远:《论当代刑法中的等害报应》,硕士学位论文,湘潭大学,2020年。

陈太清:《罚款的补偿性研究》,博士学位论文,南京大学,2011年。

丁冬:《金融司法的逻辑——中国金融司法专门化的组织构建与未来走向》,博士学位论文,华东政法大学,2019年。

杜琪:《论环境刑法的行政从属性》,博士学位论文,武汉大学,2010年。

何江:《环境公益诉讼程序协调论》,博士学位论文,重庆大学,2019年。

胡元聪:《外部性问题解决的经济法进路研究》,博士学位论文,西南政法大学,2009年。

刘少军:《法边际均衡论——经济法哲学》,博士学位论文,中国政法大学,2005年。

刘水林:《经济法基本范畴的整体主义解释》,博士学位论文,西南政法大学，2005 年。

倪同木：《法学视野中的国家利益研究——以经济法为素材》，博士学位论文，南京大学，2014 年。

沙涛：《功能主义刑法解释论——立场、方法与运用》，博士学位论文，吉林大学，2021 年。

石金平：《经济法责任研究——以"国家调节说"为视角》，博士学位论文，中南大学，2010 年。

汪厚冬：《公法之债论——一种体系化的研究思路》，博士学位论文，苏州大学，2016 年。

辛帅：《论民事救济手段在环境保护当中的局限》，博士学位论文，中国海洋大学，2014 年。

杨东升：《给付诉讼类型研究》，博士学位论文，苏州大学，2018 年。

杨士群：《生态环境损害赔偿与环境行政处罚的功能协同研究》，硕士学位论文，华东政法大学，2019 年。

姚宋伟：《我国环境修复基金法律制度实证研究》，硕士学位论文，郑州大学，2018 年。

赵志勇：《论市民社会与国家二分架构——市民社会与国家关系研究》，博士学位论文，吉林大学，2010 年。

周志波：《环境税规制农业面源污染研究》，博士学位论文，西南大学，2019 年。

朱作鑫：《我国海洋石油开发污染损害赔偿基金制度研究》，博士学位论文，大连海事大学，2019 年。

五　外文文献

Agnar Sandmo, "Direct versus Indirect Pigovian Taxation", *European Economic Review*, Vol. 7, No. 4, May 1978.

A. Mitchell Polinsky, Steven Shavell, "Punitive Damages: An Economic Analysis", *Harvard Law Review*, Vol. 111, No. 4, February 1998.

Bostan I., Onofrei M., Elena-Doina Dascǎlu, et al., "Impact of Sustainable Environmental Expenditures Policy on Air Pollution Reduction, During European Integration Framework", *Amfiteatru Economic*, Vol. 18, No. 42, May 2016.

CharlesD. Kolstad, Thomas S. Ulen, Gary U. Johnson, "Ex Post Liability for Harm vs. Ex Ante Safety Regulation: Substitutes or Complements?", *American Economic Review*, Vol. 80, No. 4, September 1990.

Earl L. Grinols, "Taxation vs. Litigation", *Managerial and Decision Economics*, Vol. 25, No. 4, June 2004.

Gary S. Becker, "Crime and Punishment: An Economic Approach", *Journal of Political Economy*, Vol. 76, No. 2, March-April 1968.

Georg Meran, Ulrich Schwalbe, "Pollution Control and Collective Penalties", *Journal of Institutional & Theoretical Economics*, Vol. 143, No. 4, December 1987.

Isaac Ehrlich, "Participation in Illegitimate Activities: A Theoretical and Empirical Investigation", *Journal of Political Economy*, Vol. 81, No. 3, May 1973.

James M. Buchanan, "The Economics of Earmarked Taxes", *Journal of Political Economy*, Vol. 71, No. 5, October 1963.

J. Martinez-Alier, "Political Ecology, Distributional Conflicts and Economic Incommensurability", *New Left Review*, No. 211, May 1995.

John C. Coffee & Jr., "Paradigms Lost: The Blurring of the Criminal and Civil Law Models - and What Can Be Done About It", *Yale Law Journal*, Vol. 101, No. 8, June 1992.

Jonathan S. Masur, Eric A. Posner, "Toward a Pigouvian State", *University of Pennsylvania Law Review*, Vol. 164, No. 1, December 2015.

Joseph M. Dodge, "Taxes and Torts", *Cornell L. Rev.*, Vol. 77, No. 2, January 1992.

Judith van Erp, Michael Faure, Andre Nollkaemper, Niels Philipsen (ed.), *Smart Mixes for Transboundary Environmental Harm*, Cambridge: Cambridge University Press, 2019.

Keith N. Hylton, "Punitive Damages and the Economic Theory of Penalties", *Georgetown Law Journal*, Vol. 87, No. 2, November 1998.

Kolstad C. D., Johnson U., "Ex Post Liability for Harm vs. Ex Ante Safety Regulation: Substitutes or Complements?", *American Economic Review*, Vol. 80, No. 4, February 1990.

Kyle D. Logue, "Coordinating Sanctions in Torts", *Cardozo Law Review*, Vol. 31, No. 6, July 2010.

Karl-Göran Mäler, Jeffrey R. Vincent, *Handbook of Environmental Economics*, Amsterdam: Elsevier, 2003.

Mcdonald W. F., "Towards a Bicentennial Revolution in Criminal Justice: The Return of the Victim", *American Criminal Law Review*, Vol. 13, No. 4, Spring 1976.

Michael L. Davis, "Time and Punishment: An Intertemporal Model of Crime", *Journal of Political Economy*, Vol. 96, No. 2, April 1988.

Nancy J. King, "Portioning Punishment: Constitutional Limits on Successive and Excessive Penalties", *University of Pennsylvania Law Review*, Vol. 144, No. 1, November 1995.

Richard E. Wagner (ed.), *Charging for Government: User Charges and Earmarked Taxes in Principle and Practice*, Routledge, 2012.

Steven Shavell, "Corrective Taxation versus Liability as a Solution to the Problem of Harmful Externalities", *The Journal of Law & Economics*, Vol. 54, No. 4, November 2011.

Steven D. Levitt, "Why Do Increased Arrest Rates Appear to Reduce Crime: Deterrence, Incapacitation, or Measurement Error?", *Economic Inquiry*, Vol. 36, No. 3, July 1998.

Steven Hackett, Sahan T. M. Dissanayake, *Environmental and Natural Resources Economics: Theory, Policy, and the Sustainable Society*, Routledge, 2006.

T. Nicolaus Tideman, Florenz Plassmann, "Pricing Externalities", *European Journal of Political Economy*, Vol. 26, No. 2, June 2010.

Youri Mossoux, "Causation in the Polluter Pays Principle", *European Energy & Environmental Law Review*, Vol. 19, No. 6, December 2010.

吉村良一：《環境損害の賠償：環境保護における公私協働の一側面》,《立命館法学》2010 年第 5・6 号。

橋本祐子：《刑罰制度の廃止と損害賠償一元化論》,《法社会学》2006 年巻。

六 报纸文献

陈璋剑、吴艳：《规范消费类民事公益诉讼赔偿金管理使用》，《检察日报》2021年7月8日。

储槐植、闫雨：《"赎罪"——既遂后不出罪存在例外》，《检察日报》2014年8月12日。

杜谦：《环境司法专门化的困境与破解》，《人民法院报》2014年9月17日。

寇江泽：《"千里眼"让违法排污无处遁形》，《人民日报》2018年8月27日。

李婕：《刑罚与行政处罚可并合适用》，《检察日报》2017年4月12日。

刘闺臣：《实际支出的应急处置费用具有可诉性——〈最高人民法院关于审理生态环境损害赔偿案件的若干规定（试行）〉的理解与适用》，《中国环境报》2019年7月26日。

任仲平：《大力弘扬时代和民族精神的主旋律——论爱国主义、集体主义和社会主义》，《人民日报》2000年6月28日。

孙永上、李猛：《环境公益损害：刑事、民事、行政责任如何界分》，《检察日报》2020年11月20日。

王玮：《先赔偿生态环境损害后追究刑责好在哪儿？——深度剖析昆明首例刑事诉讼引入生态环境损害赔偿案件》，《中国环境报》2020年6月16日。

於方、齐霁、田超：《"环境有价 损害担责 应赔尽赔"理念初步建立》，《中国环境报》2019年12月13日。

张苏：《环境案件刑民行制裁并科中的双重危险探究》，《人民法院报》2018年11月21日。

七 电子文献

财政部财政科学研究所课题组：《宏观税负稳定背景下环境税、碳税政策设计和推进》，2014年9月1日，https://www.efchina.org/Attachments/Report/report-lcdp-20140901-zh。

国家税务总局财产和行为税司：《环境保护税政策解读》，2020年9

月30日，http：//www.chinatax.gov.cn/chinatax/n810351/n810906/c5157152/content.html。

《咸阳市检察机关提起生态环境惩罚性赔偿工作调研座谈会在旬邑召开》，2021年4月22日，https：//baijiahao.baidu.com/s？id=1697733374481051093&wfr=spider&for=pc。

深圳市生态环境局：《深圳在全国率先建立GEP核算制度体系》，2021年10月18日，http：//meeb.sz.gov.cn/xxgk/qt/hbxw/content/post_9264474.html。

《四川拟这样确定大气污染物和水污染物环境保护税适用税额》，2017年11月29日，https：//www.sc.gov.cn/10462/12771/2017/11/29/10439368.shtm。

扬州日报：《2000万！江苏环境污染罪最大罚单在扬州开出》，2017年1月7日，http：//m.people.cn/n4/2017/0107/c1549-8215237。

叶永青：《因取得虚开增值税发票被认定为偷税应该如何应对？——A企业诉某市稽查局案例评析》，2021年9月6日，https：//www.kwm.com/cn/zh/insights/latest-thinking/how-should-we-deal-with-tax-evasion-due-to-obtaining-false-vat-invoices.html。

Canada Environment and Climate Change Canada issuing body, "A discussion paper regarding the environmental fines and sentencing regime, 10 years later", 10 October 2021, https：//publications.gc.ca/site/eng/9.900727/publication.html.

Marron D. B. & Morris A. C., "How To Use Carbon Tax Revenues", 23 February 2016, https：//www.brookings.edu/research/how-to-use-carbon-tax-revenues/.

OECD, "Taxation, Innovation And The Environment", 13 October 2010, https：//www.oecd.org/env/tools-evaluation/taxationinnovationandtheenvironment.htm.

Steven Shavell, "The Corrective Tax versus Liability As Solutions to the Problem of Harmful Externalities", NBER Working Paper, No. 16235 (July 2010), http：//www.nber.org/papers/w16235.

后　　记

　　本书是在本人博士学位论文《生态环境金钱给付义务的一体化研究》的基础上修改而成。对题目的调整是基于以下两点考虑：一是本书以及博士学位论文都主张各种金钱给付均指向生态环境损害，仅定量机制不同，"生态环境损害金钱给付义务"更能明确研究对象；二是博士学位论文对"一体化"的界定与"整体化"的意涵相同，且后者更能直接表达研究目的。

　　本书写作议题萌发于六年前对多种环境法律制度创设与并行实施现象的反思。回过头来看，当选定这个议题的时候也就意味着不得不扎进民法、刑法、行政法、财税法以及法经济学这些早已被前人开拓到几无边际的汪洋大海里。此外，对具体问题的归纳来源于大量司法裁判。这些司法裁判需要满足"基于同一环境行为同时承担了多种金钱给付"这一约束性条件，因此仅仅是在裁判文书网检索、筛查整理此类案例并从中提炼问题就断断续续耗时近一年。这一过程亦是如同大海捞针。然而开弓没有回头箭。随着论证的推进，不得不往大海更深处去，对于知识的运用也时常感到吃力。书稿虽出版，也仍然只是处于尽力提出一个好问题的阶段，实际上至今尚未为本书所要探讨的内容找到一个完满的概念和题目。但可以肯定的是，笔者始终认为生态环境利益的特殊性要求整个法律责任理论作出变革，只有在此前提下，跨法域而具有普遍阐释力的概念才能够得到理解，这无疑是对传统理论的极大挑战。写作伊始，常常期望能看到较为直接的文献好印证自己不确定的想法，当然，实际上内心深处也担心真的看到定论，因为这无疑是对创新性的极大打击。让人遗憾也让人欣喜的是，这两种情况都没有发生，但相关性更高的文献正在增加。本书期待能够抛砖引玉。

囿于主题，本书对于一些富有价值的"旁枝"未能深入展开。例如，环境公益诉讼较文物、消费、反垄断等领域的公益诉讼的独特性，或者说公益诉讼内部的异质性，也是一个很好的理解环境公益责任的视角。从法经济学的角度而言，正外部性同样是外部性概念的重要部分，以包括正外部性在内的外部性概念阐释整个环境法律责任体系也可以自成一体。此外，由于裁判文书网公开及更新的司法案例有限，本书无法穷尽对此类案例的统计，因此不排除有更多类型的司法争议和法院观点。未能直接从实务部门获取更多数据和资料是本书的遗憾。

作为一名在基层党校工作的环境法学人，处于较为边缘的学术圈层，但也获得了一些接触基层实践的调研机会。和来自生态环境系统、检察院等实务部门工作者的交流座谈使我获益颇多。在此，感谢单位提供的宝贵机会和出版资助。